Über den Verfasser

Dieter Lenzen, geb. 1947 in Münster (Westf.), studierte Erziehungswissenschaft, Philosophie, Deutsche, Englische und Niederländische Philologie an der Westfälischen Wilhelms-Universität Münster, M.A. 1970, Dr. phil. 1973, 1973 bis 1975 Bildungsforschung für das Kultusministerium des Landes Nordrhein-Westfalen, 1975 bis 1977 Professor an der Westfälischen Wilhelms-Universität Münster, seit 1977 Universitätsprofessor für Erziehungswissenschaft (Philosophie der Erziehung) an der Freien Universität Berlin, Gründungsmitglied des IZ für Historische Anthropologie. 1994 bis 1998 Vorsitzender der Deutschen Gesellschaft für Erziehungswissenschaft, Gründer der «Zeitschrift für Erziehungswissenschaft». Von 1999 bis 2003 Erster Vizepräsident, seit 2003 Präsident der Freien Universität Berlin. URL: http://www.fu-berlin.de/philerz/lenzen/lenzen.htm

Wichtigste Veröffentlichungen
Didaktik und Kommunikation, Frankfurt/M. 1973; Herausgeber «Die Struktur der Erziehung und des Unterrichts», Frankfurt/M. 1975; «Thema Sprache», 6 Bde., Frankfurt/M. 1977 ff. (gemeinsam mit D. Wunderlich); Abitur-Normen gefährden die Schule, München 1977 (gemeinsam mit A. Flitner); Herausgeber «Pädagogik und Alltag», Stuttgart 1980; Herausgeber der «Enzyklopädie Erziehungswissenschaft», 12 Bde., Stuttgart 1983 ff.; Mythologie der Kindheit, Reinbek bei Hamburg 1985; Herausgeber «Pädagogische Grundbegriffe», 2 Bde., Reinbek bei Hamburg 1989 (7. Aufl. 2004); Herausgeber «Kunst und Pädagogik», Darmstadt 1990; Vaterschaft. Vom Patriarchat zur Alimentation, Reinbek bei Hamburg 1991; Krankheit als Erfindung, Frankfurt/M. [2] 1993; Herausgeber «Erziehungswissenschaft. Ein Grundkurs», Reinbek bei Hamburg 1994 (6. Aufl. 2004); Handlung und Reflexion. Vom pädagogischen Theoriedefizit zur Reflexiven Erziehungswissenschaft, Weinheim/Basel 1996; Herausgeber «Bildung und Weiterbildung im Erziehungssystem», Frankfurt/M. (gemeinsam mit Niklas Luhmann); Herausgeber «Irritationen des Erziehungssystems», Frankfurt/M. 2004. – Zahlreiche Beiträge für Zeitungen, Fachzeitschriften, Sammelwerke sowie für Fernseh- und Rundfunkanstalten.

Dieter Lenzen

Orientierung

Erziehungs-
wissenschaft

Was sie kann,
                    was sie will

rowohlts enzyklopädie
im Rowohlt Taschenbuch Verlag

rowohlts enzyklopädie
Herausgegeben von Burghard König

3. Auflage August 2004

Originalausgabe
Veröffentlicht im Rowohlt Taschenbuch Verlag,
Reinbek bei Hamburg, April 1999
Copyright © 1999 by Rowohlt Taschenbuch Verlag GmbH,
Reinbek bei Hamburg
Umschlaggestaltung Beate Becker
Satz aus der Sabon und Syntax PostScript (PageOne)
Gesamtherstellung Clausen & Bosse, Leck
Printed in Germany
ISBN 3 499 55605 7

Inhalt

Vorwort

Als der Herausgeber von *rowohlts enzyklopädie*, Burghard König, mir von seiner Absicht berichtete, eine Serie von Orientierungsbänden für die wichtigsten Universitätsfächer herauszubringen, und mich bat, den Text für die Erziehungswissenschaft zu verfassen, war ich zunächst skeptisch. – Noch eine Einführung in die Erziehungswissenschaft zu den zahlreichen, die es schon gibt? Noch ein Buch verfassen, das mir die Zeit nimmt für die Weiterarbeit an grundlegenden anderen Vorhaben?

Ich habe mich überzeugen lassen, nachdem ich den Markt der vorhandenen Einführungsliteratur näher angesehen hatte. Was wirklich fehlt, ist eine allererste Orientierung, die im Grunde genommen bereits verstehen können muß, wer sein/ihr Studium noch gar nicht aufgenommen hat. Erziehungswissenschaft ist wie zahlreiche andere Studienfächer eines, das im Lehrplan der Schule nicht vorgesehen ist. Es gibt also weit weniger Vorwissen darüber als über Mathematik, Germanistik oder Politikwissenschaft. Es ist zu erwarten, daß Schulabsolventen, ihre Eltern und vielleicht sogar ihre Lehrer nur sehr wenig oder Falsches vermuten über das Fach, seine Struktur, die Studienmöglichkeiten und die Berufschancen. Insofern gehört es zur Pflicht des Hochschullehrers, eine solche Orientierung zu geben, im Hörsaal, in der Sprechstunde – und warum nicht auch in einem kleinen Kompendium?

Während des Schreibens hat sich bestätigt, was ich erwartete: Die Rückführung des großen Wissensvorrats auf einfache Strukturen, auf halbwegs sicheres Wissen, auf Linien möglichen Denkens ist schwieriger, als der Leser glaubt. Man muß Kompromisse hinsichtlich der Genauigkeit machen, man muß wichtige historische Prozesse verschweigen, die zu bestimmten Strukturen geführt haben, man kann nicht jede Position erwähnen, die erwähnenswert wäre oder sich dafür hält. Man muß sich bescheiden. Darin steckte jedoch auch die Herausforderung, Entscheidungen treffen zu müssen.

Nicht willkürlich, aber definitiv. Entscheidungen sind Handlungen dessen, der entscheidet. Seine Person steckt also in ihnen. Andere Verfasser hätten an mancher Stelle sicher andere Akzente gesetzt.

Eine neutrale Einführung in eine Wissenschaft gibt es nicht. Wer so tut, als ob dieses möglich wäre, unterschiebt den noch unvorbereiteten Anfängern eine normative Position, die sie nicht durchschauen können. Deshalb haben die Leser und Leserinnen einen Anspruch darauf zu erfahren, welche Entscheidungen getroffen wurden, genauer: von welchem Standpunkt aus. Das ist leicht zu beantworten: Ich versuche eine Orientierung aus der Sicht zu geben, die mir wissenschaftlich zur Zeit die aussichtsreichste und didaktisch die geeignetste zu sein scheint. Es ist ein reflexiver Standpunkt, der sich besonders der strukturalistischen und der systemtheoretischen Tradition sowie ihrer Zusammenführung im Konstruktivismus verpflichtet weiß. Dieser Ausgangspunkt bietet sich deshalb an, weil eine Orientierung, eine Einführung in eine Wissenschaft voraussetzt, daß man die Perspektive eines Beobachters annimmt. Genau dieses ist auch die strukturalistische und systemtheoretische Sichtweise: sich so weit wie möglich neben eine Wissenschaft zu stellen, um sie distanziert zu betrachten. Am aussichtsreichsten ist diese Position deshalb, weil sie anschlußfähig ist für zahlreiche andere Wissenschaften, die für die Prozesse von Erziehung und Bildung bedeutsam sind.

So ist das nun einmal in den Wissenschaften: Der Glaube an eine Objektivität der Erkenntnis gehört der Vergangenheit an. Auch die Wirklichkeit der Wissenschaft ist ein Konstrukt, ein Produkt dessen, der über sie schreibt. Das heißt natürlich nicht, daß die getroffenen Entscheidungen willkürlich wären. Sie sind begründbar:

Die Gliederung des Buchs folgt dem Gedanken, die Leser bei ihrem Vorwissen «abzuholen», bei ihren Vorurteilen auch, die sie über eine so «praktische» Wissenschaft haben mögen, für die sie die Erziehungswissenschaft vielleicht halten. Sie lernen im ersten Kapitel, daß die Unterscheidung zwischen Theorie und Praxis zuwenig leistet, daß sie erweitert werden muß. Sie lernen etwas über den nicht mehr vorhandenen Unterschied zwischen Pädagogik und Erziehungswissenschaft und darüber, daß man seine pädagogischen Handlungen nicht einfach irgendwo ableiten kann.

Das zweite Kapitel widmet sich ganz der Situation junger Menschen, die sich fragen, ob und was sie studieren wollen, welche Voraussetzungen man für ein Studium mitbringen muß, welche Erwartungen an Studierende des Fachs gerichtet werden, welche Entscheidungen man treffen muß, bevor man die erste Vorlesungsstunde hört. Ein Aufriß der Struktur des Fachs soll dabei helfen, sich in den zahlreichen Zweigen der Erziehungswissenschaft zurechtzufinden. Drei dieser Dimensionen werden dann aus der Strukturskizze des Fachs ausgewählt, die das zweite Kapitel enthält. Das sind zum einen die Erziehungswissenschaftlichen Fachrichtungen und die pädagogischen Berufe (Kap. 3), sodann die wissenschaftlichen Grundkonzeptionen (Kap. 4), die innerhalb der Erziehungswissenschaft entstanden sind, und schließlich das, was ich als pädagogische «Grundvorgänge» (Kap. 5) bezeichne, die Tätigkeiten, die Pädagoginnen und Pädagogen jeden Tag vollziehen. Ein kleiner Ausblick auf die zu erwartende Entwicklung des Fachs in der Zukunft schließt den Textteil ab (Kap. 6).

Wer dieses Buch in einem Zug durchliest, wird bemerken, daß die Darstellung im Verlauf immer komplexer wird. Es ist gut möglich, daß Leserinnen und Leser etwa ab dem 4. Kapitel in Turbulenzen geraten und sich vielleicht sogar Frustration einstellt. Dieser Effekt ist ebenso unumgänglich wie beabsichtigt: Mit dem 4. Kapitel beginnt die Darstellung wichtiger wissenschaftlicher Positionen und komplexer Vorgänge. Diese sind nicht weiter zu vereinfachen ohne fahrlässige Verfälschung. Verfälschung gehört aber nicht zur Wissenschaft. Beabsichtigt ist die langsame Komplexitätssteigerung aus einem einfachen lernpsychologischen Grund: Ein Lerner lernt nur das, was für ihn eine Irritation, ja sogar eine gewisse Bedrohung darstellt. Etwas, das er nicht versteht, bedroht seine Identität. Darauf kann er in zwei Weisen reagieren: mit der Anstrengung des Lernens oder mit Flucht und Abwehr. Insofern bietet dieses Buch in seinem zweiten Teil eine didaktische Selbsterprobungsmöglichkeit: Wer den Eindruck hat, daß er bereits diesen Text nicht versteht, muß in einem erziehungswissenschaftlichen Studium erhebliche Energie aufbringen, oder er ist nicht geeignet und sollte eine andere Alternative wählen. Denn eines muß klar sein: Ein erziehungswissenschaftliches Studium erfordert eine erhebliche Lese- und Verstehenskompetenz. Und: Die Gesellschaft erwartet völlig zu Recht, daß nur diejenigen einen pädagogischen

Beruf ergreifen, die aufgrund ihrer besonderen intellektuellen Fähigkeiten in der Lage sind, eine nachwachsende Generation für ein langes Erwachsenenleben vorzubereiten. Für Menschen, die in einer pädagogischen Tätigkeit den Weg des geringsten Widerstands suchen, darf in diesen Berufen kein Platz sein.

Im Gegensatz zu einigen anderen Bänden in der Serie «Orientierung» ist der Anhang mit Literaturangaben in diesem Buch äußerst knapp gehalten. Das hat einen einfachen Grund: Dieses Buch gehört nicht nur zum Bereich «Orientierung», sondern ist gleichzeitig Bestandteil eines Programmteils «Erziehungswissenschaft» in rowohlts enzyklopädie. Die anderen Werke dieser Einheit sind:
• Lenzen, D. (Hg.): «Erziehungswissenschaft. Ein Grundkurs»
• Lenzen, D. (Hg.): «Pädagogische Grundbegriffe» (2 Bde.)
Das erste ist ein Sammelband, der zahlreiche Beiträge zu den Dimensionen der Erziehungswissenschaft für die Leser enthält, die sich für eine Aufnahme des Studiums entschieden haben, die während des Studiums für sich neue Dimensionen entdecken wollen oder die sich fürs Examen rüsten. Die «Pädagogischen Grundbegriffe» sind ein alphabetisches Lexikon mit fast 200 Stichwortartikeln zu allen Fragen der Erziehungswissenschaft. Beide Werke bieten Hinweise auf einführende, weiterführende und spezialisierte Literatur in so großer Zahl, daß ich mich für die «Orientierung Erziehungswissenschaft» auf eine denkbar kleine Literaturauswahl beschränken konnte. Hier ist nur Literatur genannt, über deren Qualität ich selbst keine Zweifel hege. Ein Zuviel an Hinweisen verwirrt den Anfänger eher, als daß es ihm oder ihr nutzt.

Das Buch ist in einem Zug verfaßt worden. Das gelingt nur, wenn man sich auf die Hilfe zuverlässiger Mitarbeiter(innen) verlassen kann. Das waren Renate Bussinger, die das Manuskript erfaßt hat, Cornelia Miksch, die die Gestaltung der Abbildungen übernommen hat, sowie Jutta Lehmann, Silvia Hedenigg und Friedrich Rost als bewährte Korrekturleser. Ihnen gebührt mein herzlicher Dank.

Berlin, im Oktober 1998   *Dieter Lenzen*

I. Orientierung zwischen Schule und Studium

1. Einleitung

1.1 Pädagogische Probleme und erziehungswissenschaftliche Urteile

Viele junge Menschen, die heute Erziehungswissenschaft studieren, tun dieses im Blick auf eine praktische pädagogische Tätigkeit. Sie möchten gern «etwas mit Kindern zu tun haben», sie möchten Jugendlichen in schwierigen persönlichen oder sozialen Lagen helfen, sie haben Freude an der Vorstellung, jungen Menschen etwas beizubringen oder auch Erwachsenen, sie sehen sich als Trainer in der betrieblichen Weiterbildung. Diese Motivationen bestimmen ihr Bild von ihrem künftigen Beruf – und von dem Studium, das zu diesem Beruf führen soll. Wie macht man das, kleine Kinder zu unterrichten, wie kann man Menschen zum Lernen motivieren, wie kann man Menschen mit möglichst geringem Lehraufwand möglichst viel vermitteln, wie kann man in Problemfällen helfen? Diese Einstellung ist zunächst einmal verständlich und nachvollziehbar; dennoch erfaßt sie nur einen kleinen Teil dessen, was man wissen muß, wenn man professionell pädagogisch handeln möchte.

Nehmen wir ein paar Beispiele aus unterschiedlichen pädagogischen Feldern:

Welche Schrift für den Anfang? Wenn nach der Sommerpause die sechsjährigen Erstkläßler erwartungsvoll ihren Klassenraum betreten, hat es im Vorfeld eine Fülle von Entscheidungen gegeben. Unter anderem eine Entscheidung darüber, mit welcher Schrift den kleinen Kindern das Lesen und das Schreiben beigebracht werden soll. Dafür gibt es eine Reihe von Alternativen. Es gibt Fibeln, die mit der «lateinischen Ausgangsschrift» beginnen, solche, die mit der vereinfachten Ausgangsschrift ansetzen (vgl. Abb. 1), und solche, die mit der Druckschrift beginnen.

Abbildung 1

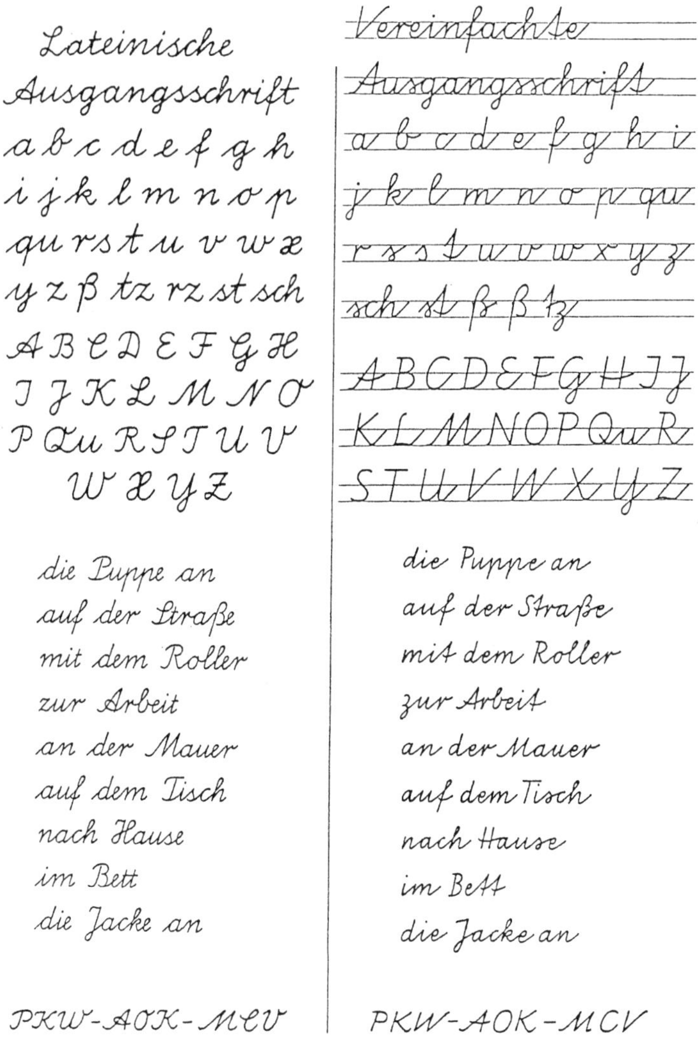

Lateinische
Ausgangsschrift
a b c d e f g h
i j k l m n o p
qu rs t u v w x
y z ß tz rz st sch
A B C D E F G H
I J K L M N O
P Qu R S T U V
W X Y Z

die Puppe an
auf der Straße
mit dem Roller
zur Arbeit
an der Mauer
auf dem Tisch
nach Hause
im Bett
die Jacke an

PKW-AOK-MCV

Vereinfachte
Ausgangsschrift
a b c d e f g h i
j k l m n o p qu
r s t u v w x y z
sch st ß ß tz
A B C D E F G H I J
K L M N O P Qu R
S T U V W X Y Z

die Puppe an
auf der Straße
mit dem Roller
zur Arbeit
an der Mauer
auf dem Tisch
nach Hause
im Bett
die Jacke an

PKW-AOK-MCV

(Quelle: Heuß 1993)

Für jede dieser Alternativen gibt es Gründe, aber welche Gründe sind die besseren? Für den Beginn mit der lateinischen Ausgangsschrift mag die Tradition sprechen, d. h. die Möglichkeit für die Eltern, ihren Kindern zu helfen, weil sie selbst diese Schrift gelernt haben. Die vereinfachte Ausgangsschrift verzichtet auf überflüssige Schleifen, Schnörkel, Flammen- und Wellenlinien und steht damit der Druckschrift näher. Im Schreibvorgang enthält sie weniger Drehrichtungswechsel von rechts nach links und umgekehrt, was dem Schreibfluß zugute kommt. Die Druckschrift hingegen ist schwerer zu schreiben, aber sie hat einen anderen Vorteil: Die Kinder kennen sie bereits aus dem Alltag, Schulaufgabenhilfe durch die Eltern ist leichter möglich, weil sie die verbreitetste Schrift ist, und die Kinder erfahren sehr schnell Erfolge.

Wie soll man sich entscheiden? Eine Grundschullehrerin, das Kollegium einer Grundschule oder die Schulverwaltung hat solche Entscheidungen zu treffen, und zwar in begründeter, für die Kinder optimaler Weise. Genügt da nicht der Alltagsverstand? – Diese Auffassung wird von denen vertreten, die die Grundschulpädagogik nicht für eine Wissenschaft, sondern für eine Handwerkskunst halten, die durchaus auch an Fachschulen oder Fachhochschulen unterrichtet werden könnte.

Aber eine begründete Entscheidung über die geeignete Schrift für den Schulbeginn ist komplizierter, als es auf den ersten Blick erscheint. Das liegt daran, daß der Lese- und Schreibvorgang selbst so komplex ist. All diese Faktoren sind zu berücksichtigen (vgl. Abb. 2).

«Hat gefrühstückt die beiden.» Solche und ähnliche Wortstellungsfehler findet eine Grundschullehrerin bei den Aufsätzen des Schülers Hans. Was soll sie tun? Am Rand den Fehler notieren, dem Jungen die Satzstellung noch einmal erklären, ihn in den Förderunterricht «Deutsch» schicken? – Dem Kind wird mit keiner dieser Alternativen geholfen, solange mit ihm keine Anamnese (Erhebung und Darstellung von Informationen zur Vorgeschichte und aktuellen Situation eines Tatbestandes, insbesondere einer Erkrankung, einer Störung) vorgenommen wurde. Der Wortstellungsfehler, der in der falschen Plazierung des finiten Verbs bzw. der infiniten Teile bei mehreren verbalen Elementen beruht, gelegentlich

Abbildung 2

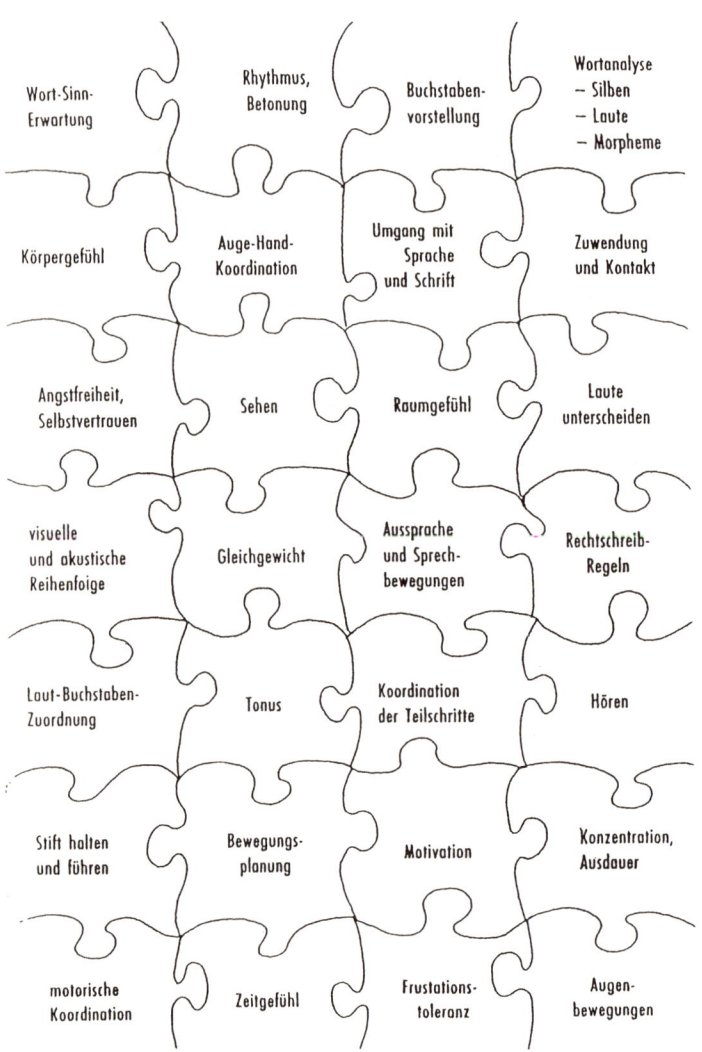

auch auf der Plazierung von Fragepronomen in Anfangspositionen (vgl. Szagun 1996, S. 266), ist ein typisches Anzeichen für eine Entwicklungsdysphasie bzw. für einen Dysgrammatismus des Kindes. Um eine geeignete Sprachtherapie zu finden, ja, um nur festzustellen, ob es sich nicht bloß um eine Unaufmerksamkeit des Kindes handelt, bedarf es einer genaueren Diagnose, bei der festgestellt werden muß, ob folgende Eigenschaften auf das Verhalten des Kindes zutreffen:

– deutliche Sprachverzögerung
– Störungen vornehmlich im Bereich von Syntax und Morphologie
– Intelligenz im Normalbereich
– Ausschluß eines Hörschadens
– Ausschluß massiver emotionaler Störungen

Dieser Fall, wir erkennen es sofort, ist sehr viel komplexer als die Entscheidung über die geeignete Schreibschrift. Und: Für das betroffene Kind und sein Leben hängt sehr viel davon ab. Wir müssen also von seiner Lehrerin erwarten, daß sie sprachpsychologisch so ausgezeichnet ausgebildet ist, daß sie seine Probleme erkennt als Bestandteile eines möglichen Störungsbildes, daß sie in der Lage ist, geeignete anamnestische Verfahren anzuwenden, und daß sie dann entscheiden kann, ob sie ihm selbst im normalen Unterricht helfen kann oder ob es einer Logotherapie bedarf. Solches professionelle pädagogische Handeln setzt genaueste psychologische Kenntnisse über die Sprachentwicklung des Kindes voraus.

Väternähe. Wer mit Kindern zu tun hat, benötigt einen pädagogischen Blick. Das kann man lernen als Teil der Professionalisierung. Manche Menschen haben diesen Blick, diese Sensibilität für Situationen und für andere Menschen aber schon, wenn sie sich für ihren Beruf entscheiden. Hier die literarische Schilderung einer pädagogischen Situation, die eine solche Sensibilität zeigt:

Sie fühlen an meinem Kopf herum, sie lassen ihr Mittagessen kalt werden, es geht um Hinterköpfe. Auch ich habe es lustig gefunden, als wir damit anfingen. Du hast einen musikalischen Hinterkopf, du auch, beinah, und du erst. Aber jetzt sind sie bei mir. Hier, ihr werdet es nicht glauben, bitte fühlt mal: das Kleine, es hat eine Delle. Es hat eine richtige Delle im Kopf.

Sie betasten eine Stelle unter meinem Haar. Das ist alles nur Spaß. Hört auf, sie ist schon wieder beleidigt. Sie wäre allerdings groß genug, um vernünftig zu bleiben. Sie spielt sich ganz gern auf, oder nicht? Niemand hat was bös gemeint. Was ist dabei? Ich merke, daß ich viel mehr und von jetzt an laut weinen muß. Der Stuhl fällt hinter mir um, ich hasse alle, ich renne weg. Im Spielzimmer ergebe ich mich meinem Elend, das sie unten vergessen. Das kennt man: sie ist ein bißchen eitel, außerdem trotzig. Sie lächeln, aber es tut ihnen auch leid. Läuft einfach weg, läßt ihr Essen stehen. Der Unfug mit der Delle war vielleicht auch etwas übertrieben. Gib mir mal den Salat. Das nimmt keiner tragisch. Doch: mein Vater. Er interessiert sich nicht einmal mehr dafür, daß jemand sich ungeniert Salat nimmt, seinen Salat, sein Privileg. Er kann seinen Teller nicht mehr anrühren. Er weiß ganz genau über mein Los Bescheid. Ich habe keine Delle im Kopf, aber ich spüre sie jetzt. Mein Vater findet mich oben. Für so nasse chaotische Gesichter wie meines hat er immer ein unbenutztes Taschentuch bei sich. Ich weiß genau, wie das Taschentuch riecht. So riecht es im Schlafzimmerschrank meines Vaters, bei seinen Anzügen und seiner Wäsche, immer noch der gleiche Geruch viele Jahre später, wenn ich dort den Platz der Kirschwasserflasche aufsuche, mein Vater weiß auch jetzt wieder Bescheid, er sagt nichts gegen den Kirschwasserschwund in der Flasche: wir lassen ihn mysteriös. Mein Vater schützt mich mit dem Taschentuch gegen alle Verfechter der Dellentheorie. Mein ganzer Kopf könnte eine Delle sein. Die Spur Äther im Eau de Cologne wirkt mit. Weil mein Vater ebenfalls leidet, weil er wahrscheinlich etwas mehr leidet als ich, kann er mich trösten. (Wohmann 1989, S. 219 f.)

Die Autorin schildert uns ihren Vater als einen Menschen, der Wahrnehmungsfähigkeit für das Leiden seiner Tochter besitzt. Prüfen Sie sich selbst: Haben Sie bei der Lektüre des kleinen Textes auf Anhieb verstanden, warum es für das kleine Mädchen ein Problem ist, von den anderen betastet zu werden? Haben Sie gespürt, daß das Mädchen sich verletzt fühlte in seiner Aura? Begreifen Sie, warum eine solche Fähigkeit so wichtig ist für jemanden, der mit anderen Menschen umgeht, besonders mit Kindern und jungen Menschen? – Vielleicht wird es Ihnen deutlicher, wenn Sie die nächste Szene aus einer anderen Geschichte lesen:

An einem Abend, als sie gerade ihre Sandalen auf den blauen Boden vor das Bett gestellt hatte und aus den kurzen Hosen geschlüpft war, öffnete sich die Tür, und ihr Vater kam herein. Sie hatte ihm schon gute Nacht gesagt, und nun stand sie halb ausgezogen und verwirrt über ihre eigene Verlegenheit.

Unter ihren Füßen fühlte sich der Boden glatt an und kühl wie blauer Marmor. Sie kratzte an einem Mückenstich auf ihrem Handrücken. Sie hob die Hand zum Mund und leckte daran.

«Gefällt dir dein Zimmer?» sagte er und verschränkte die Arme über der Brust. Rosa wußte nicht, was er wollte. Sie standen beide ein paar Augenblicke, ohne sich zu bewegen. Er an der Tür und sie vor dem Bett. Der Himmel vor dem Fenster war dunkelblau in der Dämmerung.

Da begriff Rosa, daß er gekommen war, um sie nackt zu sehen, aber an seinem Gesicht sah sie, daß er es nicht wußte. Er stand mit verschränkten Armen. Er rührte sich nicht, nur seine Daumen strichen leise über den Stoff seines Hemdes.

Mit einem Mal fühlte sie sich müde, erschöpft wie ein Schwimmer, der aufgibt. Sie zog das Unterhemd über den Kopf und kroch wortlos ins Bett. Der Vater stand noch einen Moment an der Tür, seine Arme sanken langsam herab und hingen an seiner Seite. Und erst als er aus der Tür war und sie leise hinter sich zugemacht hatte, hörte Rosa ihn von draußen gute Nacht sagen. (Wodin 1993, S. 202)

Dieser Vater besitzt offensichtlich nicht das, was den Vater Gabriele Wohmanns auszeichnete: soziales Wahrnehmungsvermögen. Er wird uns beschrieben als jemand, der sich selbst nicht kennt und daraus die Aura seiner Tochter verletzt. Der pädagogische Blick, das pädagogische Verständnis muß in der Lage sein zu sehen, daß die beiden geschilderten Episoden sich von dieser dritten strukturell nicht unterscheiden:

Es war dann so, daß mein Vater, wenn ich schon im Bett lag, zu mir ins Zimmer kam und mit mir allein darüber redete, daß er keine Frau findet und daß die von der Potsdamer Straße (Prostituierte) auch nicht das Rechte wären. Ich merkte schon an seinen Gesprächen, daß er darauf aus war, sich mir zu nähern. Er hat es nicht direkt in Worte gefaßt. Es ging darauf hinaus, daß er sich mit mir gut versteht und daß ich doch sonst eigentlich alles mache, was er will. Es hat sich dann in der Folgezeit gesteigert. Er kam auch rein, wenn er betrunken war, und wollte sich unterhalten, obwohl ich schlafen wollte. Er sagte zwar: Schick mich raus, ist aber nicht gegangen. Er kam auch sehr spät betrunken nach Hause und fragte, ob ich noch wach wäre, und wollte dann erzählen mitten in der Nacht. (…) «Mann, geh raus, ich will schlafen», habe ich

ihm immer wieder gesagt, und daß er mich lieber schlagen soll, als daß
ich ihn anfasse. Er hat aber nicht abgelassen und immer wieder gesagt,
daß er mich gut findet und mit mir schlafen will. Außerdem hat er ge-
droht, daß er mich umbringen wird, wenn ich nicht mache, was er sagt.
Schließlich sei er der Herr im Haus. Dann riß er mir das Nachthemd
richtig vom Körper. Er hat mir an die Brust gefaßt und auch an die
Scheide, ganz grob und bestialisch. Er ist mit einem Finger in die Scheide
gegangen. Es hat mir sehr weh getan. Er hat den Finger bewegt wie ein
Tier. Er hat an mir rumgezerrt, ich sollte mich auf ihn drauflegen. Ich
habe aber nee gesagt, dafür hab ich wieder eine geknallt gekriegt. Dann
sollte ich an sein Glied fassen. Habe ich auch nee gesagt. Das hat sich alles ein paarmal wiederholt, und ich habe immer wieder eine geknallt gekriegt. Er ist wie ein Tier gewesen. (Anonym 1985, S. 20 f.)

Es gibt Menschen, die meinen, daß pädagogische Wahrnehmungs-
fähigkeit nicht gelernt werden könne. Wer das annimmt, gibt die
Möglichkeit einer menschlichen Erziehung von vornherein auf.
Der sollte sich nicht auf einen pädagogischen Beruf einlassen.
Wahrnehmungsfähigkeit ist nicht nur eine Naturgabe, sondern et-
was, das ein Bestandteil von Intellektualität ist. Wissenschaft, und
Erziehungswissenschaft zumal, hat die Aufgabe, auch eine solche
Intellektualität auszubilden.

Grundwerte oder sekundäre Tugenden?

Zum ersten: Ich wünsche mir ein Bildungssystem, das wertorientiert ist.
Ich weiß sehr wohl, daß jede Art von Wertekatalog seit Jahren unter
den Ideologieverdacht fällt, zumindest wenn er sich nicht auf Allgemein-
plätze zurückzieht. Aber Bildung darf sich nicht auf die Vermittlung von
Wissen und funktionalen Fähigkeiten beschränken! Zur Persönlich-
keitsbildung gehört neben Kritikfähigkeit, Sensibilität und Kreativität
eben auch das Vermitteln von Werten und sozialen Kompetenzen. Dabei
denke ich durchaus auch an die Vermittlung von Tugenden, die gar nicht
so altmodisch sind, wie sie vielleicht klingen: Verläßlichkeit, Pünktlichkeit und Disziplin, vor allem aber der Respekt vor dem Nächsten und
die Fähigkeit zur menschlichen Zuwendung. (Aus der Bildungsrede des
Bundespräsidenten Roman Herzog – vgl. Herzog 1997, S. 18)

Die Grundwerte für die Gestaltung des Bildungswesens müssen Kreativität und Initiative sein, Eigenverantwortlichkeit, Verantwortung gegen-

über den Mitmenschen in der eigenen und der globalen Gesellschaft und schließlich Verantwortung gegenüber den natürlichen Grundlagen des Lebens. All dies muß den Jugendlichen vermittelt werden. Dies sind die Voraussetzungen, um die Aufgaben anzupacken, die den Jugendlichen zuwachsen in Freundeskreis, Familie, Arbeitsleben, Gesellschaft und Politik. (…) Anstrengung, Fleiß, Verläßlichkeit, Pünktlichkeit, Disziplin predigt unser Bundespräsident statt dessen. All dies ist selbstverständliches Element jeder Bildung, aber es reicht bei weitem nicht aus. Das vielbeschworene Zeitalter der Individualisierung wäre besser zu kennzeichnen als Zeitalter der wachsenden Eigenverantwortung. Wer sich da in Privatleben und Gesellschaft und ganz besonders im Beruf zurechtfinden und behaupten will, braucht mehr als die brave Befolgung von Wissensdirektiven. Er braucht Kompetenz und Mut für den eigenen Weg, aber auch die klare Orientierung zu den Menschen, mit denen er zusammenlebt, zusammenarbeitet, zusammen die Welt gestalten will. Das ist die Voraussetzung für demokratische Mitverantwortung oder – um ein Modewort zu gebrauchen – für Gemeinsinn. Es ist schon sehr erstaunlich, wenn nicht nur dieser Begriff, sondern die Gemeinschaftsorientierung überhaupt weitgehend fehlen in der Rede des Bundespräsidenten. (Aus der Stellungnahme der Bundesvorstandssprecherin von Bündnis 90/Die Grünen, Gunda Röstel – Röstel 1997, S. 205 f.)

Wenn das (eher konservative) Staatsoberhaupt einer der größten Industrienationen der Welt es für notwendig hält, die für die Bildung Verantwortlichen an die Erziehung zur Wertorientierung zu erinnern, dann ist dieses ein Vorgang, von dem man erwarten kann, daß er Einfluß auf den Bildungsalltag hat. Nun sind professionelle Pädagogen in der Regel keine Konservativen. Um so erstaunlicher ist es festzustellen, daß die Stellungnahme zur Rede des Bundespräsidenten vom diametral gegenüberliegenden politischen Lager keinen substantiellen Unterschied sichtbar werden läßt. Die «catchwords» sind Bestandteil beider Verlautbarungen: Kreativität, Initiative, Eigenverantwortlichkeit, Verantwortung gegenüber den Mitmenschen usw. Auch die von Gunda Röstel vermißte Gemeinschaftsorientierung fehlt in der Rede des Bundespräsidenten keineswegs: «Wir müssen unseren Kindern aber auch vermitteln, daß Freiheit ohne Ziele Orientierungslosigkeit ist und daß Individualismus ohne Solidarität kein Gemeinwesen begründen kann» (Herzog 1997, S. 18). An dieser Stelle wird ein Gegensatz ebenso künstlich beschworen wie in bezug auf Tugenden wie Verläßlichkeit, Pünktlichkeit, Disziplin, Anstrengung, Fleiß. Gunda Röstel stellt selbst fest: «All dies ist selbstverständliches Element jeder Bildung» (a.a.O., S. 206).

Was soll der politisch so oder so engagierte Lehrer, die hier oder dort verortete Sozialpädagogin davon halten? Verlangen «ihre» politischen Gewährsleute nun eher die Vermittlung von Grundwerten oder die Vermittlung von Tugenden? Warum kann man darin überhaupt einen Widerspruch sehen? Wie kommt es denn dazu, daß so große Einigkeit in den Grundwerten besteht und trotzdem Gegensätze behauptet werden? – Das politische Argumentationsspiel mit der Wertorientierung ist komplexer, als es an der Oberfläche erscheint. Ohne eine gründliche Befassung mit der Geschichte der Werte, mit ihren Implikationen, mit ihren Folgen, mit ihren unterschiedlichen Füllungen und vor allem mit der Frage, wie und ob überhaupt eine Vermittlung von Werten möglich ist, bleibt eines vollkommen klar: Werte schleichen sich in die pädagogische Beziehung unbemerkt und ungeprüft ein. Normprüfung ist deshalb eine bedeutsame Kompetenz für die Inhaber pädagogischer Rollen. Eine erziehungswissenschaftliche Ausbildung wird deshalb über die Genese bestimmter Werte aufklären. Sie wird deutlich machen, warum in der Geschichte der Wertorientierung ein Gegensatz zwischen Grundwerten und sekundären Tugenden aufgebrochen ist, und sie wird ein erhebliches Maß an Skepsis gegenüber der Möglichkeit vermitteln, Werte seien umstandslos in die psychischen Dispositionen von Kindern, Jugendlichen und aber auch Erwachsenen zu transportieren, gerade so wie diese oder jene Politikerinnen und Politiker es gerne hätten.

Worum es allenfalls gehen kann, ist der «Erwerb und die kognitive Vermittlung moralischer Urteile, nicht jedoch der Erwerb von Moral» (vgl. Edelstein 1997, S. 21). Mit anderen Worten: Wir können Menschen befähigen, die Moralität von Handlungen zu beurteilen; sie zu moralischem Handeln zu erziehen ist kaum möglich. Das bedeutet nicht, daß jeder Mensch unmoralisch handelt, sondern die Regeln des Handelns folgen weitaus komplexeren Mechanismen als einer Liste von Grundwerten oder gutgemeinten Tugenden. Warum wird darüber trotzdem politisch gestritten? – Weil es keine Folgen hat für die Wirklichkeit, man kann mit Auseinandersetzungen über Grundwerte Differenzen künstlich erzeugen, die tatsächlich zwischen verschiedenen politischen Orientierungen nicht existieren, Roman Herzog und Gunda Röstel beweisen es. Der Begriff des Urteils, der in der Idee von der Befähigung zum moralischen Urteil enthalten ist, liegt übrigens auch unseren anderen Beispielen zugrunde: Wahrnehmungsfähigkeit zu besitzen heißt nämlich nichts anderes als die Fähigkeit zum ästhetischen Urteil. Das hat nichts mit Kunst zu tun, sondern durchaus mit der Fähigkeit, das Leiden anderer Menschen zu erkennen. Insofern verbindet das ästhetische Urteil das moralische mit dem Urteil, welches in unserem ersten Beispiel angesprochen wurde, mit dem Vernunfturteil. Diese Trias wurde von Immanuel Kant begründet, und sie eignet sich sehr gut, um die drei großen Dimensionen der Fähigkeiten zu beschreiben, die erwerben und besitzen sollte, wer eine pädagogische Profession anstrebt:

– *Vernunfturteil*: die Fähigkeit zu rationalem Handeln, zu rationaler Mittelwahl. Täglich müssen pädagogisch Handelnde in allen nur denkbaren Situationen optimale Mittel zur Erreichung von Zwecken finden.

– *Moralisches Urteil*: die Fähigkeit zur Beurteilung von vorgegebenen Normen, Werten, Standards, Erwartungen. Täglich müssen pädagogisch Handelnde dieses leisten, wenn sie die Rechtmäßigkeit normativer Erwartungen einschätzen wollen, um danach ihr Handeln auszurichten.

– *Ästhetisches Urteil*: die Fähigkeit der Wahrnehmung des anderen in seinen Lebenslagen. Täglich müssen pädagogisch Handelnde einen Blick dafür haben, was sie und andere den ihnen Anbefohlenen zumuten, ob sie leiden oder glücklich sind, und daran das Maß ihrer Erwartungen orientieren.

Nicht zufällig sind diese Fähigkeiten mit dem Begriff des Urteils angemessen beschrieben: Urteilen setzt Wissen voraus, Urteilen ist keine Angelegenheit des Meinens oder Besserwissens, das Urteil ist kein Vorurteil.

Viel zu komplex sind die Vorgänge, die sich zwischen Erziehenden und Erzogenen, zwischen Lehrenden und Lernenden, zwischen Helfenden und Hilfebedürftigen abspielen, als daß ein Urteilsvermögen noch auf bloßem Alltagswissen beruhen könnte. Auch das pädagogische Wissen ist wie das ärztliche Wissen, wie das juristische Wissen, wie das politische Wissen längst Gegenstand systematischer Beschaffung geworden. *Die Erziehungswissenschaft ist die Disziplin, die dieses Wissen produziert, über die Hochschulen an pädagogische Rollenträger vermittelt und die Erfolge pädagogischen Handelns überprüft.* In der Fachsprache heißen diese Termini: Wissensproduktion, Wissensdissemination und Wissensevaluation. Es ist deshalb selbstverständlich, daß Inhaber pädagogischer Rollen dieses komplexe Wissen erwerben müssen, weil wir von Lehrern und Erziehern ebenso wie von Ärzten erwarten, daß sie ihr Handeln am neuesten und besten Stand des Wissens orientieren. Im Studium der Erziehungswissenschaft geht es also um den Erwerb von Wissen, um die Überprüfung der Wissensbestände bei den Studierenden.

Widersprechen Sie deshalb, wenn man Sie nach Ihrer Meinung fragt, nach Ihrer Gesinnung, nach Ihren Werten, nach Ihren normativen Orientierungen. Sie sollen Wissen erwerben, mit dessen Hilfe Sie Werte beurteilen können. Das Bekenntnis zu Werten gehört nicht in den Zusammenhang von Wissenschaft, Forschung und Erkenntnis.

Wenn ein Studium (nicht nur erziehungswissenschaftliches) darin besteht, Urteilsfähigkeit zu erwerben, und wenn dieses über Wissen geschehen soll, dann stellt sich für jeden Studierenden die Frage, *was* er denn wissen muß. Studierende erwarten nicht ohne Berechtigung, daß die Universität in der Lage ist, ihnen genau diese Frage zu beantworten. Zu diesem Zweck gibt es Prüfungsordnungen, Studienordnungen, Studienpläne, Lehrbücher, Lehrveranstaltungen. Jedoch: Wenn man erziehungswissenschaftliche Lehrangebote und die dazugehörigen Erwartungen aus Studien- und Prüfungsordnungen mit denjenigen in anderen Universitätsfächern vergleicht, dann stellt man sofort fest: Es ist viel weniger geregelt als z. B. in der Medizin oder im Studium des Rechts. Sehr schnell entsteht der Eindruck von Beliebigkeit, der zudem durch teilweise sehr kontroverse Auffassungen der Lehrenden unterstützt wird. Ist der Eindruck berechtigt, das Studium sei inhaltlich beliebig, es gäbe nichts, was man wirklich wissen müsse? – Ja und nein. Gerade im Vergleich mit anderen Universitätsfächern werden die Gründe für diesen Eindruck vielleicht klarer. Zumindest an der Oberfläche haben andere Fächer es leichter. Der Medizin liegt die

Unterscheidung zwischen Krankheit und Gesundheit zugrunde. Das erlaubt ihr, Wissen unter dem Gesichtspunkt auszuwählen, ob es für die ärztliche Beseitigung von Krankheit erforderlich ist. Dabei kann die Wissensvermittlung einem sehr einfachen, aber effektiven Schematismus folgen: Grundlagen des Aufbaus und der Funktion des Körpers – Krankheitsbilder – Diagnosemethoden – Therapien. Oder in der Jurisprudenz: Hier wirkt die Unterscheidung zwischen Recht und Unrecht. Recht ist kodifiziertes, also in Gesetzen und Verordnungen niedergelegtes Recht. Es ist selbstverständlich, daß diese Kodifizierungen zum Wissenskanon der Studierenden gehören. Darüber hinaus müssen sie lernen, juristische «Fälle» so unter das kodifizierte Recht zu subsumieren, daß sie die «passenden» Rechtsregelungen zur Lösung des Falls finden. Das ist alles.

Und bei der Erziehung und der Bildung? Genügt es, zwischen «erzogen» und «unerzogen» zu unterscheiden, zwischen «gebildet» und «ungebildet»? Wir merken sofort, daß diese Differenzierungen nicht taugen, weil sie einen viel zu breiten Spielraum für Interpretationen lassen. Wie jemand sich verhalten muß, der als erzogen oder gebildet oder auch nur ausgebildet gelten kann, darüber ist vielfacher Streit möglich. Erst langsam verschiebt sich deshalb die Aufmerksamkeit der Erziehungswissenschaft auf solches Wissen, das jemand besitzen muß, um Menschen bei zwei Vorgängen zu unterstützen, denen im übrigen jeder Mensch unterzogen wird:
– der Humanontogenese, d. h. der Entwicklung der Person,
– der Lebenslaufbewältigung.
Wir könnten also vorläufig formulieren:

> Ein erziehungswissenschaftliches Studium vermittelt den Studierenden rationale, moralische und ästhetische Urteilsfähigkeit über den Erwerb von Wissen, über Vorgänge der Humanontogenese und über die Lebenslaufbewältigung.

Das scheint nun zu der Bezeichnung des Fachs «Erziehungswissenschaft» oder gar «Pädagogik» in einem Widerspruch zu stehen. In der Tat: Die Herkunft des Fachs ist sehr viel eingeschränkter als seine heutige Wirklichkeit. Erziehung scheint etwas zu sein, was sich nur auf Kinder und Jugendliche bezieht. Im Begriff der «Pädagogik» ist diese Engführung ja noch deutlicher: Die Bezeichnung leitete sich ursprünglich her von dem griechischen Wort «pais agein», was in der griechischen Antike soviel bedeutete wie «Führung des Knaben, des Kindes vom Haus zur Übungsstätte». Pädagogen, meist Sklaven, hatten die schlichte Funktion, darüber zu wachen, daß die Söhne (Töchter besuchten keine Bildungsinstitutionen) der vornehmen Bürger auf dem Wege zur Ausbildungsstätte nicht Opfer von zumeist sexuellen Übergriffen durch erwachsene Männer wurden.

Der Begriff «Pädagogik» klingt in unseren Ohren heute noch praxisnäher, wenn nicht praktizistischer. Häufig wird er auch programmatisch in diesem Sinn verwendet. Als Pädagogen bezeichnen sich gelegentlich Menschen, die auf ihre praktische Orientierung aufmerksam machen wollen. Sie versuchen sich von «Erziehungswissenschaftlern» abzusetzen. Abgesehen von solchen Sonderfällen spielt die Differenzierung zwischen Pädagogik und Erziehungswissenschaft aber inhaltlich keine Rolle mehr. Wer heute an mehreren Hochschulen nacheinander studiert, wird feststellen, daß die Namen von Fachbereichen, Instituten, Abteilungen, von Professuren, ja, daß sogar die Bezeichnungen von Teilsachgebieten beide Termini nebeneinander verwenden: Erziehungswissenschaft und Pädagogik. Eine Programmatik verbirgt sich in der Regel dahinter nicht. Häufig ist es so, daß die ältere Bezeichnung an älteren Universitäten beibehalten wurde, währenddessen Neugründungen gleich den Begriff «Erziehungswissenschaft» gewählt haben.

Dieser Begriff taucht am Beginn des 20. Jahrhunderts zum ersten Mal auf. Er setzt sich aber erst viel später, in den 60er Jahren des 20. Jahrhunderts, durch. Im Gegensatz zu der heutigen Situation verband sich ursprünglich mit dem Begriff der Erziehungswissenschaft sehr wohl ein Programm, nämlich die «Erziehungswirklichkeit» mit präzisen, zumeist empirisch-analytischen Methoden untersuchen zu wollen, um Wissen über diese Wirklichkeit für das pädagogische Handeln bereitzustellen. Empirisch-analytisch bedeutet dabei, daß die Wirklichkeit in methodisch kontrollierter Beobachtung erfaßt, in Experimenten untersucht und beschrieben wird, um «Gesetzmäßigkeiten» von Erziehungs- und Bildungsprozessen herauszufinden. Dieses wissenschaftliche Programm war durchaus als eine Art Kampfbegriff gegen die ältere Pädagogik gedacht, die sich seit dem 18. Jahrhundert anderer Methoden bediente, der sog. hermeneutischen Methoden. Vereinfacht gesagt bedeutete dieses, daß die Erziehungswirklichkeit nicht kontrolliert beobachtet, sondern ursprünglich geisteswissenschaftlich interpretiert wurde. Die Vertreter einer empirischen Orientierung warfen den Vertretern der älteren Pädagogik vor, mit Hilfe der Interpretation von Wirklichkeit diese nicht vorurteilsfrei erfassen zu können. Ursprünglich standen sich also mit den beiden Bezeichnungen für das Fach zwei sehr verschiedene Programme gegenüber. Die ältere Pädagogik vertrat den Anspruch, pädagogisches Handeln interpretieren und durchaus auch beeinflussen zu wollen, indem Normen, Orientierungen, Standards und Erwartungen zum Gegenstand wissenschaftlicher Diskussion und Auseinandersetzung gemacht wurden. Ihnen ging es also in erster Linie um die Vermittlung moralischer Urteilskraft, währenddessen hinter dem Programm der Erziehungswissenschaft der Gedanke steckte, Wissen für vertretbare Vernunfturteile über den Einsatz geeigneter Mittel im Erziehungsprozeß zu vermitteln. Eine normative Beeinflussung pädagogischen Handelns wurde vom Boden empirischer Erziehungswissenschaft aus für unzulässig gehalten.

An unseren Eingangsbeispielen haben wir bereits gesehen, daß die eine Orientierung die andere keinesfalls ausschließen darf. Der pädagogisch Handelnde benötigt nicht nur technisches Wissen über den richtigen Mitteleinsatz, sondern immer auch Urteilsfähigkeit über Werte von Erziehung und Bildung. Aber er benötigt noch mehr, was hier vor 200 Jahren fast völlig vernachlässigt wurde: soziale Wahrnehmungsfähigkeit im Sinne ästhetischer Urteilskraft.

Also noch einmal: Die Bezeichnungen Erziehungswissenschaft und Pädagogik unterscheiden sich heute in ihrer Bedeutung voneinander nicht.

1.2 Was ist normative Pädagogik, und warum ist sie unmöglich?

Die Auskunft, daß der ursprünglich einmal mehr handlungsorientierte Begriff «Pädagogik» diese Bedeutung inzwischen verloren hat, mag für den angehenden Studierenden der Erziehungswissenschaft enttäuschend sein. Viele Studenten der Erziehungswissenschaft nehmen dieses Studium mit Erwartungen auf, Orientierungen für das alltägliche pädagogische Handeln im engsten Sinn erwerben zu können. Dabei besteht bei vielen die Vorstellung, daß die Beschäftigung mit der normativen Seite von Erziehung und Bildung ausreiche, daß es hauptsächlich darauf ankomme, etwas Bestimmtes (in der Regel etwas Gutes) für die Menschheit, die Gesellschaft, die Mitmenschen zu wollen, und daß es Aufgabe des Studiums sei, Wege zu zeigen, wie dieses Gute zu erreichen ist. Bitte prüfen Sie genau, ob Sie diese Erwartung hegen! Wenn Sie sie nicht ablegen können, verzichten Sie bitte auf ein Studium der Erziehungswissenschaft. Gutmenschen mit Helfersyndrom können vielleicht in der Kirchengemeinde, bei Amnesty International oder bei den Anonymen Alkoholikern wertvolle Dienste leisten, ein wissenschaftliches Hochschulstudium benötigen sie dafür nicht. Professionelle Inhaber pädagogischer Rollen unterscheiden sich von ihnen dadurch, daß sie nicht in erster Linie wollen, sondern können.

Um auf den Weg dieser Professionalität zu geraten, gibt es kaum eine wichtigere Einsicht als die in die Unmöglichkeit einer normativen Pädagogik. Weil der ihr zugrunde liegende Irrtum über die Funktionsweise von Normen im Erziehungs- und Bildungszusammenhang unausrottbar erscheint und immer wieder Erziehungs- und Bildungserfolge zunichte macht, weil Lehrer und Erzieher diese Lektion nicht gelernt haben, sei sie mit der freundlichen Bitte vorangeschickt, sie sich so zu vergegenwärtigen, daß die Abwehr entsprechender Ansinnen zur zweiten Natur wird.

Wählen wir wiederum ein Beispiel. Ein amtierender Bildungsminister äußert sich von Amts wegen immer wieder zu Fragen der Zukunft der Bildung. Damit will er – anders machte das ja keinen Sinn – verändernden Einfluß auf die Bildung in seinem Lande nehmen. Er stellt fest:

1. Wir wollen künftig in einer postindustriellen, global verflochtenen «Wissensgesellschaft» (Rüttgers 1997, S. 214) leben.
2. Dazu ist es erforderlich, daß die Menschen lernen, «global zu denken» (a. a. O., S. 217).
3. «Dem Aufruf, global zu denken, sollte das Ziel, *global zu lernen,* vorangehen» (ebd.).
4. «Globales Lernen setzt Kooperationsbereitschaft nach außen, aber auch Selbstbewußtsein im Inneren voraus» (ebd.).
5. «Wer ohne die Maßstäbe von Heimat, Nation, Tradition und eigener kultureller Identität die weite Welt zu umfassen versucht, der wird ins Leere greifen» (ebd.).
6. «Die Lernziele müssen für technische und organisatorische Neuerungen offen sein» (a. a. O., S. 219).
7. «Die Rahmenlehrpläne müssen sich stärker als früher an den Bedürfnissen der betrieblichen Praxis orientieren» (ebd.).
8. «Wer im Beruf Kundenaufträge bearbeiten, Beratungsgespräche führen und Projekte planen muß, der soll diese Fähigkeiten (der betrieblichen Praxis; D. L.) auch in Prüfungen nachweisen» (ebd.).

So einfach scheint das also zu sein: Aus dem Aufbruch in die postindustrielle, global verflochtene Wissensgesellschaft folgt scheinbar logisch, daß junge Menschen «Maßstäbe von Heimat, Nation, Tradition und eigener kultureller Identität» besitzen müssen und daß Berufsschüler in Prüfungen nachweisen sollen, wie man Kundenaufträge bearbeitet. Das klingt plausibel und kann sich der Zustimmung breiter Kreise sicher sein, weil diese nämlich mit einem gesättigten Vorurteil über nicht ausreichende Prüfungspraxis in den Schulen nun eine weitsichtige Begründung dafür lesen, warum das nicht so bleiben darf. Bei genauerer Betrachtung merkt man sehr schnell, daß aus der Norm, in eine postindustrielle, globale Wissensgesellschaft aufbrechen zu wollen, natürlich keineswegs folgt, bestimmte Typen von Prüfungen in der Berufsschule abzunehmen. Zahllose Alternativen für die Gestaltung des Schulwesens sind unter dieser sehr allgemeinen Norm denkbar, u. a. natürlich auch diejenige, überhaupt keine Prüfungen abzunehmen, sondern Schülerinnen und Schüler sich in ihrem Betrieb in Kundengesprächen bewähren zu lassen. Auch folgt natürlich keineswegs logisch aus der obersten Norm des Aufbruchs in die globale Wissensgesellschaft, daß Kinder und Jugendliche «Maßstäbe von Heimat, Nation, Tradition und eigener kultureller Identität» benötigen. Wie absurd diese Vorstellung ist, wird einem sofort deutlich, wenn man die Begründung des Bildungsministers liest: «Denn es fällt mir schwer, die Besonderheit des anderen zu begreifen, wenn das eigene Maß fehlt» (a. a. O., S. 217). Genau das Gegenteil ließe sich durchaus sagen: Nur wenn man darauf verzichtet, das eigene zum Maß der Dinge zu machen, ist es möglich, andere zu akzeptieren, weil sie ihre Fremdheit verloren haben.

Betrachtet man die Argumentationsweise in diesem Beispiel formal, dann handelt es sich um einen Vorgang *logischer Deduktion* (Ableitung; vgl. Abb. 3).

Abbildung 3

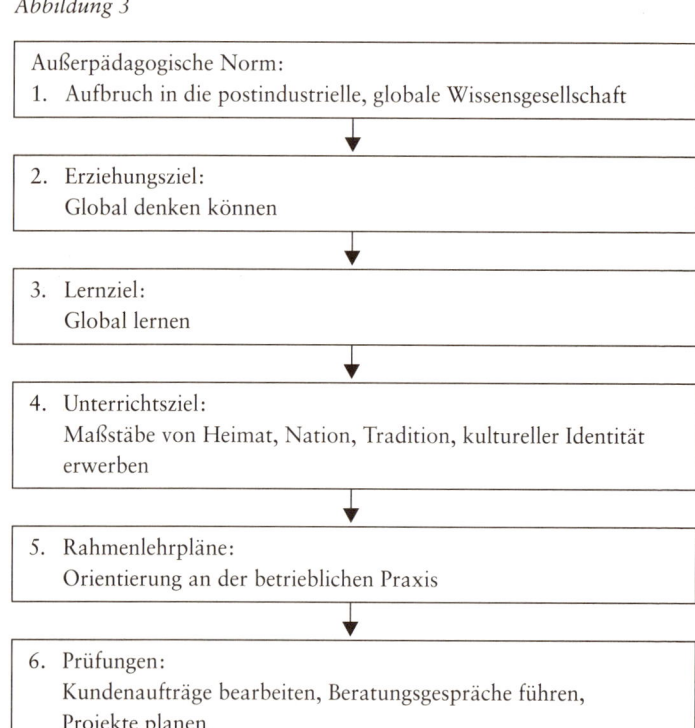

Außerpädagogische Norm:
1. Aufbruch in die postindustrielle, globale Wissensgesellschaft

2. Erziehungsziel:
   Global denken können

3. Lernziel:
   Global lernen

4. Unterrichtsziel:
   Maßstäbe von Heimat, Nation, Tradition, kultureller Identität erwerben

5. Rahmenlehrpläne:
   Orientierung an der betrieblichen Praxis

6. Prüfungen:
   Kundenaufträge bearbeiten, Beratungsgespräche führen, Projekte planen

Wie wir gesehen haben, folgen konkrete Anweisungen, etwa auf der Stufe 6, keineswegs logisch aus außerpädagogischen Normen auf der Stufe 1. Es sind vielmehr zahlreiche andere Ableitungszusammenhänge denkbar, ohne zwingend zu sein. Umgekehrt gewährleistet die geforderte Prüfung von Auszubildenden keineswegs den Aufbruch in die postindustrielle, globale Wissensgesellschaft. Kundenaufträge zu bearbeiten, Beratungsgespräche zu führen und Projekte zu planen sind Fähigkeiten, die in jedem Betrieb, in beinahe jeder nur denkbaren Gesellschaft erforderlich sind. Was bedeutet das?

Wenn man den konkreten Anweisungen auf der untersten Stufe folgt, wird man sehr bald feststellen, daß die jeweils höheren Ziele überhaupt nicht erreicht werden, weil es sog. empirische Randbedingungen gibt, die dieses verhindern. So kann die unterrichtliche Beschäftigung mit den «Maßstäben von Heimat, Nation usw.» (Stufe 4) durchaus den gegenteiligen als den beabsichtigten Effekt erzielen: Die Schülerinnen und Schüler könnten nationalistische Tendenzen zeigen, statt traditionsorientiert vielmehr reaktionär werden und in dumpfer irrationaler Heimatliebe versinken.

> Also: Eine normative Pädagogik, d. h. eine Ableitung von Handlungsanweisungen aus obersten Normen, funktioniert nicht, weil die empirischen Randbedingungen dazu führen, daß ganz andere als die beabsichtigten Normen realisiert werden.

Normative Pädagogik ist aber nicht nur dysfunktional, sondern tendiert dazu, politischem Mißbrauch Tor und Tür zu öffnen: Wer erst einmal plausibel behauptet hat, daß aus einer außerpädagogischen Norm bestimmte konkrete Handlungsanweisungen folgen, kann sich diese Plausibilität zunutze machen, indem er damit rechnet, daß ganz andere als die behaupteten außerpädagogischen Normen realisiert werden, gerade die, die man vielleicht heimlich hegt. Das Beispiel der Unterrichtsziele auf Stufe 4 beweist das: Ein Politiker, der ein Interesse an einer nationalistischen Orientierung der Gesellschaft hat, könnte weithin geteilte außerpädagogische Normen vorschieben, um bei deren Umsetzung auf konkreter Ebene Handlungsorientierungen durchzusetzen, die am Ende ganz andere als die gewünschten Orientierungen nach sich ziehen.

Bedauerlicherweise funktioniert unser Alltagsdenken in Erziehungsdingen sehr häufig nach diesem einfachen Ableitungsschematismus. Wer in seinem erziehungswissenschaftlichen Studium gelernt hat, daß dieses ein Irrtum ist, wer gelernt hat, solchen politischen Ansinnen zu widerstehen, ist auf dem besten Wege, professionell zu arbeiten. Nahegelegt wird im Studium der Irrtum normativer Pädagogik häufig dadurch, daß das Verlangen der Studierenden nach einer «Praxisorientierung» ihres Studiums massiv vorgetragen wird. Gerade weil sich dahinter häufig die Vorstellung verbirgt, bewährte Handlungsanweisungen vermittelt zu bekommen, liegt der deduktionistische Fehlschluß normativer Pädagogik so nahe. Tatsächlich geht die Praxiserwartung an das Studium aber auf eine ganz andere Kategorie als die der Praxis zurück. Das müssen wir uns etwas genauer ansehen, damit wir bei unseren «Praxiserwartungen» keinen unmöglichen Hoffnungen aufsitzen und nicht zum Objekt hinterrücks eingebrachter politischer Interessen werden, deren Durchsetzungsmechanismus wir nicht mehr durchschauen.

1.3 Theorie – Praxis – Poiesis

Der griechische Philosoph Aristoteles (384–322 v. Chr.) hat auf eine wichtige Unterscheidung aufmerksam gemacht, die wir heute oftmals vergessen zu haben scheinen: Aristoteles differenzierte nicht allein zwischen Theorie und Praxis, sondern er sah drei Dimensionen: Theorie, Praxis und Poiesis.

Unter Theorie verstand Aristoteles eine Lebensform, zu deren Vollzug der Mensch Vernunft besitzen muß. Die Lebensform war auf Wahrheit ausgerichtet, ihre Basis ist Wissen, die ihr zugrundeliegende Tätigkeit Reflexion. Wir haben diesen Theoriebegriff im Prinzip bereits kennengelernt, als wir uns mit dem Vernunfturteil beschäftigt haben.

Auch Praxis ist aus der Sicht des Aristoteles ein Teil des menschlichen Daseinsvollzugs, wie er sich in sozialen Handlungen widerspiegelt. Wer praktisch angemessen handeln will, benötigt *Phronesis*, d. h. Tugenden und sittliche Einsicht, um die angemessenen Ziele sozialen Handelns formulieren zu können. Die Angemessenheit findet sich in der Verantwortung des Handelns. Wir haben auch diesen Praxisbegriff implizit bereits kennengelernt, als es um das moralische Urteil ging. Praxis hat also nichts mit konkretem Tun zu schaffen, etwa mit der Auswahl der richtigen Schreibwerkzeuge für den Erstschreibunterricht, mit den besten Techniken für die Motivierung von Kindern oder mit Weiterbildungsangeboten, die einen neuen Arbeitsplatz versprechen. *Praxis ist sittliches Handeln*. In dieser Dimension beschäftigen wir uns als Erziehende, aber auch als Erziehungswissenschaftler mit der Frage, was denn gegenüber der nachwachsenden Generation, gegenüber unserer Klientel verantwortbar ist.

Davon unterschieden ist das, worauf viele Studierende erwartungsvoll blicken, wenn sie von «Praxiorientierung» reden. Politiker, die an dem Erhalt ihrer Unmündigkeit interessiert sind, pflichten ihnen gern bei, wenn sie von der Hochschule mehr «Praxiorientierung» verlangen. Sie möchten gutfunktionierende Lehrer, Sozialpädagogen, Erwachsenenbildner usw., die deswegen professionell handeln, weil sie die besten Mittel zur Realisierung solcher Ziele beherrschen, die nicht von den Betroffenen, sondern politischerseits vorgegeben werden. Bei Aristoteles hieß diese Dimension nicht Praxis, sondern «Poiesis». Sie bezeichnet das eigentliche Machen, das Herstellen, das Produzieren eines Werks. Die Vorstellung kommt ganz aus der Welt des Handwerks und wird auf soziale Zusammenhänge übertragen. Die der Poiesis zugrunde liegende Kompetenz ist das Können. Sie richtet sich auf die Erfüllung von (vorgegebenen) Zwecken, auf bloße Produktion. Das ist nicht unwichtig, und wer diese Dimension verschmäht, verkommt nur zu leicht zum bloßen Schwätzer auf der Ebene der «Praxis» im Sinne des Geredes über das, was man normativ gerne durchsetzen möchte.

Professionelle pädagogische Praxis umfaßt also nicht nur die bereits vorgestellten drei Urteilsformen (Vernunfturteil, ästhetisches Urteil, moralisches Urteil), sondern:

> Professionelle Praxis umfaßt die Fähigkeit zu Theorie, Praxis und Poiesis; sie setzt Vernunft, moralisches Werturteil und Können voraus (vgl. Abb. 4).

Abbildung 4

Reflexion Wissen	Theorie Kompetenz: *Vernunft* Richtung: **Wahrheit**
Handlung Verantworten	**Praxis** Kompetenz: *Phronesis* (Tugenden, sittl. Einsicht) Richtung: **Ziel**
Produktion Können	**Poiesis** (Machen, Herstellen) Kompetenz: *Können* Richtung: **Zweck**

2. Erziehungswissenschaft studieren

2.1 Allgemeine Studierfähigkeit

Wer an einem Gymnasium die allgemeine Hochschulreife erworben hat, ist nicht zwangsläufig bereits studierfähig. Dieses jedenfalls ist das Resultat einer Untersuchung, die der Deutsche Hochschulverband 1987 veröffentlicht hat. Die teilnehmenden Hochschullehrer hatten in einer umfangreichen Befragung zum Ausdruck gegeben, daß für den Abschluß eines erfolgreichen Studiums mehr erwartet wird als die Vorlage eines Reifezeugnisses. Und in der Tat hängt der Studienerfolg von vielen Faktoren ab, von den Bedingungen, auf die junge Studierende an der von ihnen ausgewählten oder der ihnen zugewiesenen Universität treffen: die Studentenfrequenz pro Hochschullehrer, die Ausstattung mit moderner Technik, die räumliche Situation, die Qualität der Lehrenden und vieles andere. Wir haben uns in den letzten Jahren daran gewöhnt, diese Bedingungen zu kritisieren, und das ist in vielen Fällen auch zu Recht geschehen. Dabei wird leicht übersehen, daß zum Studienerfolg auch die Bedingungen gehören, die die Studierenden selber mitbringen müssen: Begabung, Leistungswille, Interesse, Vorkenntnisse und allgemeine Dispositionen.

Zu den allgemeinen Leistungsdispositionen wird gezählt:
- Vertrautheit mit elementaren Arbeitstechniken
- Ausdrucksvermögen
- Fähigkeit zur schriftlichen Darstellung
- Arbeitsqualität
- Ausdauer und Belastbarkeit
- Motivation
- Präsenz des Wissens
- Kritikfähigkeit gegenüber der eigenen Person und Sachverhalten
- Mut zu eigenen Versuchen

- Bereitschaft, sich aus Denk- und Vorstellungsgewohnheiten zu lösen und eigene Wege zu gehen
- Affektkontrolle
- Interesse an Erkenntnissen
- Teamfähigkeit
- Frustrationstoleranz
- Fähigkeit zur Abwehr von ablenkenden Zerstreuungsangeboten
- Aufgeschlossenheit gegenüber Neuem, gegenüber anderen Menschen u. v. a.

Diese Dispositionen kann man nicht lernen wie Vokabeln oder Logarithmen, sondern sie sind Persönlichkeitsfaktoren, die teilweise angelegt und teilweise sowohl in der familialen Sozialisation als auch während der Schulzeit erworben wurden oder eben nicht.

Studierfähigkeit umfaßt aber auch eine Dimension, die man gezielt erwerben kann: eine hinreichende Grundbildung allgemeiner Kenntnisse. Dazu gehören:
- Sicherheit bei der Datierung der wichtigsten Ereignisse der europäischen Geschichte
- eine Einsicht in Entwicklungszusammenhänge der europäischen Geschichte
- die Beherrschung von zwei Fremdsprachen in Wort und Schrift, darunter Englisch
- die Beherrschung der deutschen Sprache in Wort und Schrift, insbesondere der Rechtschreibung und Zeichensetzung
- die Kenntnis der europäischen Literaturgeschichte in ihren wichtigsten Epochen und mit ihren wichtigsten Vertretern
- die Kenntnis der europäischen Kunstgeschichte in ihren wichtigsten Epochen und mit ihren wichtigsten Vertretern
- die Kenntnis der wichtigsten Epochen der europäischen Musik und der Musikstile
- Kenntnisse (auch historische) zu den Prozessen der Willensbildung, Entscheidungsfindung, Exekutive und Judikative in der Bundesrepublik Deutschland sowie in anderen wichtigen Staaten
- eine Kenntnis grundlegender Gesellschaftstheorien der Geschichte und der Gegenwart
- Bruchrechnung, Dezimalrechnung, Potenz- und Wurzelrechnung, quadratische Gleichungen, geometrisches und algebrai-

sches Grundwissen, Grundstrukturen der diskreten Mathematik, Stochastik, Grundbegriffe der Analysis
– Grundkenntnisse der Evolutions- und der Genbiologie
– Grundbegriffe der theoretischen Physik: Quantentheorie, Relativitätstheorie, Astrophysik
– mindestens 20 chemische Elemente und ihre Atomstruktur, Kenntnis über synthetische Elemente
– Grundkenntnis einer Geschichte der religiösen Ideen
– Kenntnisse über Grundstrukturen und Funktionen des gesunden und des kranken menschlichen Körpers.

Dieser Katalog enthält nichts, was nicht Pflichtbestandteil des gymnasialen Fächerkanons wäre, und doch: Kaum ein Studierender hat dieses Wissen so präsent, daß er oder sie damit in dem gewählten Fach umstandslos operieren kann. Genau dieses wird aber erwartet, weil künftig nur noch interdisziplinäre wissenschaftliche Arbeit erfolgversprechend ist, so daß die Universitäten und Hochschulen in immer größerem Maß darauf angewiesen sind, daß ihre Studierenden ein solides Grundwissen aus unterschiedlichen Fachrichtungen einbringen können.

2.2 Voraussetzungen für ein Studium der Erziehungswissenschaft

Man mag sich fragen, wozu all diese allgemeinen Kenntnisse und Fähigkeiten denn ausgerechnet in einem erziehungswissenschaftlichen Studium benötigt würden. Die Antwort auf diese Frage ließe sich umkehren und zuspitzen: Insbesondere in einem erziehungswissenschaftlichen Studium ist eine umfassende Allgemeinbildung zu erwarten. Warum? – Die meisten pädagogischen Berufe sind keine hochspezialisierten Berufe, sondern sie verlangen in schnell wechselnden Situationen ein hohes Maß an Aktivierungsfähigkeit allgemeiner Informationen, Kenntnisse, Fähigkeiten und Fertigkeiten. Ein Lehrer, der «fachidiotisch» nicht mehr beherrscht als «seine» Physik, Biologie oder Sozialkunde, ist in kürzester Zeit das Gespött seiner Schüler. Und das geschieht zu Recht: Wie will jemand die Kenntnis seines eigenen Fachs als Bestandteil allgemeiner Bildung glaubhaft machen, wenn er selbst die gleichberechtigten

Erwartungen anderer Fächer nicht erfüllt? Oder ein Sozialpädagoge: Wenn er in seiner Berufspraxis als Familienhelfer einer zer-
rütteten Familie mit Mehrfachproblemen so helfen soll, daß der
Schaden an den Kindern möglichst gering gehalten wird, dann
muß er an einem Tag für diese Familie deren Rechte am Sozialamt
durchsetzen, am anderen Tag ihre medizinische Behandlung veranlassen und am dritten das autistische Verhalten eines Familienmit-
glieds als Ausdruck einer möglichen Depression erkennen. Er muß
einen überzeugenden Schriftverkehr für diese Familie führen und
vieles andere.

Oder ein Erwachsenenpädagoge als Referent in einer Akademie:
Von ihm wird erwartet, daß er in der Lage ist, ein Lehrangebot in
einem sehr breiten Spektrum zusammenzustellen, geeignete Dozenten zu finden und den Erfolg der Veranstaltungen zu evaluieren,
d. h. zu überprüfen. Dazu muß er auf dem neuesten Stand des wissenschaftlichen Wissens quer durch die Disziplinen sein, um entscheiden zu können, ob ein Kurs zur Gentechnik sinnvoll erscheint,
ob es eine Nachfrage für kunstgeschichtliche Kurse, für psychologische Beratung oder für Fremdsprachenkurse gibt.

Apropos Fremdsprachen: Ein erheblicher Teil der relevanten
erziehungswissenschaftlichen Literatur ist in englischer Sprache
verfaßt. Die großen Universitäten beginnen bereits mit der Durchführung englischsprachiger Fachvorlesungen und -seminare im
Rahmen der Einführung europäischer Magisterstudiengänge. Die
Lektüre eines englischsprachigen Fachtextes muß mühelos möglich
sein, in absehbarer Zeit zweifellos auch die englischsprachige
Kommunikation über fachwissenschaftliche Gegenstände.

Zum Thema Lektüre: Das relevante (nicht nur) erziehungswissenschaftliche Wissen existiert nicht in Filmen, bunten Bildern und
Multimedia-CD-ROMs, sondern in den Bleiwüsten philosophi-
scher, soziologischer, psychologischer und natürlich pädagogischer
Klassiker. Wer es nicht durchhält, jeden Tag mehrere Stunden zu lesen, oder wer für die Lektüre eines Textes von 20 Seiten mehr als
eine Stunde benötigt, der ist für ein geistes- oder sozialwissen-
schaftliches Fach ungeeignet. Zumindest sollte er sich vor dem Stu-
dienbeginn eines intensiven Lesetrainings unterziehen.

Gibt es nun Qualifikationen, die über die allgemeinen hinausge-
hen und für das Studium der Erziehungswissenschaft unentbehr-

lich sind? Die Antwort erfordert eine Differenzierung: Wer die allgemeinen Kenntnisse und Fähigkeiten des Gymnasialkanons wirklich besitzt, kann sich, was sein Wissen betrifft, getrost an ein Studium der Erziehungswissenschaft heranmachen. Gerade die breite Allgemeinbildung wird ihm sehr hilfreich sein. Auch die genannten Leistungsdispositionen sind ohne Abstriche erforderlich. Das, was hinzukommt, befindet sich allerdings in einer anderen Dimension und ist für jedes Fach unterschiedlich. Der Deutsche Hochschulverband hat versucht, die fachspezifischen Erwartungen für angehende Studierende zusammenzustellen (vgl. Heldmann 1998). Die künftige Pädagogin, der künftige Pädagoge sollte sich prüfen, ob diese Persönlichkeitsmerkmale, diese Grundeinstellungen auf ihn zutreffen:

– die Bereitschaft und Fähigkeit, auf andere Menschen zuzugehen und mit ihnen umzugehen
– die Bereitschaft und Fähigkeit, ein Qualifikationsgefälle zwischen sich und anderen nicht zu Lasten der anderen werden zu lassen
– die Bereitschaft und Fähigkeit, Helfen nicht als altruistische Tat, sondern als professionalisierte Tätigkeit gegen Entgelt anzusehen
– das besonders auch sprachliche Talent zur Vermittlung komplexer Sachverhalte, Vorgänge, Lagen an Menschen mit eingeschränkten Wissensbeständen sowie Lernfähigkeiten und -bereitschaften
– die Bereitschaft und Fähigkeit, auf Dank zu verzichten und ihn nicht zu erwarten
– die Fähigkeit und Bereitschaft, die Aversionen anderer gegen die eigene pädagogische Person nicht zu deren Lasten zu wenden
– die Fähigkeit und Bereitschaft, Dienstleistungen nicht auf den zeitlichen Rahmen des Arbeitsvertrages zu beschränken
– die Fähigkeit und Bereitschaft zur Affektkontrolle in komplexen zwischenmenschlichen Lagen u. a.

Kurz: Inhaber pädagogischer Berufe sollten (nicht nur jüngere) Menschen mit ihren Schwächen und ihren Stärken mögen.

2.3 Von der Hochschulreife zum Beruf: tausendundeine Entscheidung

Der Weg zwischen dem Erwerb der Hochschulreife und dem Eintritt in das Berufsleben umfaßt durchschnittlich einen Zeitraum von sechs bis acht Jahren. Er ist etwa doppelt so lang, wie ein Studium konzipiert ist. Die überlangen Studienzeiten lassen sich erklären durch zahlreiche Umstände, die Studierende nicht beeinflussen können. Es gibt aber auch Faktoren, die in der Person des Studierenden liegen. Insbesondere gehört dazu eine häufig beobachtete Zögerlichkeit in bezug auf die notwendigen Entscheidungen. Hier eine Aufzählung von Entscheidungen, die auf jeden Studierenden der Erziehungswissenschaft zukommen und auf die er vorbereitet sein sollte und die er in Kenntnis der Handlungsalternativen und ihrer Bewertung treffen muß:

Studium, Berufsausbildung oder Dolce vita? Der Erwerb der Hochschulreife berechtigt zum Studium, aber er verpflichtet nicht dazu. Vor dem Gang zum Studium sollte man sich überlegen, ob man sich dafür eignet. Eine kleine Hilfe gibt die Liste der erwarteten Qualifikationen. Darüber hinaus sollte man sich vor Augen führen, daß ein (nicht nur erziehungswissenschaftliches) Studium bedeutet, Freude am Denken zu haben, Kraft zum Lernen und zur Leistung, und daß es nicht mit einem unverbindlichen Meinungsaustausch über bessere Menschen, eine bessere Gesellschaft oder ähnliches getan ist. Wer an einem pädagogisch-praktischen Beruf interessiert ist, findet durchaus Alternativen zum Studium vor: z. B. die Ausbildung zum Erzieher/zur Erzieherin, eine Ausbildung zum Sozialarbeiter, um nur zwei große Berufsgruppen zu nennen. Diese Ausbildung unterscheidet sich vom Studium dadurch, daß dort Handlungsorientierungen für die pädagogische Berufstätigkeit vermittelt werden, während im Studium die Aufmerksamkeit auf der Vermittlung von Urteilskraft ruht. Natürlich werden Inhaber pädagogischer Berufe in pädagogisch-praktischen Berufen schlechter bezahlt als Akademiker. Nicht selten ist es jedoch so, daß auch Absolventen eines akademischen Studiengangs genötigt sind, obgleich überqualifiziert, einen pädagogisch-praktischen Beruf zu ergreifen.

Lehren, erziehen oder helfen? Ist die Entscheidung für ein erziehungswissenschaftliches Studium gefallen, dann stellt sich die Frage, welches akademische Berufsbild angesteuert werden soll. Hier muß man prüfen, ob die eigene Tätigkeit später eher eine lehrende sein soll, eher eine erziehende oder eher eine helfende. Wer unterrichten möchte, kann dieses als Lehrer tun, aber auch z. B. als Erwachsenenpädagoge. Für solche Interessenten kommt also ein Lehramtsstudium (Grundstufe/Primarstufe; Sekundarstufe I/ Hauptschule/Realschule; Sekundarstufe II/Gymnasium/Berufsschule), ein Diplomstudium mit dem Schwerpunkt Erwachsenenbildung oder der Magisterstudiengang mit dem Hauptfach Erziehungswissenschaft und einer Schwerpunktbildung in Richtung Erwachsenenbildung in Betracht. Wer ungefähr 13 Jahre zur Schule gegangen ist, glaubt zu wissen, worin eine Tätigkeit als Lehrer besteht. Von der Seite des Konsumenten sieht die Angelegenheit aber anders aus als von der Seite des Produzenten. Es ist deshalb jedem Lehramtsstudierenden zu raten, so früh wie möglich ein möglichst langes Praktikum in einer Schule seiner Wahl durchzuführen und dabei in jedem Fall auch Lehrtätigkeiten zu übernehmen. Für manchen ist diese Erfahrung für die Einschätzung der Frage wichtig gewesen, ob die Lehrertätigkeit wirklich den eigenen Vorstellungen entspricht. Diese Empfehlung gilt natürlich auch für diejenigen, die sich für erziehende oder helfende Berufe interessieren. Hier bietet sich der Diplomstudiengang mit dem Schwerpunkt Sozialpädagogik an.

Welcher Studiengang, welche weiteren Fächer? Eine Berufsentscheidung ist nur in einem Teil der Fälle eine Vorentscheidung für den Studiengang. Dieses gilt für alle Lehrämter und für die beiden großen Studiengänge im Diplom, für die Sozialpädagogik und die Erwachsenenbildung. Wer bezüglich seines Berufsziels noch nicht so sicher ist, für den bieten sich weitere Alternativen:

Entweder er wählt den Diplomstudiengang mit einer der folgenden Studienrichtungen: Berufspädagogik, Wirtschaftspädagogik, interkulturelle Pädagogik, Kleinkindpädagogik (alle grundständig); Kulturpädagogik, Musikpädagogik, Rehabilitationspädagogik, Sonderpädagogik, Medizin- und Pflegepädagogik, Technikpädagogik (Aufbaustudiengänge).

Oder er entscheidet sich für den Magisterstudiengang. Der Magisterabschluß ist dem Diplom in der Bewertung gleichgestellt. Er berechtigt zur Aufnahme von Tätigkeiten auf demselben Besoldungsniveau. Gegenüber dem Diplom bietet der Magisterstudiengang allerdings den Vorteil, daß die Wahl eines zweiten Hauptfachs oder der Nebenfächer weitgehend freigestellt ist, während die beiden Nebenfächer im Diplomstudiengang obligatorisch Psychologie und Soziologie sind. Die freie Fächerkombination bietet den Vorteil, Neigungen miteinander zu verbinden und dabei zu versuchen, sich selbst ein Profil zu schaffen, welches später auf einen bestimmten Berufstyp zugeschnitten werden kann. So bietet sich für einen Erziehungswissenschaftler, eine Erziehungswissenschaftlerin mit zusätzlichen Fächern wie Geschichte, Kunstgeschichte, Ethnologie oder ähnlichem z. B. eine Tätigkeit im Museum an, oder ein Magisterabsolvent mit einer Fächerkombination aus Erziehungswissenschaft, Soziologie und Politologie kann ein geeigneter Kandidat für Referenten- und Assistentenpositionen in Politik, Gewerkschaft und anderen Organisationen sein.

Erziehungswissenschaft kann im Magisterstudiengang als Haupt- oder Nebenfach studiert werden; zum Teil sind auch engere Spezialisierungen möglich. So kann man derzeit als Haupt- bzw. als Nebenfach auch wählen: Berufspädagogik, Berufs- und Wirtschaftspädagogik, Betriebspädagogik, Kunstpädagogik, Musikpädagogik, Schulpädagogik, Sportpädagogik, Erwachsenenbildung, Grundschuldidaktik, Sonderpädagogik, Soziale Arbeit und Erziehung / Sozialpädagogik.

Welche Studienrichtung im Diplom? Auch zwischen den Studienrichtungen des Diploms muß eine Entscheidung getroffen werden, ebenso für die in manchen Studienordnungen vorgesehenen Wahlpflichtfächer, die eine gewisse Profilierung erlauben. Zur Zeit kann man zwischen folgenden Studienrichtungen wählen: Erwachsenenbildung, Berufspädagogik, Wirtschaftspädagogik, interkulturelle Pädagogik, Kleinkindpädagogik (alle grundständig); Kulturpädagogik, Musikpädagogik, Rehabilitationspädagogik, Sonderpädagogik, Medizin- und Pflegepädagogik, Technikpädagogik (Aufbaustudiengänge).

Die Wahl der Studienrichtung hat nur einen bedingten prognostischen Wert für den späteren Arbeitsplatz. Nach einer Studie über den Verbleib von Diplompädagogen (vgl. Bahnmüller u. a. 1988) gehen etwa zehn Prozent der Inhaber eines Diploms einer fachfremden Tätigkeit nach. Diejenigen, die einer pädagogischen Tätigkeit nachgehen, verteilen sich auf folgende Aufgabenfelder:

Ausbildung/Forschung	14,1 %
Fremdplazierung/Heimerziehung	12,1 %
Beratung	11,1 %
Jugendarbeit	11,1 %
Erwachsenenbildung	11,1 %
Sozialpsychiatrie	9,1 %
Sozialadministration	8,1 %
Schule/Vorschule	4,0 %
Behinderteneinrichtungen	4,0 %
Sonstige Felder	15,2 %

Angesichts dieser breiten Streuung ist es also durchaus sinnvoll, eine Studienrichtung nach eigener Neigung zu wählen.

Welcher Studienort? Eine wichtige Entscheidung für das Studium stellt der Studienort dar. *Man kann nicht jeden Studiengang an jeder Hochschule studieren.* Auskunft darüber geben die kontinuierlich aktualisierten Internet-Seiten (http://www.berufswahl.de) bzw. die «Blätter zur Berufskunde» der Bundesanstalt für Arbeit (1994), die in den Arbeitsämtern eingesehen werden können; teilweise sind sie kostenlos zu beziehen. Trotz dieser Einschränkungen bleiben in der Regel etliche Hochschulorte, zwischen denen man wählen muß, wenn die Entscheidung für den Studiengang getroffen wurde. Es mag attraktiv sein, einen Hochschulort zu wählen, der nahe am Wohnort der Eltern ist oder der im Gegenteil besonders weit weg liegt. Für die Persönlichkeitsentwicklung ist die Nähe oder Ferne zum/vom Elternhaus sicherlich von Bedeutung. Ebenso wichtig ist es jedoch, an eine Hochschule zu geraten, an der ein qualitätvolles Studium angeboten wird. Die inzwischen von großen Publikumsmagazinen wie «Focus», «Spiegel» oder «Stern» angebotenen Qualitätsvergleiche der Hochschulen eignen sich für eine Entscheidung leider überhaupt nicht. Die zugrunde gelegten Daten resultieren meistens aus der Befragung von zwei bis vier Personen, einer Zahl, die keinerlei Repräsentativität gewährleisten kann. Man muß sich also schon bei zuverlässigeren Quellen erkundigen. Geeignet sind zweifellos andere Studierende, die örtlichen Fachschaften der Hochschulen, aber natürlich auch die Lehrenden selbst. Bedeutsam für die Qualität des Studiums sind objektive Daten wie die Professoren-Studenten-Relation und die Ausstattung einer Universität. Die Qualität der akademischen Lehrer ist allerdings ebenso wichtig. Die größeren Universitäten mit einem entsprechenden Personalbestand bieten in jedem Fall weiterreichende Wahlmöglichkeiten. Dort ist die Wahrscheinlichkeit größer, faszinierende akademische Lehrer vorzufinden. – Ein akademisches Studium sollte in jedem Fall ein oder zwei Auslandssemester umfassen. Die Förderprogramme der Europäischen Union bieten weitreichende Möglichkeiten, zumindest einen Teil der zusätzlichen Kosten erstattet zu bekommen. In jedem Fall gilt: Wer Auslandserfahrungen im Studium hat, besitzt bei der Arbeitsplatzsuche bessere Chancen.

Welche Lehrveranstaltungen? Nachdem der Ort gewählt wurde und das erste Semester ansteht, beginnt die nächste Qual der Wahl: Welche Lehrveranstaltungen soll man belegen? «Belegen» bedeutet zunächst nicht mehr, als im Studienbuch zu notieren, in welcher Lehrveranstaltung man behauptet gewesen zu sein. Eine Kontrolle gibt es dafür nicht. Schauen wir also lieber, welche Lehrveranstaltungen man besuchen sollte. Dazu sind verschiedene entscheidungserhebliche Informationen zu berücksichtigen. Zunächst einmal die Studienordnungen, eventuell vorhandene Studienpläne und die Prüfungsordnungen, die regeln, was am Ende des Studiums beherrscht werden muß und was im Verlauf des Studiums gelernt werden soll. Die Regelungen der Ordnungen sind einzuhalten, zumindest was deren Pflichtbestandteile und die nachzuweisenden Leistungen betrifft, weil man sonst nicht zur Prüfung zugelassen werden kann. In der Regel beschreiben diese Ordnungen aber nicht bestimmte Lehrveranstaltungen, sondern Rubriken, Kategorien, Felder, innerhalb deren, zumindest in den größeren Hochschulen, zwischen verschiedenen Lehrveranstaltungen ausgewählt werden kann. Hier gilt es nun, zusätzliche Kriterien zu finden. Das kann die Veranstaltungszeit sein (man sollte nicht die gesamte Woche mit Lehrveranstaltungen blockieren und «Springstunden» nur zulassen, wenn man sie für die Vor- und Nachbereitung von Lehrveranstaltungen, z. B. in der Bibliothek, nutzen will). Das kann die Person des Dozenten oder der Dozentin sein. Hier sollte man allerdings nicht nur den Gerüchten nachgeben, sondern eigene Anschauung vorziehen. Das gilt auch für die Themen selbst. Reißerisch formulierte, aktualistische Themen entpuppen sich in der Lehrveranstaltung nicht selten als heiße Luft, als journalistisches Gerede, für das keine Theorien, keine empirischen Daten und keine hermeneutischen Einsichten vorliegen. Was heißt das für die Auswahl von Lehrveranstaltungen? – Man sollte zunächst mehr Veranstaltungen besuchen, als man muß, zumindest in den ersten beiden Semestern, um sehr schnell eine Orientierung zu bekommen. Nach zwei bis drei Wochen des Semesterbeginns kann man klar für sich entscheiden, an welchen Lehrveranstaltungen man regelmäßig teilnehmen will. Die Zahl von 20 Semesterwochenstunden sollte dann auf keinen Fall überschritten werden. Angebotene Einführungen und wissenschaftspropädeutische Veranstaltungen, also all das, was den Einstieg erleichtert, sollten unbedingt so früh wie möglich besucht werden.

Pfiffige Studentinnen und Studenten besuchen eine Einführungsveranstaltung übrigens am Ende ihres Studiums noch einmal, um sich erneut ihres Gesamtüberblicks über das Fach vor der Prüfung zu vergewissern. Lehrveranstaltungen werden in verschiedener Darbietungsform durchgeführt: Es gibt Vorlesungen, die eher der Darstellung von Gesamtzusammenhängen dienen und im wesentlichen aus ein- bis zweistündigen Vorträgen der Dozenten bestehen; es gibt des weiteren Seminare verschiedener Schwierigkeitsstufen (Proseminare, Hauptseminare, Oberseminare), in denen eine Thematik gemeinsam mit den Dozenten und den anderen Studierenden erarbeitet wird; und es gibt Übungen, die eher dem Training bestimmter Fertigkeiten dienen sollen.

Hörsaal, Bibliothek oder häuslicher Arbeitsplatz? Die Lehrveranstaltung ist nicht der einzige Lernort, an dem das Studium stattfindet. Dazu gehört ebenso die Bibliothek, mit der man sich bereits im 1. Semester vertraut machen sollte. Dazu gehören die Sprechstunden der Lehrenden. Wer im 1. Semester nicht mehrere solcher Sprechstunden besucht hat, hat das erste halbe Jahr verschenkt, weil er mit ziemlicher Sicherheit unter falschen Voraussetzungen studiert und Fehler bei der Interpretation der Studienordnungen macht, mit falschen Lehrveranstaltungen angefangen hat usw. Ein dritter Lernort ist die Gesprächsrunde mit älteren Kommilitoninnen und Kommilitonen. Gerade in der Orientierungsphase sind deren Ratschläge oft wertvoll, wenngleich auch nicht selten geprägt von Vorurteilen, die sich über Jahre hinweg von Studentengeneration zu Studentengeneration fortsetzen können und wegen des bloßen Hörensagens nicht mehr auf eigener Einschätzung beruhen. Der wichtigste Lernort ist indessen der häusliche Arbeitsplatz, an dem täglich gelesen, vor- und nachbereitet werden sollte. Ein Tag, an dem ein Studierender nicht wenigstens fünf Stunden an diesem Ort verbracht hat, ist ein verlorener Tag. Hier und in der Bibliothek verschafft man sich einen regelmäßigen Überblick über die für den künftigen Beruf und das eigene Studium wichtigen Informationen.

Von einem Studierenden ist im übrigen zu erwarten, daß er täglich mindestens eine regionale und eine überregionale Zeitung liest, um sich über die neuesten Entwicklungen in Bildungspolitik, Wissenschaft und Kultur zu informieren. Mindestens einmal im Monat sollte man sich einen halben bis einen Tag für die Bibliothek reservieren, um dort zu stöbern. Sich vertraut machen mit Handbüchern und Nachschlagewerken gehört ebenso zum Studium wie die regelmäßige Durchsicht der wichtigsten Fachzeitschriften der Erziehungswissenschaft sowie der eigenen Studienrichtung. Viele Bibliotheken geben auch ihre Neuanschaffungen bekannt, z. B. durch einen Aushang oder eine Ausstellung der Exemplare. Diese neuen Bücher nimmt man in die Hand, sieht sie durch, studiert das Inhaltsverzeichnis sowie das Literaturverzeichnis, um eine Entscheidung darüber treffen zu können, ob dieses Buch für das eigene Studium wichtig ist. Daß neben diesem «Routinetag» die Bibliothek häufiger zu frequentieren ist, wenn die Abfassung von Referaten und Hausarbeiten ansteht, versteht sich von selbst.

Welche Leistung für welchen Schein? Hausarbeiten, Referate, gelegentlich auch Protokolle, das sind die üblichen Leistungen, die für den Erwerb von «Scheinen» erforderlich sind. Gelegentlich erhält man einen solchen Schein für die Abfassung von Seminarprotokollen, in der Regel werden aber mündliche (und später schriftlich nachgereichte) Referate sowie längere Hausarbeiten über ein

Thema aus dem Umkreis der gewählten Lehrveranstaltung verlangt. Auch hier sind wieder Entscheidungen notwendig. Es ist aus Übungsgründen vernünftig, gleich im 1. Semester zwei bis drei solcher Aufträge zu übernehmen. Die Themenwahl darf sich schon an den eigenen Interessen orientieren, aber auch die Auswahl eines scheinbar uninteressanten Themas ist richtig, denn im späteren Berufsleben kann man sich auch nicht nur die interessanten Fälle heraussuchen. Riskieren Sie ruhig ein schwierigeres Thema, riskieren Sie zu scheitern – in den ersten beiden Semestern ist alles erlaubt.

Nur wenn man sehr schnell in die normale Arbeit des Studiums einsteigt, läßt sich im übrigen feststellen, ob das gewählte Fach und das Studium überhaupt die richtige Entscheidung war. Wenn man trotz intensiver Beratung, trotz nachhaltiger Bemühung und Selbstdisziplinierung den Eindruck hat, nicht die richtige Lebensform gewählt zu haben, dann ist ein Studienabbruch oder ein Studienfachwechsel eine sehr vernünftige Entscheidung. Für die künftigen Betroffenen der Tätigkeit eines professionellen Pädagogen, der mit seinem Beruf unzufrieden ist, eigentlich etwas ganz anderes werden wollte und auch die notwendige Eignung nicht mitbringt, ist es eine Zumutung, solchen Pädagogen ausgeliefert zu sein. Davon gibt es leider sehr viele, weil die Wahl des Fachs Erziehungswissenschaft oder die Wahl eines Lehramts oftmals eine Verlegenheitsentscheidung ist: Der Notendurchschnitt hat für ein anderes Fach nicht gereicht, ein anderes Fach erschien einem zu schwierig, die Berufsperspektive zu anstrengend. Solche Negativmotive sind keine hinnehmbaren Gründe für die Aufnahme eines Studiums der Erziehungswissenschaft. Das Lehramtsstudium und das Diplom sowie das Magisterstudium der Erziehungswissenschaft sind keine Studiengänge für den übriggebliebenen Rest, der auch noch gern dabeisein möchte. Für die Aufgaben bei der Erziehung und Bildung der nachwachsenden Generation sowie der Erwachsenen benötigt eine Gesellschaft die bestqualifizierten und die primärmotivierten Studierenden.

Referate – Feedback oder «Schwamm drüber»? Wenn ein Referatthema gewählt wurde, der Beitrag abgefaßt und abgeliefert worden ist, dann hört man oftmals nichts mehr davon. Überlastete oder sich auch nur dafür haltende, leider auch manchmal inhaltlich desorientierte Dozenten sind froh, wenn sie auf ihr Urteil über die Leistung der Studierenden nicht angesprochen werden. Es ist jedoch immer sinnvoll, darauf zu bestehen, ein Urteil über die eigene Leistung, durchaus auch ein arithmetisch formuliertes, zu erhalten, damit man sich einschätzen kann. Aber Vorsicht: Eine gute Beurteilung ist nicht immer Ausdruck einer guten Leistung. Nicht selten tendieren Dozenten aus «pädagogischen», ideologischen Gründen zur guten oder sehr guten Einheitsbewertung. Verlangen Sie eine echte Beurteilung. Eine Schwellenangst vor dem Dienstzimmer des Dozenten darf es nicht geben, er ist ein Dienstleister, auf dessen Bewertung Sie einen Anspruch haben!

Welche Prüfer, welche Themen, welche Bücher? Zwei Semester vergehen sehr schnell, und die Hälfte des Gundstudiums ist absolviert. Im 3. Semester wird es bereits Zeit, auf eine neue Entscheidung zuzugehen: die Auswahl von Themen und Prüfern für die Zwischenprüfung. Die örtlichen Regelungen hierfür sind sehr unterschiedlich. Wer zu diesem Zeitpunkt Studienordnungen, Studienpläne und Prüfungsordnungen noch nicht kennt, kommt schon fast zu spät. Die Auswahl eines Prüfungsthemas sollte nicht nach dem Lustprinzip erfolgen und nicht nach aktualistischen Anlässen, die einem im Kopf herumspuken. Der Grund dafür ist ganz einfach: Im Kopf des Prüfers spuken andere Assoziationen herum, und Prüfer und Prüfling reden aneinander vorbei. Es ist deshalb immer sinnvoll, einen Prüfer zu wählen, der von den gewählten Themen etwas versteht. Viele Prüfer sind zwar freundlich bereit, jedes Thema zu übernehmen, das geht aber in der Regel zu Lasten der Prüflinge. Ein klassisches «Kanon-Thema» ist im übrigen immer eine risikolosere Entscheidung. Zwischen Prüfer und Prüfling kann die relevante Literatur exakt bestimmt werden, es gibt Vorerfahrungen mit ähnlichen Prüfungen beim Prüfer und auch bei anderen Studierenden, die einem raten können.

Auch wer nicht wegen der Bafög-Regelungen, anderer Stipendien oder seiner Eltern darauf angewiesen ist, seine Zwischenprüfung am Ende des 4. oder am Anfang des 5. Semesters zu absolvieren, sollte dieses tun. Für Verzögerungen gibt es keine vernünftigen Gründe. Die Studienordnungen sind in aller Regel so formuliert, daß sie innerhalb der vorgesehenen Zeit absolvierbar sind.

Das gilt in ähnlicher Weise für das Hauptstudium. Auch hier sollten die notwendigen Entscheidungen für die Abschlußprüfungen möglichst frühzeitig getroffen werden. Am Ende des 6., am Anfang des 7. Semesters sollte sich das Thema für die Diplom- oder Magisterarbeit verdichten. Es sollte klar sein, welche Prüfer für dieses Thema in Betracht kommen, es sollten erste Vorgespräche geführt werden. Die Kunst bei der Formulierung einer wissenschaftlichen Hausarbeit, die doch in der Regel eine dreistellige Seitenzahl aufweist, besteht nicht darin, alles zu berücksichtigen, was zu einem Thema gehört. Es kommt vielmehr darauf an, ein Thema so einzuschränken, daß es innerhalb der zur Verfügung stehenden Zeit bearbeitet werden kann. Zumeist wird erwartet, daß erlernte wissenschaftliche Forschungsmethoden auf einen Gegenstand angewandt werden. Wenn Sie die Möglichkeit haben, ein Hausarbeitsthema im Rahmen einer funktionierenden Forschungsgruppe im Umkreis einer Professorin oder eines Professors zu erwischen, dann greifen Sie zu! Ein solcher Arbeitszusammenhang gewährleistet ein ständiges Feedback, Arbeitsteilung und Teamarbeit. Natürlich gibt es auch Themen, die man eher allein bearbeitet, theoretische bzw. historische. Die Wahl ist auch eine Typenfrage, und sie hängt mit der Wahl des Prüfers natürlich aufs engste zusammen.

Jobben, arbeiten oder weiterlernen? Wenn die letzte Prüfungsteilleistung absolviert, wenn das vorläufige Zeugnis ausgehändigt worden ist, dann beginnt für viele die Suche nach einem Arbeitsplatz. Doch dann ist es bereits zu spät. Wer im Berufsleben Erfolg haben will, muß sich bereits während des Studiums um einen Arbeitsplatz bemühen. Besonders günstig ist es, wenn man eine eventuell erforderliche Erwerbsarbeit während des Studiums so mit dem eigenen Fach verbinden kann, daß nach Abschluß des Examens eine Weiterbeschäftigung, Festanstellung oder zumindest erweiterte Tätigkeit in diesem Fach möglich wird. In vielen, insbesondere freien Berufen wird erwartet, daß man schon während des Studiums «einen Fuß in die Tür hält». Für das Lehramt gilt dieses bedauerlicherweise nicht, weil es nach den starren bürokratischen Regeln des Staates organisiert ist. Auf einen Referendariatsplatz gibt es innerhalb eines vertretbaren Zeitrahmens einen Rechtsanspruch, nicht jedoch auf eine Anstellung als Lehrer. Auch hier werden neben einer guten bis sehr guten Note für eine positive Entscheidung zusätzliche Qualifikationen wie ein Auslandsstudium, eine ungewöhnliche Fächerwahl, ein Doppelstudium, eine ehrenamtliche Tätigkeit, etwa als Schulhelfer in einer Schule, zunehmend bedeutsam.

Die hier abzubrechende Liste der Entscheidungen umfaßt zugegebenermaßen weniger als tausendundeine, es sind aber tatsächlich viel mehr, und über viele Details informieren inzwischen wissenschaftspropädeutische Bücher. Das neueste und umfangreichste Buch dieser Gattung sind die «Lern- und Arbeitstechniken für pädagogische Studiengänge» (vgl. Rost 1999).

2.4 Fächer, Felder und Konzepte – die Struktur der Erziehungswissenschaft

Für viele der Entscheidungen, die man im Laufe eines erziehungswissenschaftlichen Studiums fällen muß, ist es erforderlich, die Struktur des Fachs zu kennen. Man muß ungefähr wissen, was einen erwartet, wenn man sich für die Studienrichtung Erwachsenenpädagogik entscheidet. Wenn man ein Wahlpflichtfach wählen muß, muß man wissen, wo denn das einzuordnen wäre, was einen an der Umwelterziehung interessiert. Man muß wissen, daß ein Seminar über Freinet-Pädagogik sich nicht mit einer wissenschaftlichen Konzeption, sondern mit einer reformpädagogischen Lehre beschäftigt, und man muß wissen, daß Fragen der Sozialisation genuin in der Soziologie und nicht in der Erziehungswissenschaft erforscht und behandelt werden. Dieses setzt einen klaren Überblick über die Struktur der Erziehungswissenschaft voraus. Einen solchen Überblick zu geben ist nicht ganz so leicht wie im Fall der Rechtswissenschaft, weil dort die Rechtsgebiete (z. B. öffentliches Recht, Strafrecht) seit langem etabliert sind und gelehrt werden. Die Erziehungswissenschaft ist inzwischen die zweitgrößte Disziplin jüngeren Datums. Immer noch finden deutliche Veränderungen in der Fachstruktur statt, wie es von jeder dynamischen Wissenschaft erwartet werden kann, die nicht in sich selbst erstarrt ist. Trotzdem haben sich zahlreiche Elemente inzwischen so fest eingerichtet, daß das Fach in seiner Struktur dargestellt werden kann (vgl. Abb. 5).

Vorab gilt es, eine grundlegende Unterscheidung zwischen sechs verschiedenen Dimensionen zu treffen, wenn wir die Struktur des Fachs beschreiben wollen. Zunächst einmal unterscheiden wir die großen *Fachrichtungen* der Erziehungswissenschaft, die sich (im wesentlichen) im Laufe dieses Jahrhunderts herausgebildet haben: Allgemeine bzw. Systematische Pädagogik, Sozialpädagogik, Berufs- und Wirtschaftspädagogik, Historische Pädagogik, Vergleichende Pädagogik, Schulpädagogik bzw. Unterrichtswissenschaft, Erwachsenenpädagogik bzw. Erwachsenenbildung, Sonderpädagogik, Vorschulpädagogik. Diese Fachrichtungen haben sich selbst noch einmal entfaltet (vgl. Abb. 5). Diese Ausdifferenzierungen bezeichnen die Bestandteile der Fachrichtung. Deren Status ist unterschiedlich. In manchen Fällen wird von den Studierenden erwartet, daß Sie alle Facetten der Fachrichtung beherrschen, gelegentlich ist eine Wahl möglich. So ist es z. B. nicht sinnvoll, in der Fachrichtung Schulpädagogik eine Wahl zwischen Didaktik und Methodik zuzulassen, weil beides nicht voneinander getrennt werden kann. Umgekehrt ist eine Wahl in der Fachrichtung Berufs- und Wirtschaftspädagogik zwischen Betriebspädagogik und Weiterbildung durchaus sinnvoll, weil damit unter Umständen unterschiedliche Berufsbilder angesprochen werden. Wo Wahlen möglich sind und wo dieses nicht der Fall ist, darüber geben Studienordnungen, Studienpläne und Prüfungsordnungen Auskunft.

Eine zweite Dimension der Struktur der Erziehungswissenschaft sind die *Fächer*. Der Unterschied zu den Fachrichtungen besteht darin, daß diese Fächer auch organisatorisch an den Universitäten eher kleinere Einheiten darstellen. In der Regel bedeutet dies für die Studierenden, daß es sich um Wahlpflichtfächer im Diplom- oder Magisterstudium handelt. Dabei ist es gut möglich, daß im Verlauf der gesellschaftlichen Entwicklung einzelnen dieser Fächer eine solch hohe Bedeutung beigemessen wird, daß sie zu Fachrichtungen «aufsteigen». Insofern spiegelt die Struktur der Erziehungswissenschaft jeweils einen bestimmten historisch-gesellschaftlichen Problemstand.

Von den Fachrichtungen und Fächern sind wiederum zu unterscheiden *Bildungs- und Erziehungsfelder* (Dimension 3). Dabei handelt es sich – an der Bezeichnung «… -erziehung» kann man es sehen – in der Regel um Erziehungs- oder auch Bildungsaufgaben, die

Abbildung 5: Die Struktur der Erziehungswissenschaft

Fachrichtungen		Fächer
Berufs- und Wirtschafts-pädagogik	─ Didaktik der Berufsbildung ─ Weiterbildung ─ Personalentwicklung ─ Betriebspädagogik ─ Berufliche Sozialisation	Sexual-pädagogik Eltern-pädagogik
Schul-pädagogik	─ Bildungsorganisation/-administration ─ Medien ─ Methodik ─ Didaktik ─ Curriculumentwicklung	Spiel-pädagogik Umwelt-pädagogik Alten-bildung
Erwachsenen-pädagogik/ -bildung	─ Didaktik, Methodik, Medien ─ Außerschulische Jugendbildung ─ Weiterbildung	Verkehrs-pädagogik Gesundheits-pädagogik
Sozial-pädagogik	─ Gemeinwesenarbeit ─ Gruppenarbeit ─ Einzelfallhilfe	Kriminal-pädagogik Museums-pädagogik Medien-pädagogik
Vergleichende Erziehungs-wissenschaft	─ Islamische Länder ─ «Dritte Welt» ─ Asien ─ USA ─ Osteuropa ─ Westeuropa	Kultur-pädagogik Freizeit-pädagogik
Allgemeine Erziehungs-wissenschaft	─ Geschichte der Erziehung und Bildung ─ Geschichte der Pädagogik ─ Pädagogische Anthropologie ─ Philosophie der Erziehung	Vorschul-pädagogik Inter-kulturelle Pädagogik
Dimension 1		Dimension 2

Bildungs- und Erziehungsfelder

Dimension 3							
Friedens-erziehung	Politische Bildung	Verkehrs-erziehung	Arbeits-erziehung	Sexual-erziehung	Sozial-erziehung	Medien-erziehung	Umwelt-erziehung

Erziehungswissenschaftliche Konzeptionen

Dimension 4						
Geisteswissenschaftliche Pädagogik	Kritisch-rationalistische Erziehungswissenschaft	Prinzipien-wissenschaftliche Pädagogik	Kritische Erziehungswissenschaft	Strukturalistische und post-strukturalistische Erziehungswissenschaft	Systemtheoretische und kon-struktivistische Erziehungswissenschaft	Reflexive Erziehungswissenschaft

Pädagogische Lehren

Dimension 5								
Montessori-Pädagogik	Waldorf-Pädagogik	Freinet-pädagogik	Marxistische Pädagogik	Psycho-analytische Pädagogik	Anarchistische Pädagogik	Anti-autoritäre Pädagogik	Ökologische Pädagogik	Feministische Pädagogik

Pädagogische Grundvorgänge

Dimension 6				
Erziehung	Bildung	Sozialisation	Unterricht	Hilfe/Beratung/Personalentwicklung

Benachbarte Disziplinen/Hilfswissenschaften

Dimension 7					
Psychologie	Soziologie	Anthropologie	Fachdidaktiken	Religions-pädagogik	Sport-pädagogik

sich in verschiedenen Bereichen der pädagogischen Berufstätigkeit stellen können, für die es auch Ansätze gibt, die aber nicht den Status von Fächern erlangt haben. Man kann leicht einsehen, woran dieses liegt: Sozialerziehung z. B. kann Gegenstand unterschiedlicher Fächer, aber auch Fachrichtungen sein, Sozialerziehung wird sowohl in der Schule betrieben, etwa in der außerschulischen Jugendbildung, aber auch in der Sozialpädagogik oder in der Betriebspädagogik.

Während Fachrichtungen, Fächer und Bildungs- bzw. Erziehungsfelder zueinander in einem hierarchischen Verhältnis der fachlichen Entfaltung stehen, gilt dieses für die Dimension 4 der Struktur der Erziehungswissenschaft nicht mehr (vgl. Abb. 5). Hier handelt es sich nicht mehr um Fachbestandteile, sondern um *wissenschaftliche Konzeptionen*. In der Geschichte der Erziehungswissenschaft haben sich verschiedene Grundkonzeptionen aus theoretischen, meist philosophischen oder soziologischen Theorien heraus entwickkelt und etabliert. Was bedeutet das im Verhältnis zu den Fachrichtungen, Fächern und Bildungs- und Erziehungsfeldern? – In all diesen Bereichen kann konzeptionell sehr unterschiedlich gearbeitet werden. So ist es z. B. möglich, historische Pädagogik vom Standpunkt der kritisch rationalistischen Erziehungswissenschaft zu betreiben, aber auch vom Standpunkt strukturalistischer oder systemtheoretischer Erziehungswissenschaft. In der Regel gilt: In jeder Fachrichtung, in jedem Fach und auch für jedes Bildungs- und Erziehungsfeld existieren die wichtigsten wissenschaftlichen Konzeptionen. In jedem dieser Bereiche ist versucht worden, jede dieser wissenschaftlichen Konzeptionen zur Anwendung zu bringen. Für die im Studium zu treffenden Entscheidungen ist dieses bedeutsam. Wenn man z. B. eine Lehrveranstaltung zur kritischen Erziehungswissenschaft besucht, dann bedeutet dieses, daß das dort Gelernte auf das eigene Fach anzuwenden ist. Die kritische Erziehungswissenschaft ist nicht selbst ein Fach.

Erziehungswissenschaftliche Konzeptionen sind etwas anderes als *pädagogische Lehren*. Diese sind in der Dimension 5 der Abbildung 5 notiert. Ebenso wie bei der Dimension 4 handelt es sich dabei um Entwicklungen, die sich seit dem 19. Jahrhundert herausgebildet haben. Der wesentliche Unterschied zwischen einer pädagogischen Lehre und einer erziehungswissenschaftlichen Konzeption besteht darin, daß eine Lehre einer zumeist außerpädagogischen normativen Vorstellung darüber folgt, wie der Mensch zu sein habe, wie Gesellschaft aussehen solle, d. h.: Solche Lehren versuchen – häufig genug nach dem Muster normativer Pädagogik –, aus einem Menschen- oder Gesellschaftsbild Erziehungslehren abzuleiten. Dieses muß man wissen, wenn man sich darauf einläßt. Gegenstand eines erziehungswissenschaftlichen Studiums sind solche Lehren nicht deshalb, um die Studierenden zu Waldorf-, Freinet- oder marxistischen Pädagogen auszubilden, sondern um ihnen Urteilsfähigkeit über die Voraussetzungen und ungewollten Folgen zu vermitteln, die solche pädagogischen Lehren mit sich bringen. Daß diese Lehren oftmals sehr brauchbares Handwerkszeug für den pädagogischen Alltag entwickelt haben z. B. die berühmten Montessori-Materialien, steht auf einem anderen Blatt. Ein professioneller Pädagoge muß aber gelernt haben, zu unterscheiden zwischen den normativen Voraussetzungen solcher Konzeptionen und der technischen Brauchbarkeit einzelner ihrer Elemente.

Erziehungswissenschaftliche Konzeptionen, aber auch pädagogische Lehren sind von erheblichem Einfluß auf eine sechste Dimension, nämlich auf die *pädagogischen Grundvorgänge* (vgl. Abb. 5). Dabei handelt es sich um Erziehung, Bildung, Sozialisation, Unterricht und Hilfe (vgl. auch Kap. 5 dieses Buchs). Je nachdem, ob diese Grundvorgänge beispielsweise vom Boden einer kritisch-rationalistischen Erziehungswissenschaft oder vom Boden einer prinzipienwissenschaftlichen Pädagogik aus untersucht werden, rücken ganz unterschiedliche Teile der Wirklichkeit dieser Grundvorgänge in den Blick. Sie führen, weil den Konzeptionen unterschiedliche Methoden folgen, zu unterschiedlichen Forschungsresultaten. Für die pädagogischen Lehren gilt das in ähnlicher Weise, nur daß deren Differenzen keine Folgen für die Forschung, wohl aber für die pädagogische Praxis haben. So ist es ein erheblicher Unterschied, ob jemand vom Boden der Waldorf-Pädagogik aus Bildung definiert oder ob er dieses vom Boden der antiautoritären Pädagogik aus versucht. Im ersten Fall wird ein ganzheitlicher Ansatz im Vordergrund stehen, im zweiten Fall die Ablehnung von Bildung als bürgerlicher Ideologie.

In einer Dimension 7 (vgl. Abb. 5) der Struktur der Erziehungswissenschaft sind noch einige benachbarte Fächer bzw. Hilfswissenschaften genannt, die Bestandteil der meisten erziehungswissenschaftlichen Studiengänge sind. So sind Psychologie und Soziologie Pflichtfächer im Diplomstudiengang. Die Anthropologie beginnt, schon aufgrund der wachsenden Bedeutung der Evolutionsbiologie, wieder an Aufmerksamkeit zu gewinnen. Fachdidaktiken sind Pflichtbestandteil der Lehramtsausbildung. Religions- und Sportwissenschaft sind Disziplinen, die vom Boden der Theologie bzw. der Sportwissenschaft her betrieben werden und dennoch in beträchtlicher Nähe zur Erziehungswissenschaft stehen.

Man könnte sich nun wünschen, eine Erläuterung zu jedem Element aus jeder der sieben Dimensionen zu erhalten, um einen Überblick über die Erziehungswissenschaft zu gewinnen. Wer einen solchen Überblick hätte, bedürfte indessen eines erziehungswissenschaftlichen Studiums nicht mehr. Es gibt kaum einen Absolventen, ja nicht einmal sehr viele Lehrende in der Erziehungswissenschaft, die ein kompetentes Urteil über jedes Element der Struktur dieses Fachs geben können. Insofern ist es völlig unmöglich und auch nicht sinnvoll, im Rahmen dieser kurzen Orientierung alle diese Aspekte zu entfalten. Die folgenden Kapitel beschränken sich deshalb auf Darlegungen zu den drei Dimensionen der Struktur des Fachs, die für jene Entscheidungen unmittelbar bedeutsam sind, welche auf die Studierenden zukommen. Das sind Erläuterungen zu den *Fachrichtungen*, zu den *Konzeptionen* und zu den *pädagogischen Grundvorgängen* (vgl. Kapitel 3, 4 und 5). Eine solche Orientierung ist deshalb wichtig, weil mit diesen Fachrichtungen die obligatorischen Bestandteile des erziehungswissenschaftlichen Studiums markiert sind und weil eine ganze Reihe dieser Fachrichtungen mit Berufsbildern identisch ist. Insofern hilft eine Orientierung über die Fachrichtungen bei der Wahl der Studienrichtung (und eines korrespondierenden Berufsbildes) und bei der Herausbildung von Erwartungen gegenüber den obligatorischen Bestandteilen der Studienordnungen und Studienpläne. Auf eine Darstellung der (Wahlpflicht-)Fächer sowie der Bildungs- und Erziehungsfelder kann demgegenüber verzichtet werden, weil diese Entscheidungen aus dem Studienverlauf heraus getroffen werden müssen und weil es sich bei diesen beiden Dimensionen um Kategorien handelt, die in großer Bewegung sind. Außerdem können Studien in diesen Bereichen keineswegs an allen Hochschulorten angeboten werden, so daß weiterführende Informationen dort zu suchen sind, wo ein solches Angebot besteht.

Eine Übersicht über erziehungswissenschaftliche Konzeptionen ist zur Orientierung erforderlich, weil besonders Studienanfänger oftmals mit einem naiven Verständnis gegenüber wissenschaftlicher Wahrheit dazu neigen, alles zu glauben, was ihnen in den Lehrveranstaltungen dargeboten wird. Erst wenn man versteht, daß die Wahl einer erziehungswissenschaftlichen Konzeption durch einen Forscher und akademischen Lehrer die Ergebnisse und auch die Gegenstände der akademischen Lehre erheblich beeinflußt, ist man befähigt, nach Alternativen zu suchen, «Wahrheiten» gegeneinander abzuwägen und auch gezielt danach zu fragen, von welchem wissenschaftstheoretischen Standpunkt aus die Forschungsergebnisse über die Erziehungswirklichkeit vorgetragen werden.

Demgegenüber ist für eine Orientierung die Darstellung pädagogischer Lehren entbehrlich. Ihre wesentlichen Differenzen kann man während des Studiums in entsprechenden Lehrveranstaltungen lernen. Wer es für richtig und verantwortbar hält, einer dieser normativ geprägten Lehren in seiner künftigen Praxis zu folgen, der wird ohnedies früh genug in die Glaubenssätze, Praktiken und Rituale eingeführt. Das wissenschaftliche Studium soll ihn dazu befähigen, die normativen Grundlagen dieser Lehren aufzuspüren, die Prämissen zu prüfen und sich zu fragen, ob man die unerwünschten Nebenwirkungen tolerieren möchte. In jedem Fall ist ein professioneller Pädagoge verpflichtet, seine Klientel über die Implikationen des von ihm gefällten Ansatzes aufzuklären. Dazu ist erforderlich, daß er sie kennt.

Ein professioneller Pädagoge wird in der Lage sein, die Konsequenzen gewählter Handlungsorientierungen für die pädagogischen Grundvorgänge aufzuzeigen, die er in seinem Tätigkeitsfeld vollzieht, nämlich für Erziehung, Bildung, Sozialisation, Unterricht und Hilfe. Aus diesem Grund ist eine Orientierung über diese Haupttätigkeit jeder Pädagogin und jedes Pädagogen so früh wie möglich erforderlich. Sie bietet im übrigen die Möglichkeit, für sich selbst abzuschätzen, ob es sich dabei um die Tätigkeiten handelt, die das künftige Berufsleben bestimmen sollen. Sie haben denselben Status wie berufliche Grundvorgänge anderer Fächer, z. B. Diagnostizieren – Beraten – Therapieren in der Medizin.

3. Erziehungswissenschaftliche Fachrichtungen und pädagogische Berufe

Betrachtet man die etablierten erziehungswissenschaftlichen Fachrichtungen, dann lassen sich zwei Gruppen unterscheiden:
• fachübergreifende, nämlich die Allgemeine bzw. Systematische Erziehungswissenschaft sowie die Vergleichende Erziehungswissenschaft, und
• differentielle Fachrichtungen, denen jeweils bestimmte Berufsfelder korrespondieren. Dabei handelt es sich um die Berufe des Sozialpädagogen, des Erwachsenenpädagogen, des Vorschulpädagogen sowie um den Lehrerberuf. Auf dieses Feld zielen insbesondere die Fachrichtungen Schulpädagogik/Unterrichtswissenschaft, Berufs-/Wirtschaftspädagogik und Sonderpädagogik.

3.1 Allgemeine und Systematische Erziehungswissenschaft

Diese übergreifende Fachrichtung existiert in zwei grundlegend unterschiedenen Varianten.

Die erste begreift Allgemeine Erziehungswissenschaft als eine Leitdisziplin für alle anderen Fachrichtungen, Fächer und für die pädagogische Praxis, während die zweite Variante Allgemeine Erziehungswissenschaft als eine Teildisziplin neben den anderen Fachrichtungen und Fächern der Erziehungswissenschaft versteht.

Die ältere Variante, die ursprünglich Allgemeine Pädagogik hieß oder auch Systematische Pädagogik, in jüngerer Zeit auch gelegentlich Allgemeine Erziehungswissenschaft oder Systematische Erziehungswissenschaft, vertrat und vertritt heute noch einen weitreichenden Anspruch. Eine solche Allgemeine Pädagogik möchte für alle pädagogischen Handlungen Kriterien formulieren. Dafür haben sich in der Geschichte der Erziehungswissenschaft verschie-

dene Zugehensweisen herausgebildet, von denen die wichtigsten
lauten:
– normative Pädagogik
– pädagogische Ethik
– Bildungstheorie
Der Anspruch einer normativen Pädagogik, pädagogische Hand-
lungsanleitungen aus obersten außerpädagogischen Normen und
Zielen ableiten zu können, wurde bereits abgewiesen (vgl. Kap. 1.2).
Die Unmöglichkeit dieses Deduktionismus muß nicht ein weiteres
Mal belegt werden.

Die Einsicht in die Unmöglichkeit einer Ableitung von Handlungsorientierungen aus Normen haben sich solche Ansätze zunutze gemacht, die als pädagogische Ethik bezeichnet werden.
Auch diese Ansätze gehen davon aus, daß es außerpädagogische
Normen gibt, die legitimerweise zur Grundlage von Bildung und
Erziehung gemacht werden dürfen. Pädagogische Ethiken verfallen nun aber nicht in einen naiven Deduktionismus wie die normative Pädagogik, sondern sie fragen sinngemäß: Welche pädagogischen Bedingungen müssen erfüllt sein, damit ein pädagogischer
Prozeß zu einem gewünschten (ethischen) Ziel führt? Deren Erforschung übernimmt jedoch nicht die pädagogische Ethik. Diese
konzentriert sich vielmehr auf die ethischen Vorstellungen selbst,
die bei einer normativen Pädagogik immer schon als unhinterfragt
oder unhinterfragbar vorausgesetzt werden. Eine pädagogische
Ethik versucht demgegenüber, Entscheidungen zwischen unterschiedlichen Moralvorstellungen zu optimieren, denen Erziehungsprozesse folgen sollen, z. B.: Soll der Mensch vervollkomm-
net werden? Ist Moralität vernünftig? Soll Moral sich auf das
Maß des Nützlichen beschränken? Kann es in einer Gesellschaft
verschiedene Moralen geben? Wie sind pädagogische Moralvorstellungen zu legitimieren? Pädagogische Ethiken gehen davon
aus, daß man genau beschreiben kann, unter welchen Bedingungen Menschen welche moralischen Vorstellungen erwerben. Das
Verhältnis von Moral und pädagogischer Handlung wird also gedacht als ein Verhältnis von Zweck und Mittel. Demzufolge käme
es darauf an, geeignete Mittel zu finden, um bestimmte Moralen
erzieherisch durchzusetzen.

Gegen eine solche Auffassung sind drei Einwände geltend gemacht worden: Erstens ist es mit sozialwissenschaftlichen Methoden nicht möglich, die Bedingungen erzieherischer Handlungen hinreichend zu erfassen, weil die Bedingungen, unter denen Erziehung «wirkt», hoch komplex sind. Zweitens ist bezweifelt worden, ob die Entstehung von Moral in einer Person überhaupt durch gezielte Erziehung «bewirkt» werden kann und ob nicht Moralität vielmehr das Resultat ist zahlreicher, insbesondere außerpädagogischer Bedingungen wie Familie, Sozialkontakte, Medien, Hirnstrukturen, die bei jedem Menschen anders sind. Drittens ist gegen pädagogische Ethik eingewandt worden, daß selbst dann, wenn die beiden ersten Einwände nicht trügen, sich die Frage stellt, ob eine Moralerziehung in diesem Sinn überhaupt wünschenswert ist. Würde sie nicht dazu führen, daß Pädagogen zu Erziehungsingenieuren werden, die ihre Klientel zu unmündigen Objekten deklassieren?

Theoretisch anspruchsvoller gegenüber der normativen Pädagogik und gegenüber pädagogischen Ethiken ist ein Denken, welches als bildungstheoretisches bezeichnet wird. Bildungstheorie steht für den Gedanken, daß der sich entwickelnde Mensch, das Kind, der Lernende, nicht das Objekt pädagogischer Handlungen ist, sondern daß er sich selbst bildet. Bildung wird also als eine Tätigkeit des sich Bildenden und nicht als Tätigkeit von Personen oder Institutionen gedacht, die Bildung an einem zu Bildenden vollziehen. Diese Grundüberzeugung ist auch heute immer noch empirisch triftig. Wir wissen nämlich inzwischen aus der Kognitionspsychologie, daß Bildungsvorgänge durchaus als Prozesse der Selbstorganisation bzw. der Selbsttätigkeit beschrieben werden können (vgl. Lenzen 1997). Die Aktivität des pädagogisch Handelnden besteht nach bildungstheoretischer Auffassung deshalb nicht im «Bilden», sondern in der «Aufforderung zur Selbsttätigkeit». Die «Bildsamkeit» des Menschen wird in einer solchen Konzeption vorausgesetzt.

Das bildungstheoretische Denken nimmt den Menschen in seinen eigenen Ansprüchen auf Selbstentfaltung ernst und versucht, die empirischen Bedingungen von Selbstbildungsprozessen einzufangen, aber auch die gesellschaftlichen Ansprüche an das Individuum zu berücksichtigen. Doch gegen das bildungstheoretische Denken sind Einwände vorzutragen: Zum einen stellt sich die

Frage, ob «der Gesellschaft» überhaupt legitime Ansprüche gegenüber dem einzelnen eingeräumt werden können, wenn man bedenkt, daß die Individualisierung der Lebensverhältnisse gegenüber der Situation im frühen 19. Jahrhundert sehr weit vorangeschritten ist. Ein weiterer Einwand zielt auf eine andere Voraussetzung: Bei allem Zugeständnis an die Selbsttätigkeit des sich Bildenden verzichtet bildungstheoretisches Denken keineswegs auf eine normative Orientierung. Es geht nämlich davon aus, daß der Mensch ein auch moralisches Mängelwesen sei und deshalb der Perfektionierung bedürfe. Das gilt für den einzelnen Menschen wie für die Gattung Mensch als ganze. Ihr wohne, so wird bildungstheoretisch vorausgesetzt, eine Tendenz zur Humanität inne. Die normative Vorstellung besteht also darin, den Menschen zu humanisieren. Dagegen ist zunächst natürlich nichts einzuwenden. Allerdings stellt sich die Frage, ob über das Verständnis von Humanität überhaupt Einigkeit erzielt werden kann. Wenn man bedenkt, daß so unterschiedliche Charaktere wie Goethe und Honecker denselben Terminus für sehr unterschiedliche Bildungsverständnisse verwendet haben, sind Zweifel angebracht. Dieser Umstand leitet auf einen dritten Einwand über: Der Bildungsbegriff ist seiner Natur nach paradox, er ist «bestimmt unbestimmt» (vgl. Ehrenspeck/Rustemeyer 1996). Dadurch besteht die Gefahr, daß eine scheinbare Einigkeit über die Ziele der Bildung erreicht wird, während die Wirklichkeit, die diesen Bildungsforderungen folgt, sich davon ebenso unterscheidet wie die Goetheschen Dichtungen von den Bildungsverbrechen einer Diktatur.

Zusammengefaßt läßt sich für das Verständnis Allgemeiner Erziehungswissenschaft als einer Leitdisziplin formulieren:

> Allgemeine (oder auch Systematische) Pädagogik bzw. Erziehungswissenschaft als Leitdisziplin produziert und kommuniziert pädagogische Handlungsorientierungen und -prinzipien.

Die Aussichten für einen Fortbestand dieser Art Allgemeiner Pädagogik sind heute eher gering. Das liegt daran, daß die «Wirkungen» normativ, ethisch oder bildungstheoretisch begründeter Handlungsorientierungen bezweifelt werden, weil es keinen empirischen Nachweis für sie gibt. Auf der anderen Seite ist nicht zu erwarten, daß in öffentlichen Kommunikationen über «die Bildung» auf normative, ethische oder bildungstheoretische Akzentsetzung verzichtet werden wird. Dieses liegt einfach daran, daß – wir haben es eingangs bei der Rede des Bundespräsidenten und der Erwiderung der Grünen-Sprecherin gesehen – ein großer Bedarf an unpräziser und deswegen leicht zustimmungsfähiger Redeweise über «die Bildung» besteht. Die Art und Weise, wie (junge) Menschen tatsächlich «gebildet» werden, hat mit diesen Theorien fast nichts zu tun.

Aus diesem Grund spricht sehr viel dafür, daß die neuere Variante Allgemeiner Pädagogik sich durchsetzen wird, die sich selbst nicht als Leit-, sondern lediglich als Teildisziplin versteht.

Dieses entspricht auch dem Stand in anderen Wissenschaften, die gleichfalls über Teildisziplinen mit der Bezeichnung «allgemeine» verfügen, z. B. Allgemeine Literaturwissenschaft, Allgemeine Sprachwissenschaft oder Allgemeine Psychologie. So werden in der Allgemeinen Literaturwissenschaft Gemeinsamkeiten literarischer Epochen, Stile oder Gattungen thematisiert und auf generalisierbare Erkenntnisse hin untersucht. Ähnliches gilt für die Allgemeine Sprachwissenschaft, die Gesetzmäßigkeiten unterschiedlicher Sprachen daraufhin untersucht, ob Gemeinsamkeiten zwischen den Sprachen beispielsweise Rückschlüsse auf gemeinsame historische Wurzeln von Sprachen und Völkern erlauben und ob solche Strukturverwandtschaften für maschinelle Übersetzungen nutzbar gemacht werden können. Die Allgemeine Psychologie thematisiert psychologische Fragen, die für mehrere Teildisziplinen der Psychologie bedeutsam sind. So gelten Erkenntnisse über die menschliche Hirnstruktur für jeden Bereich der Psychologie, von der klinischen bis zur Sozialpsychologie. Die Geschichte der Psychologie ist die Geschichte des gesamten Fachs.

In ähnlicher Weise ist «Allgemeine Erziehungswissenschaft» zu verstehen, wenn sie sich als Teildisziplin begreift. In diesem Sinn gehören zu ihren Aufgaben:
– Grundlagen erzieherischer Prozesse
– Methoden erziehungswissenschaftlicher Forschung
– erziehungswissenschaftliche Konzeptionen

– Geschichte von Erziehung, Bildung sowie Geschichte der Erziehungswissenschaft.

Grundlagen der Erziehung liegen häufig außerhalb des Fachs und müssen dennoch beherrscht werden. Dazu gehört z. B. Wissen, das zwar in anderen Wissenschaften produziert wurde, jedoch für die Erziehungswissenschaft erst rezipiert werden muß. Dieser Tatsache ist in den Studienordnungen für das Diplom Rechnung getragen worden, indem Psychologie und Soziologie als Bestandteile des Studiums verpflichtend sind. Für viele Lehramtsstudiengänge gilt, daß im Rahmen des erziehungswissenschaftlichen Studiums Lehrveranstaltungen in Philosophie, Soziologie, Politologie oder anderen Fächern besucht werden sollen. Leider sind diese Studien in den seltensten Fällen auf das Studienfach Erziehungswissenschaft bezogen, und den Studierenden werden oft willkürlich ausgewählte Lehrveranstaltungen aus dem jeweiligen Hauptfachstudiengang, z. B. der Psychologie, angeboten, mit denen sie für das pädagogische Studium sehr wenig anfangen können. Sinnvoll werden solche Grundlagen nur, wenn sie unter dem Blickwinkel pädagogischer Fragestellungen erarbeitet werden. So ist unmittelbar einsehbar, daß der Aufbau des Gehirns für eine Grundschullehrerin nicht in allen Einzelheiten relevant ist, sondern nur im Hinblick auf Informationen, die z. B. das Sprachzentrum betreffen, während vielleicht ein Sonderpädagoge mit einem Schwerpunkt im Bereich der Geistigbehinderten-Pädagogik ganz andere kognitionspsychologische Grundlageninformationen benötigt. Anthropologische Grundlagen sind demgegenüber beispielsweise dann weniger wichtig, wenn sie sich mit der Entwicklung des aufrechten Gangs beschäftigen, bedeutsam aber in der Frage, aufgrund welcher anthropologischer Annahmen in der Pädagogik der Gedanke aufkam, der Mensch sei ein sittlich vervollkommnungsbedürftiges und -fähiges Wesen. Eine Allgemeine Erziehungswissenschaft als Teildisziplin wird künftig die Aufgaben einer erziehungswissenschaftlichen Durcharbeitung des Grundlagenwissens selbst übernehmen, so daß entsprechende Lehrangebote innerhalb der Erziehungswissenschaft zur Verfügung stehen und nicht von oftmals widerwilligen Vertretern anderer Fächer abgerufen werden müssen.

Ein ähnliches Problem besteht bei den Forschungsmethoden, deren Vermittlung gleichzeitig Bestandteil der Allgemeinen Erziehungswissenschaft ist. Was ist eine Forschungsmethode? – Man darf diese nicht verwechseln mit den Methoden, die für die pädagogische Tätigkeit gelten, z. B. mit Unterrichtsmethoden. Forschungsmethoden umfassen alle Verfahrensschritte, die mit der Produktion erziehungswissenschaftlichen Wissens zusammenhängen.

Dieses beginnt mit der Identifizierung einer Forschungsfrage durch die Suche nach einer Forschungslücke. So kann man wissen wollen, wie eine sozial stark integrierte Jugendgruppe auf Neuankömmlinge reagiert, wenn man beispielsweise Verfahren entwikkeln will, mit denen die Integration von Behinderten, Ausländern oder anderen in einer solchen Gruppe verbessert wird. Sodann ist zu überlegen, wie man Informationen über einen solchen Vorgang erhält. So kann zunächst die Lektüre einschlägiger Untersuchungen über soziale Integration angemessen sein, um den Forschungsstand zu diesem Thema genau zu kennen.

Wenn sich dann herausgestellt hat, daß es unbeantwortete Fragen gibt, muß ein Untersuchungsdesign entwickelt werden. Dazu gehört es, eine Hypothese zu formulieren, die eine ungeklärte Annahme darüber enthält, wie – in diesem Beispiel – eine Jugendgruppe auf die beschriebene Situation reagiert. Zum Beispiel ließe sich die Hypothese formulieren: Wenn ein Neuankömmling sich im Outfit sehr stark von einer sozial integrierten Gruppe unterscheidet, wird er nicht so leicht integrierbar sein, als wenn er die gleichen Bekleidungsregeln befolgt wie die Gruppenmitglieder. Möglicherweise trifft also diese Hypothese zu. Aber auch das Gegenteil ist denkbar: Die Gruppe könnte es als Angriff auf ihre Identität interpretieren, wenn ein Fremder «ihre» Merkmale kopiert. Um herauszufinden, was tatsächlich der Fall ist, könnte man ein Experiment ansetzen: Man schickt fremde Personen in eine Jugendgruppe, solche mit abweichenden und solche mit angepaßten Bekleidungsmerkmalen, und beobachtet den weiteren Verlauf der Ereignisse.

Man könnte aber auch Jugendliche befragen, die vergeblich versucht haben, in eine sozial integrierte Gruppe zu gelangen, und deswegen vielleicht psychisch auffällig geworden sind. Auch könnte man Mitglieder von Jugendgruppen daraufhin befragen, wie sie

auf Neuankömmlinge reagieren, oder man befragt Jugendgruppen-
leiter nach ihren Erfahrungen, und man wendet ein mehrstufiges
Verfahren an. Welchen Zugang man auch immer wählt: Man gelangt an eine größere Menge von Rohdaten, die im nächsten Schritt
aufbereitet werden müssen. So müssen Interviews abgeschrieben,
inhaltsanalytisch codiert und quantitativ verrechnet werden. Am
Ende erhält man Häufigkeiten, die nach bestimmten Eigenschaften
kategorisiert werden wie: Deutsche Mädchen zwischen 12 und 14
sind eher bereit, türkische Jungen zwischen 16 und 18 in eine
Gruppe aufzunehmen als deutsche Jungen zwischen 13 und 15.
Wenn allerdings die Mehrzahl der Mitglieder einer Gruppe Jungen
sind, passen sich die Mädchen der Mehrheitsmeinung an, oder sie
tun es gerade nicht usw.

Am Ende einer langen Untersuchung stehen überprüfte Hypothesen dieser Art. Sind die Sätze nun wahr, die solche Ergebnisse
beschreiben? Vielleicht hätte man eher etwas ganz anderes herausgefunden, wenn man nicht «empirisch», d. h. nach Erfahrungen suchend, vorgegangen wäre, sondern hermeneutisch d. h. interpretierend, deutend. Dann hätte man gar nicht gerechnet,
keine künstlichen Situationen experimentell erzeugt und auch
keine Fragebogen verteilt. Dann hätte man die im Feld immer
schon vorhandenen Lebensäußerungen daraufhin interpretiert, ob
sie Informationen über das Verhalten von Jugendlichen gegenüber
Neuankömmlingen in einer Jugendgruppe enthalten. So hätte
man vielleicht einen Film analysiert, den eine Jugendgruppe an-
läßlich ihrer letzten Urlaubsfahrt gedreht hat, um zu sehen, ob
sich dort interpretationsfähige Lebensäußerungen finden, die
Rückschlüsse auf das Integrationsverhalten einer solchen Gruppe
gestatten. Dann hätte man vielleicht bemerkt, daß der neu aufge-
nommene türkische Jugendliche deutlich weniger im Bild war als
die anderen Gruppenmitglieder. Oder man hätte festgestellt, daß
die expliziten Namensanreden den Namen des Neuankömmlings
sehr wenig enthalten usw. Gleich wären auch gegen ein solches
Vorgehen Einwände denkbar: Alle Resultate, so könnte man sagen, gelten nur für diese eine Jugendgruppe, nicht aber für alle
anderen.

Zusammengefaßt: Die Methoden, die Techniken der Untersuchung, aber auch die Reichweite, der Wahrheitsgehalt, die forschungsethische Zulässigkeit bestimmter Untersuchungen, die Möglichkeit von Wahrheit überhaupt, deren Implikationen für pädagogisches Handeln, alles dies bedarf der Vermittlung und der Reflexion. All diese Aspekte sind deshalb Bestandteil einer Allgemeinen Erziehungswissenschaft, und sie sind insofern auch Bestandteil des allgemeinen Teils der erziehungswissenschaftlichen Hauptfachausbildung, zu der Lehrveranstaltungen über empirische Forschungsmethoden wie über statistische Verfahren gehören.

Ein dritter Bereich der Allgemeinen Erziehungswissenschaft sind die erziehungswissenschaftlichen Konzeptionen. Dabei handelt es sich um Denkrichtungen, die sich im Laufe der Geschichte des Fachs herausgebildet haben. Gelegentlich spricht man auch von wissenschaftlichen Schulen, von Ansätzen. Am Ende des 20. Jahrhunderts existieren etliche solcher Konzeptionen nebeneinander. Man kann nicht sagen, daß es *eine* Richtung erziehungswissenschaftlichen Denkens gibt. Solche Konzeptionen herauszuarbeiten, sie theoretisch miteinander zu vergleichen, ihre Folgen für die pädagogische Wirklichkeit zu untersuchen ist eine dritte Aufgabe der Allgemeinen Erziehungswissenschaft als Teildisziplin. Ob etwas eine wissenschaftliche «Schule» oder «Richtung» wird, hängt von vielen Faktoren ab, unter anderem davon, welche Durchsetzungsfähigkeit ihre Vertreter institutionell besitzen. Wichtig ist aber auch die Frage, ob eine solche Position zu den Bedürfnissen und Denkstilen einer Zeit «paßt», also ob sie z.B. dem sog. Zeitgeist entspricht. Heute besteht aufgrund der Pluralisierung der Lebensverhältnisse eher die Tendenz, nicht eine oder zwei pädagogische Denkrichtungen für die richtigen zu halten, sondern eine Vielfalt von Theorien zuzulassen. In einer freien Gesellschaft mit individualisierten Lebensverhältnissen gelten pädagogische Zielvorstellungen eben nicht für alle Menschen im gleichen Maß, sondern es gibt verschiedene «Wahrheiten». So kann für konfessionell gebundene Menschen eine ethisch akzentuierte Pädagogik angemessen sein, für eher politisch links orientierte Bürger eine Kritische Erziehungswissenschaft und für Menschen, die auf Effektivität setzen, vielleicht eher ein erfahrungswissenschaftliches Konzept. Es ist demnach für Studierende nicht sinnvoll, hier nach «der» Wahrheit zu suchen, es gibt sie nicht. Die Aufgabe der künftigen Pädagogen besteht also darin, eine ihrem Denken angemessene Konzeption aufzusuchen und ihr Studium und möglicherweise sogar die spätere Berufstätigkeit vor dem Hintergrund einer solchen Konzeption zu betrachten. Dabei muß man sagen, daß nicht an jedem Hochschulort jede erziehungswissenschaftliche Konzeption angeboten werden kann. Die Lehrenden in der Erziehungswissenschaft sind selbst an solchen Konzeptionen orientiert und vertreten sie nicht alle gleichzeitig nebeneinander. Die Konzeptionen im einzelnen werden in diesem Buch dargestellt (vgl. Kapitel 4).

Die Geschichte von Erziehung und Bildung, aber auch die Geschichte der Pädagogik bzw. der Erziehungswissenschaft ist schließlich die vierte Säule Allgemeiner Erziehungswissenschaft als Teildisziplin. Das heißt also, daß man sich auch als Studierender mit der Geschichte des Fachs sowie des Gegenstandes befassen muß. Die Geschichte der Pädagogik wird dabei im weiteren Sinn als Geschichte pädagogischen Denkens, z. B. seit der Antike, verstanden.

Im alten Griechenland finden wir zwar kein etabliertes Fach Pädagogik, wohl aber pädagogisches Denken, z. B. in der Philosophie als *paideia*. Im engeren Sinn bedeutet die Geschichte der Pädagogik die historische Aufarbeitung der institutionalisierten Pädagogik oder, wie sie erst in der zweiten Hälfte des 20. Jahrhunderts benannt wird, der Erziehungswissenschaft. Gemeint ist dann das Universitätsfach, welches seit der Einrichtung des ersten pädagogischen Lehrstuhls an der Universität Halle im Jahre 1779 existiert, der mit Ernst Christian Trapp besetzt wurde. Die Geschichte des pädagogischen Gegenstandes ist demgegenüber weitaus umfang- und facettenreicher als die des Fachs. So werden die Geschichte des pädagogischen Denkens ideengeschichtlich, die Geschichte der Erziehung und Bildung sozialgeschichtlich oder mentalitätsgeschichtlich untersucht. An dieser Unterscheidung wird deutlich, daß es in der Geschichtsforschung jedes, nicht nur des erziehungswissenschaftlichen Gegenstandes sehr unterschiedliche Methoden bzw.

Zugangsweisen gibt. Diese hängen davon ab, ob ich z.B. etwas über die Geschichte der Ideen, der sozialen Verhältnisse, des Alltagsdenkens wissen will oder ob ich eine Ereignisgeschichtsschreibung bevorzuge.

Ereignisgeschichte ist das, was man normalerweise im Geschichtsunterricht der Schule gelernt hat. Hier wird Geschichte als eine Abfolge von wichtigen politischen, kriegerischen und ähnlichen Ereignissen dargestellt, die es erlauben, einen Überblick über große Veränderungen im historischen Strom zu gewinnen. Bei der Beschäftigung mit der historischen Erziehungswissenschaft als Bestandteil Allgemeiner Pädagogik muß man sich als Studierender umstellen, um die Vielfalt möglichen historischen Denkens zu verstehen. Das Spektrum historischer Untersuchungen im erziehungswissenschaftlichen Feld reicht demnach von einer Geschichte pädagogischer Ideen und Konzeptionen bis zur Geschichte der sozialen Wirklichkeit, in der Erziehung und Bildung stattgefunden haben, sowie bis zur Geschichte der Einstellungen und Dispositionen, die gegenüber einem erzieherisch relevanten Element, etwa gegenüber der Kindheit, bestanden haben. Verschiedene Vertreter historischer Forschung in der Erziehungswissenschaft mögen ihr Gebiet als eigene Teildisziplin der Erziehungswissenschaft verstanden wissen, etwa im Sinne einer Historischen Pädagogik. Diese eher organisatorische Frage ist für das Studium unerheblich. Sie ändert nämlich nichts daran, daß die historische Fragestellung eine fachübergreifende, d.h. eine der Allgemeinen Erziehungswissenschaft ist.

3.2 Vergleichende Erziehungswissenschaft

Für die Vergleichende Erziehungswissenschaft gilt ähnliches. Auch sie verfolgt eine übergreifende Fragestellung und könnte deshalb als Bestandteil einer Allgemeinen Erziehungswissenschaft als Teildisziplin angesehen werden. Dieses ist jedoch historisch und institutionell nicht der Fall (gewesen). An den Hochschulorten, an denen Vergleichende Erziehungswissenschaft gelehrt wird, geschieht dieses oft neben der Allgemeinen Erziehungswissenschaft. Die Möglichkeit, Vergleichende Erziehungswissenschaft zu studieren, ist allerdings auf wenige Hochschulorte begrenzt. Vergleichende

Perspektiven sind nur selten Bestandteil der Pflichtteile in den Hauptfachstudiengängen, und sie sind nicht Bestandteil der Lehramtsausbildung. Dort, wo Vergleichende Erziehungswissenschaft angeboten wird, ist in der Regel eine Spezialisierung, insbesondere im Magisterstudium, möglich.

Angesichts der raschen kulturellen Globalisierungstendenzen hat Vergleichende Erziehungswissenschaft in der jüngeren Zeit eine besondere Bedeutung gewonnen. Dabei geht es um einen Vergleich sowohl der pädagogischen Grundvorgänge als auch von Bildungs- und Ausbildungsinstitutionen. An zwei Beispielen läßt sich dieses erläutern:

Seit etlichen Jahren gibt es weltweite Vergleichsstudien zum Ausbildungsstand von Schülern bestimmter Jahrgangsstufen in bestimmten Fächern. Dazu gehören die bekanntgewordenen Untersuchungen zum mathematisch-naturwissenschaftlichen Unterricht (vgl. Baumert/Lehmann u. a. 1997), die zum Teil überraschende Resultate hervorgebracht haben. So standen im internationalen Vergleich Schülerinnen von der 7. bis zur 8. Jahrgangsstufe in ihren Leistungen weitaus besser da, wenn sie in einigen asiatischen Ländern (Japan, Korea, Indonesien) oder in der Schweiz unterrichtet wurden, als Schülerinnen und Schüler der gleichen Jahrgangsstufe in den USA oder in europäischen Ländern. Der Leistungsstand unterschied sich für dieselbe Altersklasse teilweise um bis zu $2\frac{1}{2}$ Schuljahre.

Diese Leistungsvergleiche haben in den Ländern zu heftigen Diskussionen geführt, deren Schulleistungen vergleichsweise schlecht abschnitten, und eine hektische Betriebsamkeit auf seiten der Bildungspolitik ausgelöst. So wurde überlegt, ob der Anteil des mathematisch-naturwissenschaftlichen Unterrichts in Deutschland erweitert werden muß, ob der Unterricht anders zu gestalten ist und welche Folgen schlechtere Ergebnisse in diesem Fach nach sich ziehen. Arbeitgebervertreter haben diese Resultate benutzt, um die schwierige ökonomische Situation darauf zurückzuführen, Gewerkschaftsvertreter haben die gleichen Ergebnisse dazu benutzt, um mehr Lehrerstellen und eine erweiterte Ausbildung für Lehrer zu fordern. Dieser Vorgang zeigt, daß Vergleichende Erziehungswissenschaft hoch aktuell und hoch brisant sein kann. Leistungsvergleiche werden schließlich zu dem Zweck angestellt, um Verbesserungen zu erzielen. Damit beginnen allerdings auch bereits die Schwierigkeiten: Die kulturellen Bedingungen der Leistungsentstehung sind zum Teil so unterschiedlich, daß es großangelegter Untersuchungen bedarf, um diese lückenlos zu erfassen. Wenn man beispielsweise nicht berücksichtigt, daß japanische Kinder neben dem Ganztagsunterricht in der Staatsschule zusätzlich noch bis 22.00 Uhr in privaten Nachhilfeschulen (Jukus) zusätzlichen Leistungsdrill erfahren, versteht man nicht, warum es zu solchen Leistungsdifferenzen kommen kann. Außerdem kann Vergleichende Erziehungswissenschaft keine Handlungsempfehlungen für die Bildungspolitik hervorbringen, denn hier gilt das gleiche wie für die Normative Pädagogik: So folgt aus einer Leistungsdifferenz, die komparatistisch festgestellt wurde, für das bildungspolitische Handeln zunächst überhaupt nichts. Nur wenn es gelänge nachzuweisen, daß Leistungsdifferenzen schwerwiegende Nachteile für die Individuen mit sich bringen, wäre ein bildungspolitisches Handeln angezeigt. So ist im vorliegenden Fall die Behauptung, schlechte Mathematikleistungen von Siebt- und Achtkläßlern seien Ursache für die Unattraktivität des Wirtschaftsstandorts Deutschland, schlicht aus der Luft gegriffen und durch nichts zu belegen. Häufig werden solche Untersuchungsergebnisse zur Ablenkung von dem eigenen Versagen von solchen gesellschaftlichen Kräften benutzt, die gern dazu neigen, desolate Zustände auf das Bildungswesen zurückzuführen.

Vergleichende Erziehungswissenschaft hat also immer auch die Aufgabe, so umfangreiche Informationen bereitzustellen, daß bildungspolitisches Handeln in Kenntnis der Implikationen möglich ist. Ob eine vage Aussicht auf eine Verbesserung eines Wirtschaftsstandorts zur Legitimation von Leistungsdrill nach japanischem Vorbild genügt, ist eine Frage, die vom wissenschaftlichen Standpunkt aus nicht entschieden werden kann, sondern lediglich vom politischen.

Ein anderes Beispiel für die Aufgaben Vergleichender Erziehungswissenschaft resultiert nicht aus einem Leistungsvergleich von Nationen, sondern aus einem Vergleich unterschiedlicher Erziehungskulturen. So kann die Untersuchung unterschiedlicher Mutter-Kind-Bindungen in verschiedenen Kulturen, wie sie in einem deutsch-japanischen Vergleich durchgeführt worden ist (vgl. Grossmann/Grossmann 1996), oder die Darstellung unterschiedlicher Vaterkonzeptionen zwischen Deutschland und Japan außerordentlich aufschlußreich für die familialen Sozialisationsbedingungen sein, unter denen japanische im Vergleich zu deutschen Kindern aufwachsen (vgl. Hedenigg 1996; Lenzen 1996). Diese Sozialisationsbedingungen sind aber eine wichtige Voraussetzung für die spätere Leistungsfähigkeit in der Schule wie für das eigene Erziehungsverhalten künftiger Mütter und Väter. Solche Untersuchungsergebnisse bieten dann auch die Möglichkeit, aufgrund der Kenntnis von Gründen die Grenzen einer pädagogischen Globalisierung zu bezeichnen. Sozialisations- und Erziehungspraktiken sind in alten Kulturen über Jahrtausende hinweg herausgebildet worden und können kaum durch einen bildungspolitischen oder kulturpolitischen Eingriff verändert werden. Dennoch ist es wesentlich, solche Differenzen zu kennen, um eine andere Kultur besser zu verstehen.

Während das erste Beispiel einen inter*nationalen*, institutionellen Vergleich zeigt, weist das zweite Beispiel auf einen inter*kulturellen* Vergleich von pädagogischen Grundvorgängen, in diesem Fall der familialen Sozialisation. In beiden Fällen besteht die Aufgabe Vergleichender Erziehungswissenschaft darin, Meßverfahren zu entwickeln, die einen Vergleich überhaupt ermöglichen. So ist z. B. nicht selbstverständlich, ob das unterschiedliche Verhalten von Kleinstkindern in einem experimentellen Setting (z. B. die Messung der Zeit, innerhalb deren ein im Raum allein gelassenes Kind zu weinen anfängt) wirklich in beiden Kulturen einen Rückschluß auf die Enge der Bindung zwischen Mutter und Kind erlaubt. In ähnlicher Weise bedeutet ein Unterschied in abrufbarem mathematischem Wissen zwischen den Schülerinnen und Schülern verschiedener Kulturen nicht, daß dieses Wissen auch in gleichem Maße lebenspraktisch oder beruflich instrumentalisierbar ist.

Die Idee von Bildungsvergleichen ist im übrigen relativ alt. Der erste umfassendere Versuch in diese Richtung waren die «Skizzen und Vorarbeiten zu einem Werk über die vergleichende Erziehung» von M. A. Jullien de Paris aus dem Jahre 1817. Schon damals bestand der Grundgedanke darin, das eigene (französische) Bildungssystem durch Importe aus anderen Ländern zu optimieren. Aber gleichfalls waren bereits vor fast 100 Jahren Zweifel an der Möglichkeit vorgetragen worden, Bildungselemente über nationale

Grenzen hinweg zu im- bzw. exportieren. Besonders lebhaft waren solche Interessen zur Zeit der großen Ost-West-Gegensätze, als Vergleichende Erziehungswissenschaft als Bestandteil nachrichtendienstlicher Informationsbeschaffung über gegnerische Gesellschaftssysteme betrieben wurde. Aber auch, wenn man weltpolitisch nicht an einer Globalisierung im Sinne einer Angleichung aller Lebensverhältnisse interessiert ist, bedarf es der Resultate Vergleichender Erziehungswissenschaft, um gerade auch das kulturell Schützenswerte, Einmalige erst einmal zu kennen, um es vor der schleichenden Nivellierung, z. B. der McDonaldisierung der Kulturen, zu bewahren. Es kann als sicher gelten, daß die Bedeutung Vergleichender Erziehungswissenschaft zumindest im Sinne interkultureller Komparatistik wachsen wird. Für Studierende ist eine solche Schwerpunktsetzung allerdings nur sinnvoll, wenn sie, etwa im Magisterstudiengang, mit dem Studium einer oder mehrerer anderer Sprachen und Kulturen verknüpft wird.

3.3 Sozialpädagogik

Während der Allgemeinen und der Vergleichenden Erziehungswissenschaft kein Berufsfeld korrespondiert außer dem des Wissenschaftlers an Hochschulen und Forschungsinstituten, ist dieses bei der Sozialpädagogik wie bei allen folgenden Fachrichtungen anders.

Was leistet Sozialpädagogik?

Sozialpädagogik bezeichnet keinesfalls ein so klar umrissenes Gebiet wie Medizin oder Rechtswissenschaft. Das hängt damit zusammen, daß sozialpädagogische Tätigkeit den helfenden Berufen zugeordnet wird. Hilfsbedürftigkeit entsteht aber nicht nur plan- oder voraussehbar, so wie ein Bedarf an Richtern und Rechtsanwälten berechnet werden kann, sondern soziale Hilfe, Unterstützung und Beratung werden dort notwendig, wo die ökonomischen, politischen und sozialen Entwicklungen in einer Gesellschaft Problemgruppen hervorbringen, die sich selbst nicht helfen können. Die modernen Industriegesellschaften haben deshalb in unterschiedlicher Ausprägung ein System der sozialen Hilfe entwickelt, innerhalb dessen allein in der Bundesrepublik Deutschland weit über 500 000 Beschäftigte tätig sind. In diesem Zeitraum von kaum 70 Jahren hat sich die Zahl der Inhaber sozialer Berufe damit etwa verzwanzigfacht. Da dieses Berufsfeld wenig scharf umrissen ist, sind auch keineswegs alle Inhaber sozialer Berufe ausgebildete Sozialpädagogen. Allerdings nimmt der Anteil nicht oder nicht einschlägig Ausgebildeter in diesem Bereich deutlich ab. So waren Ende 1990 nur noch rund 10 Prozent der in der Jugendhilfe tätigen Personen ohne eine Ausbildung (zum Vergleich: 1974 waren es noch fast 20 Prozent). Eine sozialpädagogische (und nicht irgendeine andere) Ausbildung besaßen 1990 in diesem Berufsfeld 62 Prozent. Von diesen verfügen allerdings nur ca. 20 Prozent über einen Hochschulabschluß (Fachhochschule oder Universität). Mit anderen Worten: Das Arbeitsfeld der Sozialpädagogen ist in gewisser Weise geschichtet: Über einer kleinen Zahl Unausgebildeter existiert eine Gruppe von ca. 30 Prozent der in fremden Fächern ausgebildeten Kräfte, während die fachlich Ausgebildeten den größten Anteil in dieser Berufsgruppe haben. Die Tendenz geht eindeutig dahin, das nicht fachspezifisch ausgebildete Personal durch Fachpersonal zu ersetzen. Ebenso wächst der Anteil der akademisch ausgebildeten Sozialpädagogen.

In diesen Zahlen ist eine wichtige Differenzierung nicht enthalten: diejenige zwischen Sozialpädagogik und Sozialarbeit. Obgleich dieser Unterschied in der Ausübung sozialer Berufe kaum eine nennenswerte Rolle spielt, verstehen Sozialpädagogen ihre Arbeit eher als eine pädagogisch akzentuierte Tätigkeit, währenddessen Sozialarbeiter sich eher an dem Bedarf primärer Hilfe, unabhängig von dem Lebensalter ihrer Klientel, orientieren, d. h. helfend in allen sozialen Rand- und Problemgruppen tätig werden. Die Differenz zwischen Sozialarbeit und Sozialpädagogik wird heute am ehesten noch in der Ausbildung an Fachhochschulen sichtbar, die sozialpädagogische von Sozialarbeits-Studiengängen trennen.

Die Aufgabenfelder von Sozialarbeitern und Sozialpädagogen sind so vielfältig wie die Nöte ihrer Klientel (vgl. Rauschenbach 1994, S. 258 f.). Die Inhaber solcher sozialen Berufe müssen angesichts der täglichen Anforderungen hoch flexibel sein. Man erwartet von ihnen die Fähigkeit, Beratungsgespräche zu führen, Berichte zu schreiben, Hausbesuche zu machen, an Supervisionen teilzunehmen, mit Arbeitsämtern, Sozialämtern oder Banken zu verhandeln, um die ökonomische Situation eines Klienten zu verbessern, und vieles andere. Sozialpädagogen werden tätig in Kindergärten, Jugendämtern, in der Sozialpsychiatrie, in Jugendzentren, in der Schulsozialarbeit, in der Drogenhilfe, in der Nichtseßhaftenhilfe, in Erziehungsberatungsstellen, in der Straßensozialarbeit, in Einrichtungen für beeinträchtigte Personengruppen, bei der Heimerziehung, in der Jugendkulturarbeit, in der Altenarbeit, in der Ausländerarbeit, im Jugendstrafvollzug usw. Die Tätigkeit ist im engsten Sinn an der sozialen Wirklichkeit orientiert und erfordert deshalb eine ganze Reihe charakteristischer Kompetenzen (vgl. Giesecke 1992, S. 29 ff):

– Politische Kompetenz: Sozialpädagogen müssen in der Lage sein, Institutionen in ihrer Praxis der «Gewalt»ausübung einzuschätzen und damit umzugehen.
– Juristische Kompetenz: Sozialpädagogen müssen alle relevanten Rechtsregelungen nicht nur des Sozialrechts kennen und anwenden können, um dieses zum Nutzen ihrer Klienten zu tun.
– Administrative Kompetenz: Sozialpädagogen müssen ständig in der Lage sein, administrative Rechtsregelungen so auf den Einzelfall anzuwenden, daß die rechtlich notwendige Tendenz zur Gleichheit sich nicht zu Lasten ihrer Klienten auswirkt.
– Medizinische Kompetenz: Da ein Großteil der Klienten aufgrund seiner sozialen Lage seine Gesundheit vernachlässigt, Hygiene und Körperpflege ignoriert und ihre Körper durch den Genuß von Suchtmitteln gefährdet, benötigen Sozialpädagogen medizinisches Grundwissen, um im Einzelfall notwendige Maßnahmen zu veranlassen.
– Ökonomische Kompetenz: Angesichts chronischer Mittelknappheit im sozialen Bereich benötigen Sozialpädagogen die Fähigkeit, auch unter ungewöhnlichen Umständen Mittel zu akquirieren und knappe Mittel effektiv zu verwalten.
– Pädagogische Kompetenz: Diese allen voranliegende Fähigkeit erfüllt sich in der Bereitschaft und Qualifikation, zu erziehen, zu lehren, zu fördern, zu beraten, zu begleiten, zu planen, zu koordinieren, zu schlichten, zu leiten, zu verwalten, zu evaluieren, zu innovieren.

Wollte man die Persönlichkeitsmerkmale charakterisieren, die eine erfolgreiche Tätigkeit eines Sozialpädagogen ermöglichen, so gehören dazu zweifellos die Bereitschaft zu einer breiten Kenntnis unterschiedlicher Wissensgebiete, die Fähigkeit, konkrete Problemlagen unter vorhandene allgemeine Regelungen des Rechts und der sozialen Praxis so zu erfassen, daß sie auf der einen Seite nicht rechtswidrig, auf der anderen Seite effektiv sind.

Des weiteren sind Frustrationstoleranz, Flexibilität, die Fähigkeit zu einer angemessenen Nähe und Distanz gegenüber der Klientel und vor allem die Bereitschaft und Fähigkeit zur Verantwortungsübernahme erforderlich.

All diese Tätigkeiten entsprechen in erster Linie dem Berufsbild des nicht akademisch ausgebildeten Sozialpädagogen bzw. Sozialarbeiters. Dabei handelt es sich um Absolventen in der Regel von Fachschulausbildungen, aber auch Diplomabsolventen von Fachhochschulgängen. Sozialpädagogik als Universitätsfach zielt auf davon signifikant unterschiedene Tätigkeiten auf einer mittleren bis oberen Ebene sozialer Institutionen. Der Sozialpädagoge mit einem abgeschlossenen Diplom ist qualifiziert für Tätigkeiten in sozialen Einrichtungen als Leiter entsprechender Abteilungen, als Referent, d. h. in der Regel in Funktionen, die keinen direkten Klientenkontakt vorsehen. Hier liegt die Qualifikationserwartung insbesondere im Bereich von Koordinationsplanungsleitung und Managementfähigkeit. Angesichts der Verrechtlichung aller Lebensbezüge und angesichts der, trotz aller Kürzungen im sozialen Bereich, stattfindenden Expansion des Systems sozialer Hilfe ist zu erwarten, daß diese Funktionen an Bedeutung gewinnen werden, so daß es eine wachsende Zahl solcher Tätigkeiten gibt, also ein deutlicher Teil sozialpädagogischer Tätigkeit akademisiert werden wird.

Die Institutionen, in denen diese Art von Tätigkeit durchgeführt wird, sind vielfältig.

Institutionen der Kleinkind- und Vorschulerziehung. Obgleich an einigen wenigen Stellen eigene Studiengänge für Kleinkind- bzw. Vorschulpädagogik in der Diplompädagogenausbildung existieren, gehört dieser Bereich historisch und systematisch zur Sozialpädagogik. Der Grund dafür liegt auf der Hand: Diese Einrichtungen verdanken sich der Notwendigkeit des 19. Jahrhunderts, angesichts der Industrialisierung und angesichts des Einbezugs auch der Frauen in den Arbeitsprozeß familienersetzende Einrichtungen zu schaffen. Waisenhäuser sind sozusagen die Vorläufer solcher Einrichtungen dort gewesen, wo die Eltern aus den unterschiedlichsten Gründen, in der Regel durch frühes Ableben, als Erziehungskräfte ausfielen. Kleinkind- und Vorschuleinrichtungen bestehen für Kinder von null bis sechs Jahren. Heute dominieren nicht mehr familienersetzende, sondern familienunterstützende und -ergänzende Einrichtungen wie Krabbelstuben, Krippen, Kindertagesstätten, Kindergärten, Horte, Sonderkindergärten, Vorklassen, Eltern-Kind-Gruppen, pädagogisch geleitete Spielplätze, entsprechende Einrichtungen in Krankenhäusern für chronisch kranke Kinder. Aber auch Einrichtungen der Familienhilfe und Erziehungsberatungsstellen fallen in diesen Bereich. Die Ziele dieser zunehmend von Diplompädagog(inn)en geleiteten Einrichtungen bestehen darin, gute Entwicklungschancen für Kleinst- und Kleinkinder durch erzieherische Hilfen zu erzeugen, eine Förderung dieser Kinder auch dann sicherzustellen, wenn milieubedingte Benachteiligungen auszugleichen sind bzw. wenn soziale Integration erforderlich ist. Eltern sollen durch Einrichtungen der Kleinkind- und Vorschulerziehung unterstützt und beraten werden.

Familienhilfe. Die Tätigkeit von Familienhelfern wird durch Leitungspersonal in Sozialämtern, Gesundheitsämtern, Jugendämtern, Wohlfahrtsverbänden, in Kirchen und anderen Organisationen wie dem Kinderschutzbund, Pro Familia, dem Verband alleinstehender Mütter und Väter, dem Bundesverband der Pflege- und Adoptiveltern eingeleitet. Das Anwachsen dieser Einrichtungen geht auf eine veränderte Situation der Familie in den letzten 30 Jahren zurück. Die Zahl der Scheidungen beträgt zur Zeit ca. 30 Prozent aller Ehen mit dem Effekt, daß in 2,2 Millionen Fällen Kinder von Alleinerziehenden aufgezogen werden. Gleichzeitig bestehen 1,06 Millionen nichteheliche Lebensgemeinschaften. Diese und andere Verschiebungen wie die wachsende Berufstätigkeit beider Eltern haben unübersehbare soziale und erzieherische Probleme nach sich gezogen, so daß seitens der Sozialpädagogik die Notwendigkeit erkannt wurde, Möglichkeiten für die Einbettung der Problemfamilien bzw. vergleichbarer Aufwachsensbedingungen in sozialpädagogische Institutionen einzubetten und diesen mit Hilfe und Beratung zur Seite zu stehen.

Jugendarbeit/Jugendhilfe. Die Adressaten dieser sozialpädagogischen Tätigkeit sind etwa zwischen 14 und 25 Jahre alt, die Einrichtungen allerdings nicht in ihrer Stabilität vergleichbar mit Kindergärten und Schulen. Es handelt sich eher um «prozessuale» oder «ambulante» Institutionen, deren Bestehen und deren Qualität stark abhängen von ihren Betreibern, die zum Teil als freiwillige Helfer, aber auch professionell tätig sind. Leitungsfunktionen für solche Institutionen finden sich in der Jugendverbandsarbeit, der offenen Jugendarbeit und der Jugendbildungsarbeit. Jugendarbeit und Jugendhilfe repräsentieren einen der größten Bereiche sozialpädagogischer Tätigkeit. Ihre Aufgaben gliedern sich in die Bereiche der Jugendfürsorge, der Jugendsozialarbeit, der Jugendarbeit und des Jugendschutzes. Jugendfürsorge umfaßt u. a. die Erziehungsberatung, die Erziehungsbeistandschaft, den Schutz von Pflegekindern, das Vormundschaftswesen, die Heimunterbringung, die Jugendgerichtshilfe, Erziehungsberatungsstellen, Heime für beeinträchtigte Minderheiten, Werkhöfe, beschützende Werkstätten, Lehrwerkstätten, Freizeit- und Erholungseinrichtungen. Die Jugendsozialarbeit richtet sich auf Berufsberatung, Jugendarbeitsschutz, offene Gruppenarbeit sowie auf Betreuung jugendlicher (ausländischer) Arbeitnehmer. Sie findet besondere Aufgaben in Wochenendfreizeiten, Abendseminaren, der Ausbildungsförderung, in Mädchenwohnheimen, Lehrlingswohnheimen, in Förderwerkstätten sowie in Freizeit- und Bildungsstätten.

Jugendarbeit umfaßt den allgemeinen Jugendschutz, die Betreuung von Jugendgruppen, von Sportjugendverbänden, die Tätigkeit in der Jugendverbandsarbeit, der Clubarbeit, den Jugendtourismus, die Organisation internationaler Begegnungen, die Verwaltung von Beratungsstellen, Jugendhäusern, Heimen der offenen Tür, von Jugendbildungsstätten, Jugendherbergen, Jugendfreizeitstätten, Sport- und Spielplätzen sowie Jugendbibliotheken. Der Jugendschutz sieht für Sozialpädagogen hauptsächlich Funktionen in der Beratung für besondere Probleme vor, so im Zusammenhang des Jugendarbeitsschutzes, des Schutzes der Jugend in der Öffentlichkeit, des Schutzes der Jugend vor jugendgefährdenden Schriften sowie im Zusammenhang der Drogenberatung.

Schulsozialpädagogik. Während der 70er Jahre des 20. Jahrhunderts wurde davon ausgegangen, daß Schulsozialpädagogik eine wachsende Bedeutung erlangen würde. Ausgangspunkt war zum einen die Einsicht, daß Schule immer auch erzieht, daß diese Erziehungsvorgänge nicht dem Zufall überlassen werden können, und darüber hinaus die Tatsache, daß soziale Probleme sich auch im schulischen Zusammenhang auswirken. Die Delegation der Erziehungsaufgabe – weg von den Lehrern, die dann auf eine reine Unterrichtstätigkeit reduziert würden, hin zu professionellen Rollen von Schulsozialarbeitern – hat sich indessen als problematisch erwiesen, weil seit dem 19. Jahrhundert bekannt ist, daß jede Form von Unterricht immer auch erzieht, so daß es einer besonderen Wahrnehmung von Erziehungsaufgaben nicht unbedingt bedarf. Schulsozialarbeit hat sich deshalb in den letzten Jahren eher auf die Betreuung von Sonderaufgaben innerhalb der Schule begrenzt, z. B. zur Ergänzung schulischer Erziehung, als Verbindung zwischen der Schule und der außerschulischen Sozialarbeit sowie zur Lösung von Problemen in Schulen mit mehreren tausend Schülern, insbesondere Gesamtschulen. Darüber hinaus kann Schulsozialarbeit im Angebot zusätzlicher Tätigkeiten, Arbeitsgemeinschaften usw. gesehen werden.

Heimerziehung. In der Bundesrepublik Deutschland hat jedes Kind einen Anspruch auf Erziehungshilfe, wenn eine dem Wohl des Kindes entsprechende Erziehung nicht gewährleistet ist. Wenn eine solche öffentliche Hilfe für die Entwicklung des Kindes geeignet und notwendig ist, kann diese im Rahmen einer Heimunterbringung vollzogen werden. Die Bedeutung der Heimerziehung ist allerdings deutlich gesunken, weil sich die Einsicht durchgesetzt hat, daß ein Heim die schlechteste Unterbringungsform darstellt. An die Stelle des Heims sind heute oftmals therapeutische und pädagogische Wohngemeinschaften sowie andere Einrichtungen getreten. Adressaten für diese Formen der Inanspruchnahme öffentlicher Erziehung sind nicht nur Kinder und Jugendliche ohne ausreichende familiale Erziehung, sondern insbesondere solche, die auffällig wurden durch besondere Umstände wie Verwahrlosung, Arbeitslosigkeit, Obdachlosigkeit, Alkoholmißbrauch, Drogenabhängigkeit, psychische Krankheiten oder kriminelle Delikte.

Behindertenhilfe. Behinderte Kinder werden zunächst – und dieses auch immer bei Schwerstbehinderungen – in wachsendem Maß schulisch betreut. Es entsteht indessen auch außerhalb der Schule ein beträchtlicher Betreuungsbedarf für diese Gruppe. Ihre gesellschaftliche Eingliederung, eventuell notwendige rehabilitative Maßnahmen und die Förderung von Lebensmotivation gehören zu den wichtigsten Aufgaben sozialpädagogischer Betreuung außerhalb der Schule für diese Klientel.

Die Professionalisierung der sozialpädagogischen Tätigkeit im nichtakademischen wie besonders auch im akademischen Bereich hat es mit sich gebracht, daß soziales Engagement, Hilfsbereitschaft, Verantwortungsbereitschaft und ähnliche soziale Tugenden für den Vollzug dieser Berufstätigkeit nicht mehr ausreichen. Angesichts der hochkomplexen Wirkungszusammenhänge ökonomischer, sozialer, politischer, psychologischer und pädagogischer Strukturen würde ein Sozialpädagoge deutlich unter den Möglichkeiten bleiben, die seine Tätigkeit bietet. Er würde Gefahr laufen, sich in der Rolle des besserwissenden Berufshelfers bestenfalls lächerlich zu machen, wie im Falle der 14 Sozialpädagogen, die im Sommer 1997 einen Kursus für «Erlebnispädagogik» durchführten und dabei in Lebensgefahr gerieten:

«Schönau, 21. Juli (dpa). Die dramatische Rettungsaktion in den Berchtesgadener Alpen ist gegen den Willen der Betroffenen unternommen worden. Die 14 Sozialpädagogen und ihre zwei Höhlenführer, die am Sonntag aus Deutschlands größter erschlossener Höhle gerettet wurden, befanden sich nach eigener Einschätzung weder in Lebensgefahr, noch wollten sie abgeholt werden. Dennoch ordnete die Einsatzleitung die Bergung sämtlicher Expeditionsteilnehmer aus dem Notbiwak an. (…) Als vier Taucher der Salzburger staatlichen Höhlenrettung auf die zum Teil erschöpften Abenteurer trafen, hieß es, daß man sie nicht um Hilfe gerufen habe.» (FAZ vom 22. 07. 1997, Nr. 107, S. 9)

Das Studium der Sozialpädagogik

Obgleich die akademische Ausbildung von Sozialpädagogen bereits seit Jahrzehnten existiert und obgleich allein in den letzten 20 Jahren rund 160 000 Sozialpädagogen an Fachhochschulen und Universitäten ausgebildet worden sind, ist der theoretische Entwicklungsstatus der Sozialpädagogik durchaus noch verbesserungsbedürftig. Genaugenommen werden lediglich drei Grundformen bzw. Methoden sozialpädagogischen Handelns unterschieden und in der akademischen Ausbildung verfolgt:

– Die soziale Einzelhilfe oder auch *Einzelfallhilfe*. Sie besteht unabhängig von dem Einsatzgebiet in der Hilfe zur Selbsthilfe. Die Ausbildung in dieser Richtung besteht darin, anhand von Fallstudien die Datensammlung zu üben, Probleme des Klienten herauszuarbeiten und zu verstehen, eine psychosoziale Diagnose vorzunehmen, das soziale Umfeld zu erheben, Beziehungssysteme nachzuzeichnen und eventuelle Kausalzusammenhänge des spezifischen Problems des Klienten aufzudecken. Schließlich besteht die «Behandlung» in Beratung, Training und Therapie, für die in der Einzelfallhilfe insbesondere psychologische Theorien herangezogen werden. Soweit Sozialpädagogik dieser Grundform in ihrer Ausbildung folgt, sind die Grenzen zur Psychologie (z. B. zur Psychoanalyse) fließend. Aus diesem Grund befinden sich in sozialen Berufen auch zahlreiche Psychologinnen und Psychologen.

– Die zweite Grundform sozialpädagogischen Handelns, auf die in der akademischen Bildung vorbereitet wird, besteht in der *sozialen Gruppenarbeit*. Sie ist als Methode der Sozialarbeit in der US-amerikanischen Sozialpsychologie und Kleingruppenforschung entwickelt worden. Für die soziale Gruppenarbeit sind insbesondere Erkenntnisse über gruppendynamische Prozesse bedeutsam. Deren erkannte Gesetzmäßigkeiten wurden in lehrhafte Sätze umgewandelt (z. B. «Nicht mit den Schwächen der Gruppenmitglieder arbeiten, sondern mit ihren Stärken!»), die bei der Arbeit mit Gruppen Anwendung finden. Die Theorie der sozialen Gruppenarbeit umfaßt die Abklärung von Normen der Gruppenerziehung sowie handlungsorientiertes Wissen über Gruppendynamik und Gruppenarbeitsprozesse.

– Das dritte Feld macht die *soziale Gemeinwesenarbeit* aus, die sich eigentlich am ehesten für eine akademische Ausbildung von Sozialpädagogen eignet. Das ist deshalb der Fall, weil die Gemeinwesenarbeit institutionenorientiert ist und für diese Institutionen am ehesten Leitungspersonal benötigt wird. Bei der Entscheidung für eine Schwerpunktbildung innerhalb der Sozialpädagogik ist es für die Studierenden deshalb bedeutsam, ob sie ihre künftige Tätigkeit eher im Bereich der eigenen Arbeit an Klienten sehen oder ob sie sich eher auf eine Leitungstätigkeit vorbereiten wollen, die ihrem Abschluß angemessen ist. Die Spezialisierung auf soziale Einzelhilfe oder auf soziale Gruppenarbeit ist insofern nicht ohne Risiko, als eine künftige Beschäftigung dann in den Feldern zu erwarten ist, in denen auch Absolventen von Fachschulen und Fachhochschulen als Bewerber auftreten.

Wer sich für eine sozialpädagogische Tätigkeit entscheidet, muß zunächst einmal zwischen einer Fachschul-, Fachhochschul- und Universitätsausbildung wählen. Einen kurzen Überblick über Dauer der Ausbildung, die praktischen Anteile, die Voraussetzungen über den Abschluß, die Zahl der Ausbildungsstätten und die durchschnittliche Ausbildungszahl pro Jahr gibt Abbildung 6.

Gegenüber dem nichtakademischen Fachschulabschluß und dem eher klientenorientierten Fachhochschulabschluß stellt der Diplomstudiengang an Universitäten (und teilweise noch an pädagogischen Hochschulen) einen vollakademischen Studiengang dar. Für eine Tätigkeit im höheren Dienst der öffentlichen Institutionen ist dieser Abschluß Voraussetzung, ebenso für ein universitäres Promotionsstudium. Einige Universitäten, die keinen Diplomstudiengang anbieten, eröffnen statt dessen die Möglichkeit einer sozialpädagogischen Schwerpunktbildung im Rahmen eines Magisterstudiengangs mit dem Hauptfach Erziehungswissenschaft. Wissenschaftliche Hochschulen, die einen Diplomstudiengang mit dem Abschluß «Diplom-Sozialpädagoge» anbieten, sind die Ausnahme, verbunden mit der Schwierigkeit, diesen Abschluß vom Fachhochschulabschluß zu unterscheiden. Wesentlich für die Charakteristik des sozialpädagogischen Studiengangs im Rahmen der Diplomausbildung an Universitäten ist die Tatsache, daß diese Ausbildung fest in eine breite erziehungswissenschaftliche, theoretisch und empirisch fundierte wissenschaftliche Ausbildung eingebettet ist. Dieses gilt für die Fachhochschulgänge nicht. Für die

Abbildung 6

	Universität	Fachhochschule	Fachschule
Studiengang	Erziehungswissen-schaft (Diplom)	Sozialpädagogik *und/oder* Sozialarbeit (Diplom)	Erzieher/in
Schulisch ange-nommene Dauer (ohne Praxis)	mind. 8 Semester (= 4 Jahre)	mind. 6 Semester (= 3 Jahre)	2 Schuljahre
Praktika	zwischen 4 Wochen und 8 Monaten (je nach Hochschule)	12monatiges Berufs-anerkennungsjahr *oder* 2×6 Monate Praktikum (+ weitere Blockpraktika)	1jähriges Vorprakti-kum (in Bayern 2 Jahre) *und* 1 Berufs-anerkennungsjahr (+ Tagespraktika)
Tatsächliche Ausbildungs-dauer	5,5 – 6,5 Jahre	4,5 – 5 Jahre	4 Jahre (Bayern: 5 Jahre)
Schulische Zulassungs-voraussetzungen	allgemeine oder fach-gebundene Hoch-schulreife (Abitur)	Fachhochschulreife, Abschluß der Fach-oberschule	Abschluß 10. Klasse (mittl. Bildungsab-schluß) *oder* qualifi-zierter Hauptschul-abschluß + abge-schlossene Berufs-ausbildung
Praktische Zulassungs-voraussetzungen	keine	keine bei Fachober-schule, ansonsten 6monatiges Vorprak-tikum	Vorpraktikum *oder* abgeschlossene Berufsausbildung
Abschluß	Diplompädagoge/in (z.T. Diplom-Sozialpädagoge/in)	Dipl.-Sozialpädago-ge/in *oder* Dipl.-Sozialarbeiter/in (FH) mit staatl. Anerkennung	staatl. anerkannte/r Erzieherin/Erzieher
Zahl der Ausbildungs-stätten (inkl. neuer Bundesländer)	35 Universitäten, Pädagogische und Gesamthochschulen mit sozialpäd. Ange-bot	44 staatl., 11 ev., 13 kath. Fachhoch- und Gesamthochschulen (68 Gesamthoch-schulen)	224 staatl., 48 ev., 82 kath., 13 sonst. Fach-schulen (= 367 mit neuen Ländern)
Durchschnitt-liche Ausbil-dungszahlen pro Jahr	Anfänger: 5000–6500 Studierende: 25000–30000 Absolventen: 2000–2500 (ca. 50% in Soz.päd.)	Anfänger: 8000–9000 Studierende: 31000–33000 Absolventen: 6500–8000	Anfänger: 12000–16000 Studierende: 34000–42000 Absolventen: 13000–16000

(Quelle: Hamburger 1995, S. 102)

Ausbildung zum Sozialpädagogen an einer Fachhochschule kommen insgesamt 64 Hochschulorte in Betracht, für die Ausbildung zum Diplompädagogen, Studienrichtung Sozialpädagogik, derzeit insgesamt 34 (vgl. Internet: http://www.berufswahl.de).

Die Entscheidung für einen Hochschulort sollte nicht nur von der Attraktivität der Stadt und ähnlichen fachfremden Motiven abhängig gemacht werden, sondern insbesondere von der Frage, wie das Studienangebot vor Ort gestaltet ist, und vor allen Dingen von der Frage, ob eine bestimmte Schwerpunktbildung (in Richtung Einzelfallhilfe, Gruppenarbeit oder Gemeinwesenarbeit) vorliegt. Des weiteren ist natürlich die Frage bedeutsam, welche Beschäftigungsaussichten in den einzelnen Bereichen existieren. Dazu ist zunächst festzustellen, daß sich allein zwischen 1970 und 1992 die Zahl der Beschäftigten in sozialpädagogischen Feldern vervierfacht hat von rund 70 000 auf runde 300 000. Wichtig ist auch die Frage, wie viele Absolventen arbeitslos gemeldet sind. 1988 waren es über 4500 Diplompädagogen, 1992 nur 3000, 1997 waren es 3600. Aufschlußreich ist ferner das Verhältnis offener Stellen, Bewerber und Arbeitsvermittlungen zueinander und im Vergleich zu den anderen Absolventen. Im Verhältnis zu diesen stehen Diplompädagogen seit 1992 deutlich besser da (vgl. Abb. 7).

3.4 Erwachsenenpädagogik / -bildung

Was leistet Erwachsenenpädagogik / -bildung?

Im Gegensatz zur Sozialpädagogik ist die Erwachsenenpädagogik bzw. -bildung eine erziehungswissenschaftliche Fachrichtung, die ausschließlich als akademischer Ausbildungsgang im Rahmen der Ausbildung zum Diplompädagogen angeboten wird. Ebenso wie die Sozialpädagogik verdankt die Erwachsenenbildung ihre Entstehung einer gravierenden Veränderung der Lebensverhältnisse in den letzten 100 Jahren. War dieses bei der Sozialpädagogik die Erscheinung einer wachsenden Pauperisierung (Verarmung) von Teilen der Bevölkerung, war es dort die Landflucht und die Verelendung in den Städten, so ist für die Entstehung der Erwachsenenpädagogik bzw. -bildung eine demographische Entwicklung be-

Abbildung 7
Entwicklung der Arbeitslosigkeit im Vergleich: Diplompädagogen /
alle Uni-Absolventen (ab 1993 ganz Deutschland)

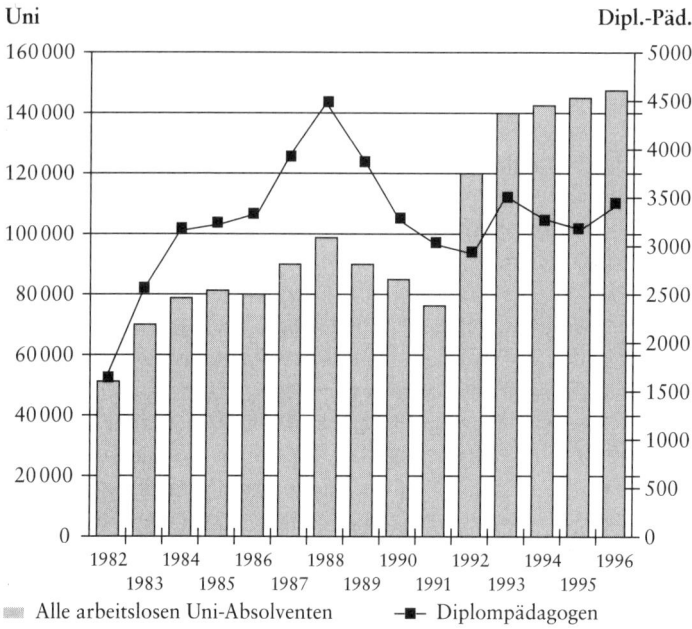

Aus: Bundesanstalt für Arbeit (Hg.): Ihre berufliche Zukunft, H. 27, Nürnberg 1997, S. 46

deutsam. Wenn man sich nämlich den Altersaufbau der Bevölkerung in westeuropäischen Staaten anschaut, muß man feststellen, daß vom 18. Jahrhundert bis heute eine gravierende Erweiterung des Anteils nicht nur der Erwachsenen, sondern sogar der älteren Menschen an der Gesamtbevölkerung stattgefunden hat. So wird bis ca. 2020 das Durchschnittsalter von 23 Jahren im 18. Jahrhundert auf 47 Jahre gestiegen sein. Abbildung 8 zeigt auch graphisch den wachsenden Anteil der älteren Menschen an der Gesamtbevölkerung, aufgrund dessen sich innerhalb von 250 Jahren die Verhältnisse umgekehrt haben. Nicht mehr ruht eine kleine Zahl alter

Abbildung 8
Der Altersaufbau der Bevölkerung im historischen Vergleich

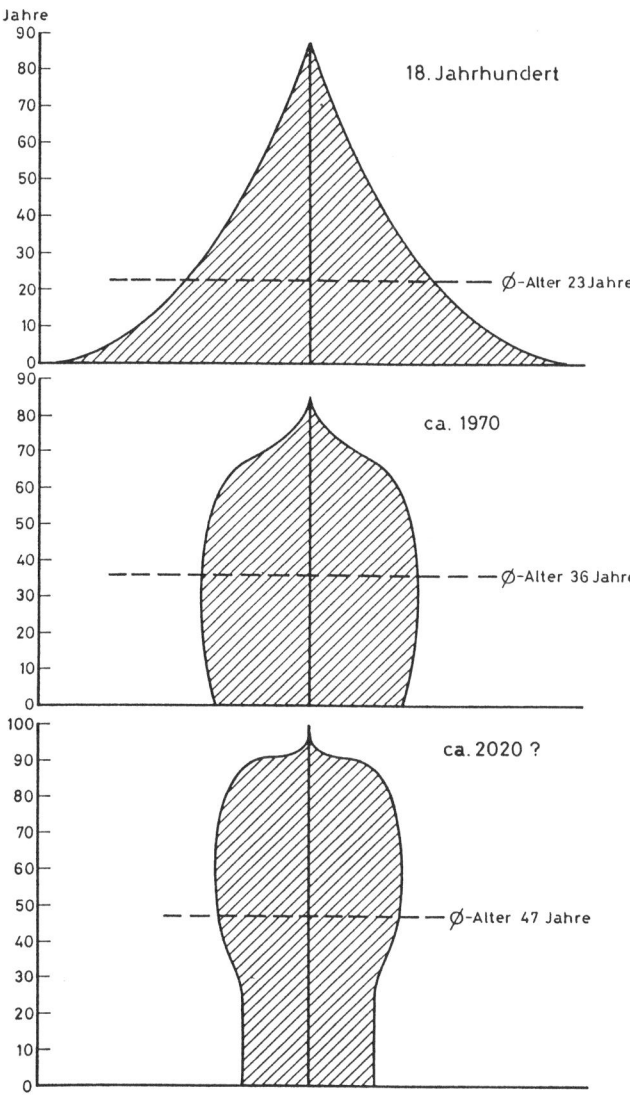

(Quelle: Imhof 1981, S. 182)

Menschen auf einer Bevölkerungsmehrheit von jungen, sondern der Anteil der über 50jährigen wird den Anteil der darunter liegenden übertreffen.

Die ersten Auswirkungen im sozioökonomischen Bereich sind bereits spürbar, wenn die Politik heute sukzessive ihr Versagen bezüglich der Sicherung der Renten eingestehen muß und Rentenbeiträge erhöht bei gleichzeitiger Senkung der faktisch ausgezahlten Renten. Ähnliche Verhältnisse drohen gewissermaßen auch im Bildungsbereich, wenn sich die Aufmerksamkeit nicht in Richtung der Erwachsenen verschiebt. Für viele Menschen ist Bildung und Ausbildung noch gleichbedeutend mit einer Lebensphase, die am Ende der Jugend, zumindest aber im jungen Erwachsenenalter abgeschlossen ist. Eine solche Auffassung ist wirklichkeitsfremd. Tatsächlich muß in der Gesellschaft unserer Tage jeder damit rechnen, während seines Lebens zu wiederholten Malen nicht nur den Beruf zu wechseln, sondern sich auch innerhalb desselben Berufs an neue Wissensbestände, Kenntnisse und Fertigkeiten sowie Fähigkeiten anzupassen, die von ihm als Arbeitnehmer erwartet werden. Darüber hinaus besteht aufgrund des massiven globalen Wettbewerbs die Notwendigkeit, daß ein Land auch jene Bildungsreserven mobilisiert, die sich bei dem älteren Bevölkerungsanteil befinden. Des weiteren macht die Tatsache, daß zahlreiche Arbeitnehmer Phasen der Arbeitslosigkeit hinnehmen müssen, Weiterbildungsmaßnahmen erforderlich, in denen sie sich an Neuentwicklungen anpassen müssen. Auch zeitweises Ausscheiden aus dem Berufsleben aus familialen Gründen erzeugt einen ähnlichen Bedarf. Nicht zuletzt nimmt die Entwicklung mancher Technologien wie der Kommunikations- und Informationstechnologie einen so rasanten Entwicklungsverlauf, daß während eines Berufslebens Anpassungen an diese neuen Herausforderungen und Chancen erforderlich sind.

Unabhängig von den Erfordernissen des Arbeitsmarkts hat die erhöhte Lebenserwartung allerdings auch erhebliche Auswirkungen auf den Bildungsbereich, der nicht berufsorientiert ist. Betrachtet man beispielsweise die Veränderungen der Anteile von Witwenzeit, nachelterlicher Gefährtenschaft oder fruchtbarer Zeit bei Frauen im historischen Verlauf (vgl. Abb. 9), dann wird deutlich, daß der Anteil am gesamten Lebenslauf, der nach dem Abschluß beruflicher und familialer Verpflichtungen offenbleibt, erheblich gewachsen ist, während der Anteil der für die Reproduktionstätigkeit fruchtbaren Zeit sukzessive gesunken ist. So stellt auch ange-

Abbildung 9
Veränderung der Anteile von Witwenzeit, nachelterlicher Gefährtenschaft und fruchtbarer Zeit bei Frauen im historischen Vergleich

Witwenzeit

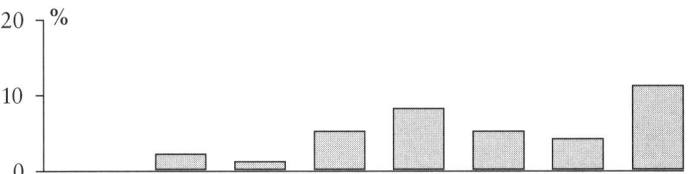

nachelterliche Gefährtenschaft

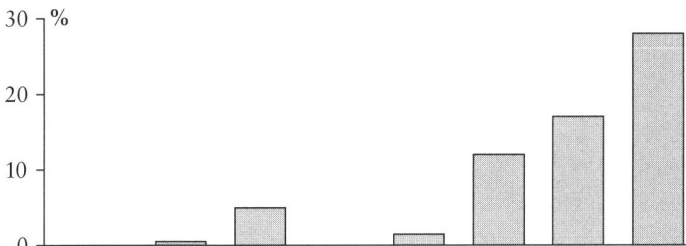

fruchtbare Zeit

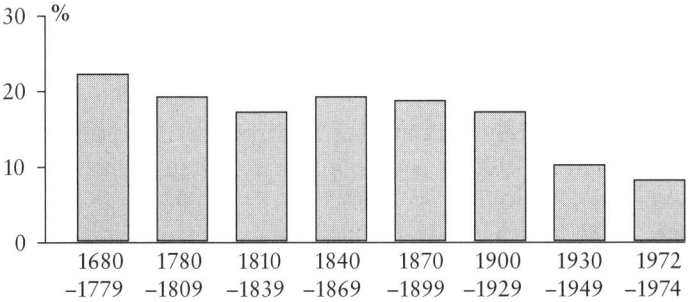

(Quelle: Imhof 1981, S. 173)

sichts einer um fast zehn Jahre längeren Lebenserwartung der Frauen gegenüber den Männern die weibliche Klientel für die Erwachsenenbildung, insbesonders für die Altenbildung, eine besondere Gruppe dar. Berücksichtigt man ferner, daß von den heute lebenden über 65jährigen Frauen nur ein verschwindend geringer Teil berufstätig war, so erklärt sich der hohe Bedarf an Bildungsangeboten für diese Bevölkerungsgruppe

Aus diesen soziologischen und demographischen Rahmenbedingungen erwachsen typische Erwartungsmuster an die Erwachsenenbildung: Im günstigsten Fall muß dieser auch als quartärer Bildungsbereich bezeichnete Sektor Bildungsangebote für jedes Lebensalter bereithalten, Abschlüsse in möglichst vielen Bildungseinrichtungen erwerbbar machen und auf eine Trennung zwischen Angeboten verzichten, die der Weiterbildung für den Beruf dienen, und solchen, die eher Elemente des Lebensstils sind. Arbeit ist heute neben der Erwerbsnotwendigkeit nicht selten zu einer Frage des Stils geworden. Die Differenz zwischen Arbeit und Nichtarbeit verschwindet immer weiter, so daß es vernünftig ist, Erwachsenenbildung und Weiterbildung in einem engen Zusammenhang zu sehen.

Es gibt übrigens einen Streit über die Frage, ob diese Fachrichtung eher als Erwachsenenpädagogik oder als Erwachsenenbildung bzw. Weiterbildung bezeichnet werden soll. Die Tendenz geht eindeutig in Richtung «Erwachsenenbildung», weil der Begriff «Erwachsenenpädagogik» ja im Grunde genommen einen Widerspruch in sich enthält, insoweit von einer Erziehung der Erwachsenen legitimerweise nicht geredet werden kann. Auf der anderen Seite kennt die Erwachsenenbildung zahlreiche Elemente, die identisch insbesondere mit der Schulpädagogik sind, soweit es sich dabei um institutionalisierte Bildungsangebote handelt.

Neben den sozioökonomischen und demographischen Bedingungen muß allerdings noch eine andere Voraussetzung erfüllt sein, damit hinsichtlich der Erwachsenen und dort der Alten von einer ernst zu nehmenden Klientel gesprochen werden kann. So wäre es ja denkbar, daß trotz des sozial-ökonomischen Bedarfs die psychologischen Voraussetzungen bei älteren Menschen nicht erfüllt sind, um nennenswerte Lernleistungen zu erbringen. Noch in den 50er Jahren war man der Überzeugung, daß die meisten menschlichen Fähigkeiten nach dem Alter von 18 bis 25 Jahren progressiv abnehmen (vgl. Wechsler 1958, S. 135). Am Ende der 70er Jahre wurden indessen neue Intelligenztests entwickelt, die zeigten, daß in den lernrelevanten Bereichen der Abbau der Lernfähigkeit nicht vor dem 60. bis 70. Lebensjahr beginnt. Längsschnittanalysen haben inzwischen gezeigt, daß ein Leistungsabfall im sprachlichen Intelligenzbereich auch im höheren Alter kaum zu registrieren ist, wenngleich das Reaktionstempo und die Aufgabenkoordination abnehmen. Die Fähigkeit, zu lernende Informationen zu strukturieren und das Wesentliche vom Unwesentlichen zu unterscheiden, ist eine besondere Qualifikation älterer Menschen. Die Berliner Altersstudie des Max-Planck-Instituts (vgl. Mayer/ Baltes 1996), die in einer Längsschnittuntersuchung 70- bis 103jährige untersucht hat, zeigte zudem:

> Es gibt eine hohe positive Korrelation von Leistungstypen. Das heißt, Menschen, die in einem bestimmten Feld leistungsfähig sind, sind dieses meistens auch in anderen. Daraus resultiert in höherem Alter die Fähigkeit der Neo-Integration, d. h. der Integration von bis dato nicht integrierten Wissensbereichen. Des weiteren hat sich herausgestellt, daß Unterschiede im Intelligenzstatus erhalten blieben, während die Geschlechtszugehörigkeit praktisch irrelevant war. Während soziokulturelle Einflüsse nur einen geringen Vorhersagewert für die Lernfähigkeit im Alter besitzen, gilt dieses nicht für biologisch-medizinische Indikatoren. Das heißt, daß Einschränkungen von Sehschärfe, Hörvermögen und sensomotorischen Fähigkeiten deutliche Folgen für die Lernfähigkeit haben (vgl. Reischies/Lindenberger, in: Mayer/Baltes 1996, S. 351–377).

Aus diesen empirischen Ergebnissen resultieren deutliche Anforderungen für die Erwachsenenbildung. Sie kann die individuellen Bedingungen nicht einfach ignorieren, die die lernenden Erwachsenen in die Lernsituationen hineintragen. Weiter gedacht bedeutet dieses für die Ausbildung der Erwachsenenpädagogen, daß hier eine Engführung der Ausbildung auf didaktisch-methodische Fragen mittelfristig nicht ausreichen wird.

Die Institutionen der Erwachsenenbildung beginnen sich auf diese veränderte Situation einzustellen. Das Erwachsenenbildungssystem ist inzwischen weit entwickelt und kennt zahlreiche Typen solcher Institutionen:

Im allgemeinen werden Institutionen geschlossener Weiterbildung von solchen offener Weiterbildung unterschieden. Dabei sind geschlossene Einrichtungen solche, die nur die Angehörigen der Träger als Nutzer dieser Einrichtungen zulassen. Dieses gilt z. B. für den öffentlichen Dienst sowie für Betriebe und Verbände. Die Funktion dieser geschlossenen Weiterbildung ist in der Regel darin zu suchen, das Personal an neuere Entwicklungen in ihrem Beruf, an neuere Technologien und Veränderungen im Betrieb heranzuführen und ihre Arbeitsleistung weiter zu optimieren. Die offene Erwachsenen- und Weiterbildung kennt keine Zugangsbegrenzungen für bestimmte Personenkreise. Veranstalter sind öffentliche und nichtöffentliche Träger. Zu den öffentlichen Trägern zählen Länder, Kommunen, aber auch öffentliche Rundfunk- und Fernsehanstalten und nicht zuletzt die Hochschulen selbst, die nach dem Hochschulrahmengesetz zur Durchführung von Weiterbildungsveranstaltungen verpflichtet sind. Die nichtöffentlichen Träger bestehen zum einen Teil aus freien Trägern wie Kirchen, Gewerkschaften und freien Verbänden, zu einem anderen aus kommerziellen Einrichtungen, deren Bedeutung zunehmend wächst. Um einen Eindruck von der Vielfalt der Einrichtungen öffentlicher Träger zu geben, sei folgende, keineswegs vollständige Liste genannt:

– Bundeszentrale für politische Bildung
– Bundeszentrale für gesundheitliche Aufklärung
– Bundesinstitut für Berufsbildung
– Bundesakademie für öffentliche Verwaltung
– Akademie für Führungskräfte der Bundespost (inzwischen privatisiert)
– Aus- und Fortbildungsstätte des Auswärtigen Amtes
– Bundesakademie für Wehrverwaltung und Wehrtechnik
– Bundesfinanzakademie
– Führungsakademie der Bundeswehr
– Polizeiführungsakademien
– Schule der Bundeswehr für Innere Führung
– Zentrale Aus- und Fortbildungsstätte der Deutschen Bahn inzwischen privatisiert)

- Goethe-Institute
- Landesinstitute für politische Bildung
- Landesinstitute für Schulpädagogik

Ähnlich eindrucksvoll ist die Liste von Institutionen freier Träger:

- 7000 Stiftungen (z. B. Partei- und Gewerkschaftsstiftungen, Bildungswerke der Gewerkschaften und der Arbeitgeberverbände u. a.)
- kirchliche Erwachsenenbildung
- Institute für Auslandsbeziehungen
- Deutsche Gesellschaft für Auswärtige Politik
- Amnesty International
- Internationaler Arbeitskreis Sonnenberg
- Deutscher Koordinationsrat der Gesellschaften für christlich-jüdische Zusammenarbeit
- Vertriebenen-, Frauen- und Seniorenorganisationen (z. B. evangelische Frauenarbeit in Deutschland, Bund der Mitteldeutschen, Pommerische Landsmannschaft, Umwelt- und Tierschutzverbände)
- Akademien auf Landesebene
- Heimvolkshochschulen
- Studienzentren
- ca. 1000 Volkshochschulen, organisiert im Deutschen Volkshochschulverband

Trotz einer der Sozialpädagogik vergleichbaren erheblichen Expansion der Erwachsenenbildung seit den 70er Jahren hat die Professionalisierung bisher nicht das Maß erreicht, wie es für die Sozialpädagogik erkennbar ist. Das hängt u. a. damit zusammen, daß es keine staatlich geregelte oder vorgeschriebene fachliche und pädagogische Qualifikation für die Tätigkeit in einer Institution der Erwachsenenbildung gibt. Die Abnehmer entscheiden über Einstellungen aufgrund unterschiedlicher Qualifikationen, so daß Absolventen aller nur denkbaren Studien (nicht nur der geisteswissenschaftlichen Fächer), insbesondere in den Jahren der Arbeitslosigkeit seit 1980, in Positionen der Erwachsenenbildung drängten.

Ein Diplom- oder Magisterabschluß mit dem Schwerpunkt Erwachsenenbildung/Weiterbildung gewährleistet keineswegs eine

Bevorzugung durch die Abnehmer auf dem Arbeitsmarkt. Eine besonders günstige Konstellation stellt allerdings ein Magisterstudienabschluß dar, in dem etwa Erziehungswissenschaft als Hauptfach mit dem Schwerpunkt Erwachsenenbildung gewählt wurde und daneben ein zweites Hauptfach oder zwei Nebenfächer studiert worden sind, die in der Kombination mit dem Fach Erziehungswissenschaft eine Profilbildung erlauben, die in vielen Fällen zu einer geeigneten «Nischenfindung» führen. So kann ein Magisterabsolvent mit dem Fach Erziehungswissenschaft (Erwachsenenbildung) und der Kombination mit beispielsweise Geschichte und Ethnologie ein interessanter Bewerber für den museumspädagogischen Dienst sein oder eine Absolventin mit der Kombination Erziehungswissenschaft (Erwachsenenbildung), Politikwissenschaft und Soziologie eine interessante Bewerberin bei einer der Partei- oder Gewerkschaftsstiftungen, besonders dann, wenn sie ihrem Träger ideologisch nahesteht.

Das Tätigkeits- und Qualifikationsprofil von Erwachsenenpädagogen ist nicht so vielfältig wie das von Sozialpädagogen. Im Vordergrund steht eine lehrende Tätigkeit und alles, was dazu erforderlich ist, wie Arrangement und Einwerbung von Lehrangeboten, Organisation von Weiterbildungsinstitutionen bis hin zur Durchführung und Evaluation der Veranstaltungen. Wegen der noch immer unterentwickelten Professionalisierung, die u.a. auf die Tatsache zurückzuführen ist, daß Volksbildung ursprünglich als Teil einer sozialen Bewegung verstanden wurde, wirken die Qualifikationskataloge für Erwachsenenpädagogen teilweise etwas bemüht und redundant. Unterschieden werden erziehungs- und gesellschaftswissenschaftliche Qualifikationen, fachwissenschaftliche Qualifikationen und berufspraktische Qualifikationen. Die erziehungs- und gesellschaftswissenschaftlichen Qualifikationen umfassen u. a. Verfahren für die Analyse der Lebenssituationen nachfragender Klienten, die Fähigkeit, Lernvoraussetzungen der Erwachsenen (Bedürfnisse, Motive, Erwartungen usw.) zu erheben, die Fähigkeit, empirische Verfahren bei der Erhebung psychischer und sozialer Lernbedingungen einzusetzen, hinreichendes Wissen über notwendige Qualifikations- und Weiterqualifikationsmaßnahmen für Erwachsene aus verschiedenen Lebens- und Berufszusammenhängen, Kompetenzen bei der Entwicklung und Überprüfung von Curricula, didaktische Qualifikationen, unterrichtstechnologische Qualifikationen, methodische Fähigkeiten bis hin zu Planungstechniken für das Lehrangebot.

Zu den fachwissenschaftlichen Qualifikationen gehören Fähigkeiten, die im engen Zusammenhang mit dem Fach stehen, welches in der Erwachsenenbildung / Weiterbildung eingesetzt werden soll. Sie sind deshalb nur wenig verallgemeinerungsfähig. Die berufspraktischen Qualifikationen sind schließlich solche, die weniger im Universitätsstudium als bei der Tätigkeit erworben werden können. Dazu gehören auch hinreichende Kommunikationsfähigkeit, Rhetorik, Qualifikationen bei der Verwaltung von Einrichtungen, gruppendynamische Kenntnisse sowie Fähigkeiten bei der öffentlichen Präsentation der Angebote in Form von Vorlesungsverzeichnissen usw.

Die Auffassungen über die erforderlichen Qualifikationen sind abhängig von den erwartbaren Tätigkeitsfeldern der Erwachsenenpädagogik. Die Auffassungen über diese Tätigkeitsfelder sind aber keineswegs homogen. Wittpoth (1987, S. 88) hat repräsentative Äußerungen dieser Art zusammengestellt (vgl. Abb. 10).

Das Studium der Erwachsenenpädagogik

Das Studiengangsangebot für Erwachsenenpädagogen ist nicht ganz so klar gegliedert wie im Falle der Sozialpädagogen. Auch hier steht ein erziehungswissenschaftliches Diplomstudium an der Spitze der Ausbildungshierarchie. Ein entsprechendes Fachhochschulstudium oder Fachschulstudium existiert wegen der staatlich ungeregelten Voraussetzungsbestimmungen nicht. Es gibt allerdings vereinzelte Zusatzstudien und Weiterbildungsstudien in der Erwachsenenbildung (vgl. Arnold 1991, S. 144 f; Internet: http://www.berufswahl.de).

Das Studium der Erwachsenenbildung steht heute unter einem starken Praxiserwartungsdruck. Absolventen, die zusätzlich eine breite Praxiserfahrung vor oder während des Studiums nachweisen können, haben besonders gute Chancen. Entsprechend ist die Forderung der Abnehmerorganisationen an die Studienordnungen in der Erwachsenenbildung sehr stark auf die Vermittlung von Handlungsorientierungen gerichtet gewesen. Diese Erwartung entspricht

Abbildung 10
Tätigkeitsschwerpunkte von hauptamtlichen pädagogischen Mitarbeitern

Tietgens 1983	KMK/Städtetag 1981	KGSt/LV-VHS-NW	Jung 1972
• Reflexion der Zielsetzung	• päd. und fachwiss. Planung	• päd. Planung	• konzeptionelle Arbeit: Planung der Bildungsarbeit
• Erkundung des Bedarfs	• Lernorganisation	• päd. Organisation	
• Planung des Angebots	• Lernkontrolle	• Arbeiten für Lehrveranstaltungen	• Zielgruppenkontaktierung: Verbindung zu den Teilnehmern
• Vorbereitung des Programms	• Lehrtätigkeit	• päd. Beratung	
• Organisation und Durchführung	• Bildungsberatung	• Werbung und Öffentlichkeitsarbeit	
• Beratung der Mitarbeiter und Teilnehmer	• (bildungspolitische Aufgaben und Leitungsfunktionen)	• (Verwaltungsarbeiten)	• Personalplan: Verbindung zu den HPM
• Kontrolle der Wirkung			• Unterricht und Unterrichtsbeobachtung
• unmittelbare pädagogische Tätigkeit			

Tietgens 1981	LV-VHS-Hessen	LV-VHS-Nds.
• Analyse der gesellschaftlichen Rahmenbedingungen	• Einarbeitung der didaktischen und methodischen Konzeption der Fachbereiche	• päd. und fachwiss. Planung
• Reflexion der institutionellen Zusammenhänge	• Erstellung von Lernzielkatalogen und Stoffplänen	• Leitung und Organisation in den Fächern/ Fachbereichen
• Ausloten der Planungsspielräume	• Auswahl von Unterrichtsmaterial, -verfahren, Medien	• Arbeitsorganisation und -kontrolle in den Fächern und Fachbereichen
• Vorbereitung der Veranstaltungen	• Planung der Veranstaltungen in einem Arbeitsabschnitt	
• Realisierung von Lehr-/Lernvorgängen	• Planung und Redigieren des VHS-Arbeitsplanes	• Lehrtätigkeit
	• Gewinnen nebenberuflicher VHS-Mitarbeiter	• Bildungsberatung und Kooperation
	• Einführen und Weiterbilden der HPM/NPM	
	• kontinuierliche Unterrichtsbeobachtung	
	• Auswerten des Unterrichts	
	• Beratung der Teilnehmer	
	• (Lehrtätigkeit)	

(Quelle: Wittpoth 1987, S. 88)

eigentlich eher dem Leistungsprofil eines Fachhochschulstudiums, und sie wird umgekehrt den Notwendigkeiten der Berufstätigkeit auch nur teilweise gerecht. Mittelfristig wird eine Professionalisierung dieses Sektors nur zu sichern sein, indem der theoretische Anteil der Studien wächst, auch wenn dieses dem Drang zur Bewältigung konkreter Handlungssituationen nicht entsprechen mag.

Nur eine verallgemeinerungsfähige theoretische Ausbildung erlaubt die Übertragung der Qualifikationen auf immer unterschiedlicher werdende Einsatzlagen und auf eine wachsende Komplexität in den Anforderungen an die Institutionen des quartären Bereichs. Insbesondere dort, wo Weiterbildungseinrichtungen angesichts einer hohen Komplexität der in ihnen vermittelten Gegenstände teilweise das Niveau von Hochschulen erreichen müssen, wird eine gutgemeinte Teilnehmerorientierung mit didaktischen Tricks und Kniffen nicht weiterhelfen. Wenn es der Erwachsenenbildung nicht gelingt, ihre Klientel auf höchstem Niveau auch theoretisch auszubilden, wird mindestens der immer wichtiger gewordene Bereich der betrieblichen und freien Weiterbildung wegbrechen. Große Konzerne mit einem hohen Weiterbildungsbedarf können mit Erwachsenenpädagogen nichts anfangen, die ihre Qualifikation in der Tradition der Volksbildner sehen und ihr Interesse auf ergänzende Maßnahmen zur Allgemeinbildung breitester Bevölkerungsschichten konzentriert haben. Studierenden ist deshalb zu raten, sich dort theoretische Kenntnisse auf höherem Niveau selbst anzueignen, wo die Studienverhältnisse in der Erwachsenenbildung noch die Ideenwelt der Volkshochschulbewegung pflegen und ihre Studierenden an den komplexen Herausforderungen des quartären Sektors in der Zukunft vorbei ausbilden.

3.5 Schulpädagogik

Zu den berufsorientierten Fachrichtungen der Erziehungswissenschaft gehört auch die Schulpädagogik. Ihre Verwissenschaftlichung begann vor knapp 50 Jahren, obgleich ihr Gegenstand sehr viel älter ist. Genaugenommen sind Allgemeine Pädagogik, ja sogar praktische Philosophie bis in die Antike zurück die Orte gewesen, an denen man sich auch mit Unterricht befaßt hat. Denn Unterricht ist seit mehreren tausend Jahren Bestandteil und Vehikel der Entwicklung von Hochkulturen gewesen. Am Ende des 18. Jahrhunderts, als die Professionalisierung des Lehrerberufs ihren Anfang nahm, entstand auch die Unterrichtslehre, die Vorgängerin der Schulpädagogik. Neben der Allgemeinen Erziehungswissenschaft ist sie die Professionsdisziplin aller Lehrerberufe, obgleich ihre Bedeutung in der Lehrerausbildung zumindest quantitativ kaum zu erkennen ist, weil das Studium der Unterrichtsfächer zwischen 90 und 95 Prozent des gesamten Lehrerstudiums ausmacht.

In den verbleibenden, je nach Bundesland und Schultyp unterschiedlichen Studienanteilen zwischen acht und zwölf Semesterwochenstunden soll das gesamte schulpädagogische Berufswissen für Lehrer vermittelt werden: Schultheorie, Schulgeschichte, Allgemeine Didaktik, Curriculumtheorie, Schulorganisation, Schulrecht, Diagnostik. Über diese und weitere Gebiete existiert inzwischen ein breites, gut gesichertes wissenschaftliches Wissen, das den Lehrerstudenten mit Hinweis auf die ja noch folgende zweite Ausbildungsphase bewußt vorenthalten wird. Diese Geringschätzung der Schulpädagogik und des gesamten erziehungswissenschaftlichen Begleitstudiums bei gleichzeitiger Überbewertung der Studien für die Unterrichtsfächer ist eine deutsche Spezialität und nur historisch zu erklären. Im Jahr 1810 wurde nämlich die Ausbildung von Gymnasiallehrern mit der Schaffung des «Examen pro facultate docendi» an Universitäten etabliert, wobei der Ausgangspunkt das Studium der Fachwissenschaften war. Im Laufe des 19. Jahrhunderts wurden zwar sukzessive pädagogische Inhalte in die Ausbildung integriert, jedoch durch die gleichzeitige Einführung eines Probejahrs für die jungen Lehrer zunehmend in die dort entstehende zweite Ausbildungsphase verlagert.

Die Ausbildung der Volksschullehrer war demgegenüber ursprünglich pädagogisch und nicht fachwissenschaftlich orientiert. Sie fand nicht an Universitäten, sondern seit den 20er Jahren des 20. Jahrhunderts an eigens dazu eingerichteten pädagogischen Akademien statt. Nach einer Phase der Vereinheitlichung der Lehrerausbildung in der Zeit des deutschen Faschismus von 1933 bis 1945, wo die pädagogischen Akademien geschlossen und durch

Hochschulen für Lehrerbildung bzw. Lehrerbildungsanstalten ersetzt wurden, knüpfte die junge Bundesrepublik noch einmal an die Tradition der 20er Jahre an, indem pädagogische Akademien neu entstanden, die in den 50er Jahren sukzessive zu Pädagogischen Hochschulen aufgewertet wurden. Seit 1965 wurde auch für die Gymnasiallehrer das philosophisch-pädagogische Begleitstudium wieder eingeführt. Erst mit der Bildungsexpansion der 70er Jahre setzte der Trend einer erneuten Vereinheitlichung des Lehrerberufs ein, wofür nicht zuletzt gewerkschaftliche Interessen an einer einheitlichen Lehrerbesoldung verantwortlich waren. Da diese nur durch den Nachweis einer wissenschaftlichen Ausbildung auch für Grundschullehrer erbringbar zu sein schien, erfolgte in den 80er Jahren auch eine Verlagerung der Lehrer des Primarbereichs an die Universitäten. Diese Entscheidung war nicht nur besoldungsrechtlich relevant, sondern auch wissenschaftlich konsequent. Es steht außer Frage, daß der enorme Bestand wissenschaftlichen Wissens über Entwicklungsprozesse der Kindheit, über Lehren und Lernen in dieser Phase an künftige Grundschullehrerinnen (der Anteil des männlichen Personals liegt unter 10 Prozent) vermittelt werden muß. Strittig ist allerdings die Frage, ob eine solche Vermittlung an Universitäten oder nicht vielmehr an Fachhochschulen durchgeführt werden soll. Hinter diesen Auseinandersetzungen stehen neben Standesinteressen auch ökonomische Überlegungen des Staates in Richtung einer möglichen Verbilligung der Ausbildung von Grundschul- und (Berufsschul-)Lehrern. Es ist zu erwarten, daß auch ab dem Jahr 2000 derartige Auseinandersetzungen fortgesetzt werden. Die völlig abweichende Lage in anderen europäischen Ländern, in denen Lehrerausbildung ungeachtet des Schultyps in den meisten Fällen an gesonderten Einrichtungen und nicht an Universitäten stattfindet, wird auch die Situation in Deutschland beeinflussen. So existiert in den meisten anderen europäischen Ländern eine Lehrerausbildung, die lediglich eine Ausbildung für ein einziges Unterrichtsfach und nicht für mehrere, wie in Deutschland, vorsieht, so daß ein beträchtlicher Zeitgewinn für die erziehungswissenschaftliche Ausbildung erwirtschaftet wird. Unbeschadet der künftigen institutionellen Anbindung der Lehrerausbildung ist indessen die Auffassung über den hohen schulpädagogischen Wissensbedarf weitgehend unstrittig.

Was leistet Schulpädagogik?

Betrachtet man den Aufbau des Bildungssystems in der Bundesrepublik und vergleicht es mit irgendeinem anderen Beispiel, etwa dem Bildungssystem in der vergangenen DDR (vgl. Abb. 11 und 12), dann fallen dem Betrachter schon graphisch Unterschiede auf, allem voran die Tatsache, daß das Bildungswesen der Bundesrepublik Deutschland im wesentlichen um das 10. Lebensjahr herum eine Gabelung in vier verschiedene Schultypen vorsieht, während dasjenige der vergangenen DDR eine einheitliche polytechnische Oberschule bis zum 15. Lebensjahr vorhielt.

Man kann sich leicht vorstellen, daß in dem einen oder anderen Bildungssystem aufzuwachsen nicht dasselbe ist. Man vermutet zu Recht Unterschiede hinsichtlich dessen, was gelehrt und gelernt werden kann, Unterschiede hinsichtlich der sozialen Befindlichkeit von Kindern, die nur eine Zeitlang oder über die gesamte Kindheit und Pubertät gemeinsam unterrichtet werden, man erwartet Folgen für den Lebenslauf, aber auch für die Volkswirtschaft, wenn nach dem einen oder dem anderen Schulsystem unterrichtet wird. Und in der Tat scheiden sich unter anderem an dieser Frage auch die (politischen und ideologischen) Geister in der Bildungspolitik. Die Anhänger eines nach dem 10. Lebensjahr sich ausdifferenzierenden Schulsystems führen für dessen Qualität die Tatsache ins Feld, daß auf diese Weise für jeden Begabungstyp ein richtiger, entsprechender Schultyp gefunden werde, während in dem undifferenzierten Schulsystem aus ideologischen Gründen eine Nivellierung nach unten mit schwerwiegenden Folgen für die Nutzung von Leistungsreserven stattfände. Umgekehrt werfen die Anhänger eines nichtdifferenzierten, sondern im Altersverlauf gestuften Schulsystems den Erstgenannten vor, eine soziale Klassengesellschaft über ein differenziertes Schulsystem bewahren zu wollen, und setzen deshalb umgekehrt für die Herstellung von Gleichheit und Gerechtigkeit auf eine Schule, die Gesamtschule, die nicht nach sozialen oder psychologischen Merkmalen differenziere. Dieser von Vorurteilen, unausgesprochenen Nebenabsichten und schulfernen Interessen geführte Streit läßt sich wissenschaftlich aufklären. Er ist eines von vielen Beispielen für die wissenschaftlichen Arbeitsfelder der Schulpädagogik. In diesem Fall wäre es die Aufgabe der

Abbildung 11
Aufbau des Bildungssystems in der BRD, Ende der 80er Jahre

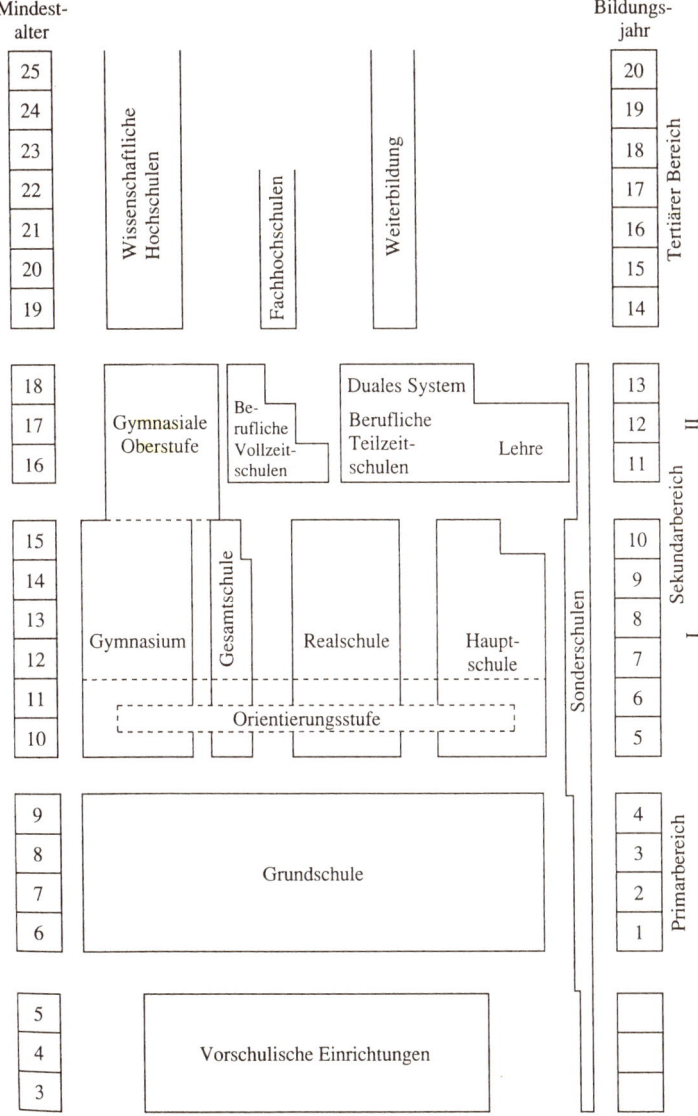

(Quelle: Arbeitsgruppe Bildungsbericht 1994, S. 19)

Abbildung 12
Aufbau des Bildungssystems in der DDR, Ende der 80er Jahre

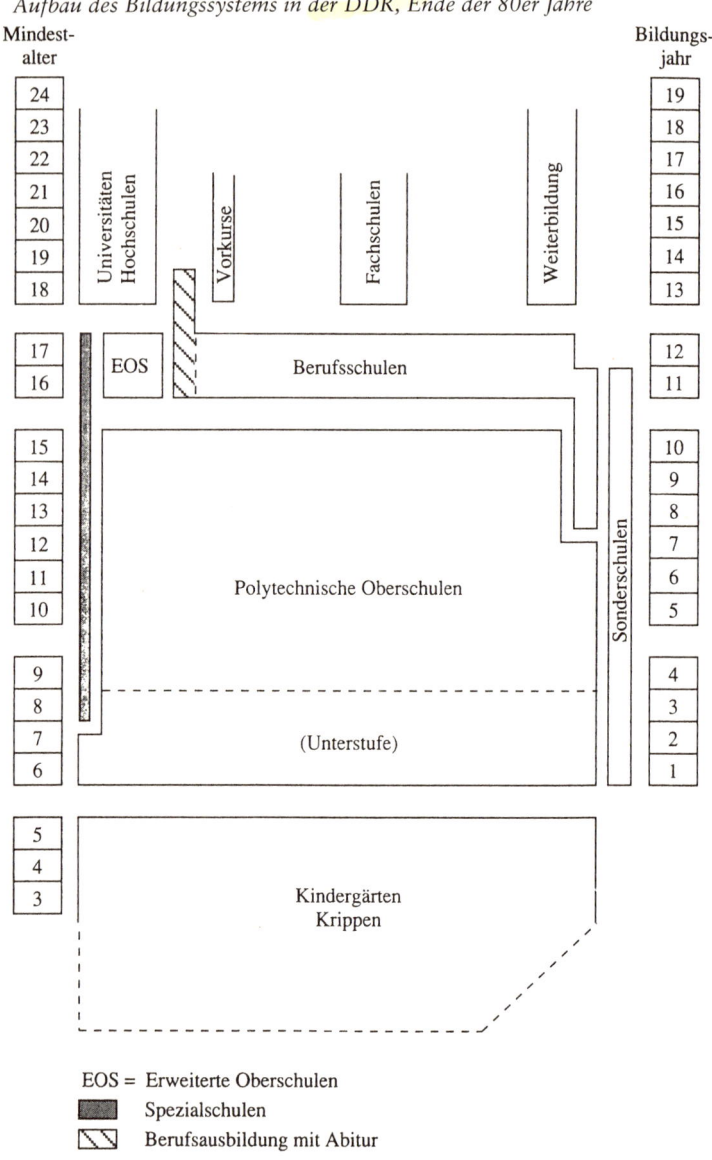

Mindest-alter

Bildungs-jahr

EOS = Erweiterte Oberschulen
Spezialschulen
Berufsausbildung mit Abitur

(Quelle: Arbeitsgruppe Bildungsbericht 1994, S. 28)

Schultheorie und einer ihr folgenden Schulforschung herauszufinden, was denn nun richtig ist. Auch wenn der Durchschnittslehrer nicht die Möglichkeit hat, das Schulsystem der Bundesrepublik Deutschland zu verändern, so sind Informationen darüber, welche Folgen die eine oder andere Struktur für seine Schüler und seinen Unterricht hat, natürlich von Bedeutung.

Dazu gehört zunächst einmal, daß Lehrerinnen und Lehrer Theorien der Schule kennen, seien es soziologische, psychologische oder, was am wenigsten der Fall ist, pädagogische. Was aber noch wichtiger ist: Man muß nicht nur Theorien der Schule kennen, sondern bewährtes Wissen darüber besitzen, welche Implikationen verschiedene Schulsysteme haben, nicht nur die beiden genannten, sondern künftig all diejenigen, die in Europa existieren; denn jeder Lehrer hat mit der europäischen Vereinigung das Recht, Unterricht in jedem anderen Land der EU zu erteilen.

Greifen wir unter den zahlreichen Schultheorien, die zum professionellen Wissen gehören, eine heraus, z. B. die struktur-funktionale Theorie, dann finden wir dort Überlegungen zu der Frage, welche Funktionen Schule heute hat, und sehen sofort, daß aus den unterschiedlichen Funktionen Erwartungen für die Wahrnehmung des Lehrerberufs gewonnen werden können. Es ist üblich geworden, eine Reihe von Funktionen der Schule zu unterscheiden, eine Qualifikationsfunktion, eine Selektions- bzw. Allokationsfunktion, eine Integrationsfunktion und eine Tradierungsfunktion. Gemeint sind damit die Aufgaben der Schule bei der Vermittlung von Kenntnissen, Fähigkeiten und Fertigkeiten, die Notwendigkeit des Schulsystems, die Leistungsfähigkeit von Lernern zu beurteilen, auf diese Weise für bestimmte Bildungswege auszuwählen, das Abnehmersystem bei der Auswahl bzw. Unterbringung der Absolventen zu unterstützen, die nachwachsende Generation in das Wertesystem einer Gesellschaft zu integrieren und dabei gleichzeitig sicherzustellen, daß durch den Ausbildungsstand dieser Generation ein kultureller Leistungsstand bewahrt wird. Diese eher an den Interessen der Gesellschaft orientierte Funktionszuweisung ließe sich sicher durch individuelle Aufgaben ergänzen: Funktionen der Schule für die Entfaltung der Persönlichkeit, für die Strukturierung des eigenen Lebenslaufs oder schlicht für die Erfüllung eines guten Lebens. Ob alle diese Funktionen oder noch weitere oder ob nur ein Teil dieser Funktionen, ob nur die sozialen oder auch die individuellen Funktionen durch eine Schule wahrgenommen werden, hat weitreichende Folgen für die Wahrnehmung der Berufsrolle als Lehrer. So ist es nicht gleichgültig, ob ich mich, wie die struktur-funktionale Schultheorie (vgl. Fend 1981) nahelegt, als Agentin oder als Agent der Staats- und Gesellschaftsinteressen gegenüber Schülern oder gar gegen sie begreife oder ob für mich der Anspruch auf ein humanes, erfülltes Leben eines Individuums im Vordergrund steht. Das muß sich nicht widersprechen, aber als Lehrer habe ich die Pflicht, sowohl die Ansprüche der Gesellschaft als auch die des Individuums zu berücksichtigen.

Was bedeutet dieses nun für meine Qualifikation als Lehrer? Was muß ein Lehrer an Voraussetzungen mitbringen oder erst erwerben, um den genannten Funktionen gerecht zu werden?

Zunächst zu den Voraussetzungen: Frustrationen in der eigenen Erfahrung als Schüler sind ein nicht seltenes Motiv für die Wahl des Lehrerberufs, wenngleich ein schlechtes. Man möchte Schule besser machen, als man sie selber erfahren hat, und ist der – leider falschen – Auffassung, es habe nur an «den Lehrern» gelegen, daß alles so düster war. Es ist gut möglich, daß dieses im Einzelfall zutraf, jedoch in der Regel kann man davon ausgehen, daß die Gesetzmäßigkeiten und die Dynamik einer so totalen Institution wie der Schule das Tun eines Lehrers viel mehr beeinflussen als seine eigenen Absichten. Dazu muß man wissen, daß es das nicht gibt, was für eine weitgreifende Eigeninitiative und bessere Schulpraxis des einzelnen Lehrers erforderlich wäre: nämlich die Freiheit, über Inhalte und Methoden zu entscheiden. Im Gegensatz zu dem grundgesetzlichen Anspruch auf Wissenschaftsfreiheit gibt es einen solchen Anspruch für eine Lehrfreiheit in den Schulen nicht. Der Lehrer ist gebunden an Richtlinien und Gesetze, an Verordnungen und institutionelle Gegebenheiten eines staatlich sehr festgefahrenen Systems, das ihm von Rechts wegen nur wenige Spielräume läßt. Auf der anderen Seite: Das hoch verrechtlichte Schulsystem bietet gar nicht mehr die Möglichkeit einer Eigenkontrolle über die Einhaltung seiner Regeln, so daß sich an vielen Stellen des Systems weiße Flecken gebildet haben, an denen Reformen aufgrund der Initiative von einzelnen Lehrern und Lehrergruppen durchaus möglich sind. Das setzt aber Kraft voraus, Einsatzwillen, Frustrationstoleranz, ein breites Wissen, gute juristische Kenntnisse, damit man weiß, ab wann man seinen Job aufs Spiel setzt, und Abschied von der Vorstellung nimmt, daß die Lehrertätigkeit morgens um 8.00 Uhr beginnt und mittags um 13.00 Uhr beendet ist. Dieses ist zwar noch vielfach die Wirklichkeit im Selbstbild älterer Lehrerinnen und Lehrer; jedoch ist der öffentliche Druck auf das Schulsystem inzwischen so groß geworden, daß das Bild von einer vollbezahlten Halbtagstätigkeit bald der Vergangenheit angehören wird. Für diejenigen, die sich heute entscheiden, den Lehrerberuf zu ergreifen, gilt mit einiger Sicherheit, daß sie in absehbarer Zeit den ganzen Tag in der Schule verbringen werden, weil die Ganztagsschule der europäische Normalfall ist, weil Mütter und Väter berufstätig sein müssen oder wollen, weil die Bereitschaft der Eltern sinkt, in der Hausaufgabenbetreuung ein Versagen des Schulsystems zu kompensieren, und weil die Notwendigkeit einer umfassenden pädagogischen Betreuung von Schülerinnen und Schülern weiter wachsen wird. Zwölf Wochen Schulferien werden Ferien für die Kinder sein, nicht für die Lehrer, die einzelnen Schulen werden in die Selbsttätigkeit entlassen werden, d. h., es wird in jedem Kollegium darauf ankommen, attraktive Schulangebote zu entwickeln, und dafür braucht man Zeit, auch Ferienzeit. Ein Abschied also von dem, was man noch 1979 in einer Wochenzeitung lesen konnte:

Vor dem Angebot eines Reisebüros, das Osterurlaub in Rom, Pfingsturlaub in der Heide, Sommerurlaub am Meer und schließlich Winterurlaub auf Teneriffa verheißt, steht ein miesepetriger Pauker mit Brille und schlechtsitzendem Anzug. Er demonstriert: Wir Lehrer fordern kürzere Arbeitszeit!
Ein lockerer Typ, Pfeifenraucher, Bartträger, rekelt sich mit dem Whiskyglas in der Hand im Sessel. Offensichtlich hat er gerade rechtzeitig sein Tennisspiel beendet, um im Fernsehen die Sportschau zu genießen. Seiner Frau ruft er zu: Möchte nicht gestört werden, bereite gerade meinen Unterricht vor! Ein Stundenplan «Sportunterricht» hängt über seinem fast leeren Schreibtisch und signalisiert: Aha, Sportlehrer. («Die Zeit» Nr. 22 vom 25. Mai 1979, S. 60)

Aber auch wenn Lehrer wie jeder andere Berufstätige von morgens bis abends an ihrem Arbeitsplatz zu finden sein werden, wird sich ihr Image kaum verbessern. Solange sie die Selektions- und Allokationsfunktion der Schule verwalten, d. h. über den Erfolg eines Lebens mitentscheiden, wird man sie dafür hassen, wie man den Arzt dafür haßt, wenn er dem Krebskranken seine Diagnose mitteilt. Man wird ihn dafür hassen, daß man (Schüler wie Eltern) von ihm abhängig ist, daß man genötigt ist, seine Würde aufzugeben, wenn man gute Noten durch angepaßtes Verhalten, durch pseudointelligente Bemerkungen oder durch ein elterliches Weihnachtsgeschenk an den Lehrer verkaufen muß. Für den Lehrer bedeutet das: Er muß sich damit abfinden, daß er – Ausnahmen bestätigen die Regel – nicht geliebt wird für das, was er tut. Das mußten auch diejenigen bitter erfahren, die mit besten antiautoritären Vorsätzen diesen Beruf ergriffen haben und dann, wiederum in der Wochenzeitung «Die Zeit», dieses Mal fast eine Generation später, am 1. Mai 1992 auf Seite 60 lesen müssen, wie Sabine Etzold sich über sie und ihre Larmoyanz lustig macht:

> Seismographisch genau reagieren Schüler auf die innere Aufweichung des Systems: «Lehrer sind ja irgendwie auch kleine Sensibelchen», meint Lars Ackermann in der Bremer Zeitschrift *Schulbeispiele*, «(...) sie fühlen sich sofort angegriffen, wenn man sie kritisiert.» Und gnadenlos wird jedes pädagogische Bemühen um mehr Freiheit ignoriert: «Was denkt ein Lehrer eigentlich, was er ist? Was ist denn das für ein Demokratieverständnis? Einer gegen 20! Man muß wirklich sehen, daß Schüler und Schülerinnen auch unter Zwang in die Schule gehen. Ich glaub', freiwillig geht da keiner hin.» Zu der erforderlichen Frustrationstoleranz gehört somit die Kraft, angesichts dieser geballten Aversion nicht einzuknicken und mit den Schülern einen vordergründigen sozialen Pakt einzugehen auf der Basis der Tauschwährung gute Noten gegen Wohlverhalten.

Die entscheidende Voraussetzung für eine erfolgreiche Tätigkeit scheint, das legen zumindest Untersuchungen des Münchner Max-Planck-Instituts für psychologische Forschung nahe, eben nicht sein soziales und emotionales Engagement im Unterricht zu sein, sondern seine kognitive Leistungsfähigkeit. Schlicht gesagt: Wer durch sein Wissen, durch die auf dieser Grundlage gegenüber den Schülern gerechtfertigten Leistungserwartungen überzeugt, wer seinen Unterricht sorgfältig plant und nicht aus den zahllosen Unterrichtsbeispielen der Fachzeitschriften abkupfert, wer seinen Unterricht konsequent organisiert, kurz, wer sich selbst bemüht, kann Mühe seitens der Schüler erwarten und erfährt sie auch.

Das bedeutet natürlich nicht, daß ein «verkopfter» Unterricht das Mittel der Wahl ist, daß Leistungserwartung mit Leistungsterror gleichzusetzen wäre, und es bedeutet gerade nicht, daß der Lehrer seine (noch einmal: struktur-funktionale Schultheorie!) Selektions- und Allokationsfunktion mißbraucht, sondern daß er schlicht durch seine gebildete Persönlichkeit überzeugt. Zur Bildung gehört aber (vgl. Kap. 5.2), daß jemand nicht nur etwas weiß, sondern daß er das besitzt, was einmal als «pädagogischer Takt» bezeichnet wurde: die Selbstverständlichkeit, die Schüler als andere Menschen anzunehmen und ihnen die Möglichkeit zu geben, ihre Freundlichkeit zu zeigen. Wer sie, sei es aus Frustration über die eigene Schülerzeit, sei es aus Enttäuschung über die hohe eigene Belastung, sei es aus mangelnder eigener Qualifikation, mit dem einzigen Instrument bedroht, das der Schule geblieben ist, dem Zeugnis, der darf sich nicht wundern, daß ihm Disziplinschwierigkeiten entgegentreten, daß Leistungsbetrug an der Tagesordnung ist, ja zum Sport wird und daß seine Klientel ihn für das verachtet, was er da tut: seine eigenen Schwächen mit einem normativen Instrument verdecken.

Soweit zu den spezifischen Voraussetzungen des Lehrerberufs. Davon zu unterscheiden sind die Qualifikationen. Sie erwirbt man während der Lehrerausbildung. Sie bestehen in der Fähigkeit, zu lehren, zu erziehen, zu beurteilen, zu beraten und zu innovieren. So jedenfalls sah es der Deutsche Bildungsrat in seinem Strukturplan für das Bildungswesen am Beginn der 70er Jahre (vgl. Deutscher Bildungsrat 1971, S. 217).

Die erziehungswissenschaftliche, unter quantitativen Gesichtspunkten als Schmalspurausbildung zu bezeichnende Qualifizierung in der Universität soll all dieses leisten. Sie kann es nicht. Die Ausbildungsdefizite zeigen sich in der Schulwirklichkeit Deutschlands nachhaltig. Die sog. zweite Ausbildungsphase nach der Universitätsausbildung, das Referendariat, ist kein Ersatz für eine erziehungswissenschaftliche Qualifikation, auch wenn mancher Fach- oder Seminarleiter versucht, auf «Klippschulniveau» wissenschaftliche Erkenntnisse zu verbreiten. Diese Ausbildungsphase ist nicht selten durch einen falschen, in einer aufgeblasenen Diktion versteckten Wissenschaftsanspruch gekennzeichnet, hinter dem sich nicht mehr als eine teils gute, teils schlechte Meisterlehre verbirgt. Das darf nicht mißverstanden werden: Eine Ausbildung in der schulischen Wirklichkeit ist das Kernstück der Lehrerqualifikation. Die Trennung von erster und zweiter Ausbildungsphase bewirkt jedoch eine Desintegration in den Köpfen der Lehramtsstudierenden: Die Schulpraxis wird in der zweiten Phase gewissermaßen nachgeliefert, so als ob es möglich wäre, zunächst die künftigen Inhalte seines Unterrichtsfachs im Universitätsstudium abzuspeichern, um dann didaktische Kniffe und Tricks zu erlernen, mit denen man diesen abgespeicherten Wissensstand an den Schüler oder die Schülerin bringen könnte. Diese institutionelle Trennung der Ausbildungsphasen widerspricht jeder empirischen Einsicht über tatsächliches Lehren und Lernen: Goethes Prometheus, eine Gleichung mit zwei Unbekannten oder die Rohstoffvorkommen in Sibirien im Unterricht zu verhandeln ist eben keine Frage der «Umsetzung», sondern diese Gegenstände verändern sich selbst, wenn sie im Unterricht auftauchen, und dementsprechend müssen sie auch an der Universität nicht als Inhalte der Germanistik, der Mathematik oder der Geographie erworben werden, sondern bereits als künftige Unterrichtsinhalte.

Mit dem Hinweis auf dieses Problem haben wir indirekt bereits ein zweites wichtiges Feld der Schulpädagogik betreten, nämlich die Allgemeine Didaktik. Sie befaßt sich mit der Auswahl und Strukturierung der Ziele, Inhalte, Methoden und Medien des Unterrichtens, soweit sie sich nicht auf bestimmte Unterrichtsfächer beziehen. Eine spezielle Didaktik heißt demgegenüber «Fachdidaktik» und ist gleichfalls Bestandteil der Lehrerausbildung, in der Regel als Appendix der fachwissenschaftlichen Studien (vgl. auch Kap. 5.4).

Von der Allgemeinen Didaktik abgesetzt wird inzwischen die Curriculumtheorie, Curriculumentwicklung und Curriculumforschung. Hier geht es um die Komposition von Lehrplänen, Kursplänen, ganzen Fächern, also um die Definition dessen, was im Detail beispielsweise das Fach «Bildende Kunst» in der 5. Klasse enthalten, darstellen und realisieren soll. Die Bedeutung dieses Bereichs ist inzwischen wieder ein wenig zurückgegangen, weil sich die Einsicht breitgemacht hat, daß Unterricht nicht wie die Produktion von Schrauben nach dem Zweck-Mittel-Schema umgesetzt werden kann, sondern daß auch Formen offenen, freien Unterrichts, die aus der Reformpädagogik bekannt sind, häufig zu sehr viel größeren Erfolgen führen als ein perfektionistisch geplantes Curriculummodell.

Nicht selten werden solche Tendenzen aber behindert durch den hohen Organisationsgrad und den Verrechtlichungsstatus des staatlichen Schulsystems. Eine Institution, die durch ihre Zeugnisse und Beurteilungen Lebenschancen vergibt, unterliegt nicht nur, wie gezeigt, menschlich nachvollziehbarer Aversion, sondern auch ständigen Angriffen mit Hilfe der Instrumente, die der Rechtsstaat bereithält, wenn Bürger, die ja Schüler und Eltern sind, sich unrechtmäßig behandelt fühlen. Die Nichteinhaltung von Richtlinien und Vorschriften, die Ungleichbehandlung von Schülern, Überschreitung von Kompetenzen, dieses sind Standardstreitigkeiten in schulrechtlichen Auseinandersetzungen, auf die Lehrer vorbereitet sein müssen. Schulrechtliche Kenntnisse sind deshalb unerläßlich für den Lehrer, wenngleich sie systematisch nicht in der ersten Phase der Lehrerausbildung vermittelt werden. Ähnliches gilt für organisatorische Qualifikationen. Ein Unterrichtsangebot für eine Schule mit 3000 Schülern zu organisieren ist eine Aufgabe, für die ein mittelständischer Betrieb eine eigene Planungsabteilung einrichten und beschäftigen würde. In der deutschen Schule wird von einem stellvertretenden Schulleiter in der Regel erwartet, daß er dieses quasi nebenbei macht.

Die lange Darstellung von Voraussetzungen, Qualifikationen, Widerständen, Ungereimtheiten und Problemen des gegenwärtigen Schulwesens könnte dahin gehend mißverstanden werden, daß von der Aufnahme eines Lehrerberufs abgeraten würde. Ein solcher negativer Rat ist nicht beabsichtigt. Wer glaubt, die genannten Voraussetzungen zu erfüllen, wer bereit ist, auch über ein defizitäres Ausbildungssystem hinaus sich die erforderlichen Informationen und Qualifikationen für die Ausübung des Berufs zu verschaffen, der oder die ist für einen Beruf zweifellos geeignet, der eine menschlich sehr attraktive Seite hat: mitzuwirken an der Gestaltung gesellschaftlicher und individueller Zukünfte durch die pädagogische Begleitung junger Menschen über einen der wichtigsten Zeiträume ihres Lebens. Die Bedeutsamkeit dieser Tätigkeit macht es aber auch erforderlich, daß Professionalisierung der Lehrerrolle nicht damit gleichgesetzt werden kann, einen «Job» zu übernehmen, wie dieses in anderen Berufsfeldern der Fall sein mag.

Die besten Voraussetzungen helfen indessen wenig, wenn hervorragend ausgebildete und hochmotivierte Nachwuchspädagogen keine Anstellung finden. Dieses leistet sich die deutsche Volkswirtschaft allerdings seit mehreren Jahrzehnten, indem sie Zehntausende von teuer ausgebildeten Nachwuchslehrern nicht beschäftigt. Diese Tatsache ist ein Resultat des Grundrechts auf freie Berufswahl, die eben auch das Recht einschließt, einen Beruf zu wählen, für den es nur einen begrenzten Bedarf gibt. Wie ist also der künftige Bedarf an Lehrern einzuschätzen?

Bedarfsprognosen im Bildungswesen sind, dieses muß generell gesagt werden, eine heikle Angelegenheit. Da sie abhängig sind von demographischen Ereignissen, die nur bedingt vorausgesagt werden können, sind sie immer mit einer großen Unsicherheit verbunden. Es ist deshalb realistischer, den aktuellen Arbeitsmarkt zu beobachten und Trendextrapolationen vorzunehmen. Die Arbeitsmarktinformationsstelle der Zentralstelle der Arbeitsvermittlung der Bundesanstalt für Arbeit (vgl. Arbeitsmarktinformationsstelle der ZAV 1998, S. 2344 ff.) spricht eine deutliche Sprache:

«Während 1994 und 1995 Rückgänge bei der Lehrerarbeitslosigkeit zu verzeichnen gewesen waren, gab es nach einem verhaltenen Anstieg im Jahre 1996 (+7 %) im Berichtsjahr einen starken Anstieg um 4800 (+18 %) auf 31 600. Der Anteil der Frauen unter den arbeitslosen Lehrern betrug unverändert 68 %. Mit 16 % war der Anteil der Berufsanfänger etwas geringer als im vorangegangenen Jahr» (a. a. O., S. 2344). Im Detail läßt sich sagen, daß Grund- und Hauptschullehrer stärker von wachsender Arbeitslosigkeit betroffen waren als Gymnasial- und Realschullehrer. Für die letzteren gab es starke regionale Unterschiede und auch Differenzen bei der Nachfrage nach bestimmten Unterrichtsfächern. Dabei schnitten Religion, Kunst und Musik deutlich besser als andere Fächer ab. Zu den jeweils nächsten Terminen wurden im Bereich Sekundarstufe I und II nur noch solche Bewerber eingestellt, deren beide Staatsexamina besser als mit der Note «gut» bewertet worden waren. In einigen Bundesländern war ein Trend zu Teilzeitbeschäftigungen erkennbar. Angebote aus der Privatwirtschaft an Gymna-

sial- oder Realschullehrer, die zur Kompensation auf dem ange-
spannten Arbeitsmarkt geeignet gewesen wären, gab es praktisch
nicht mehr. Die Arbeitslosigkeit der Grund- und Hauptschullehrer
ist um mehr als 50 Prozent seit 1996 angewachsen. Besonders günstig war auch weiterhin die Arbeitsmarktsituation für Sonderschullehrer. Hier hat sich 1997 die Zahl der Arbeitslosen mit insgesamt
nur 280 nicht verschlechtert. Fachschul-, Berufsschul- und Werk-
lehrer wurden 1997 gleichfalls weniger nachgefragt, so daß die Ar-
beitslosenzahl um 280 auf 2100 stieg.

Betrachtet man die Arbeitslosigkeitssituation von Lehrern über
einen längeren Zeitraum, so zeigt sich in den letzten Jahren ein stei-
gender Trend (vgl. Abb. 13). Für die individuelle Einschätzung der
Berufschancen sind des weiteren die Stellenangebote nach Lehrergruppen und Fächern zum Jahresende 1997 (vgl. Abb. 14 und 15)

Abbildung 13
Arbeitslos gemeldete Lehrer mit abgeschlossener Universitätsausbildung*
(Erhebungszeitpunkt jeweils Ende September)

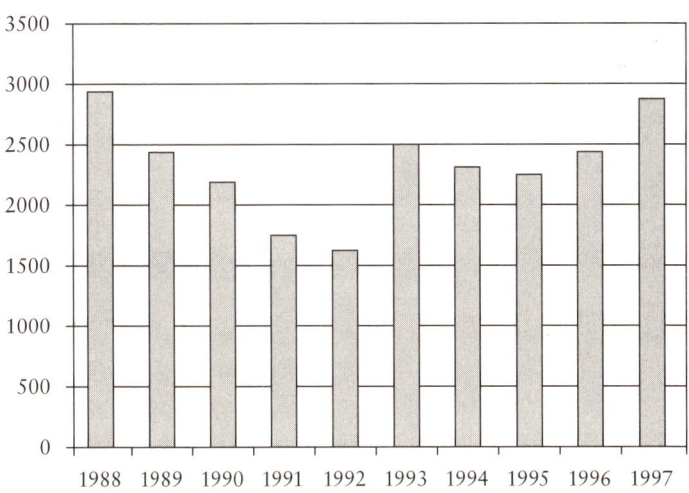

* Ab 1993 gesamtes Bundesgebiet

(Quelle: Arbeitsmarktinformationsstelle der ZAV 1998, S. 2389)

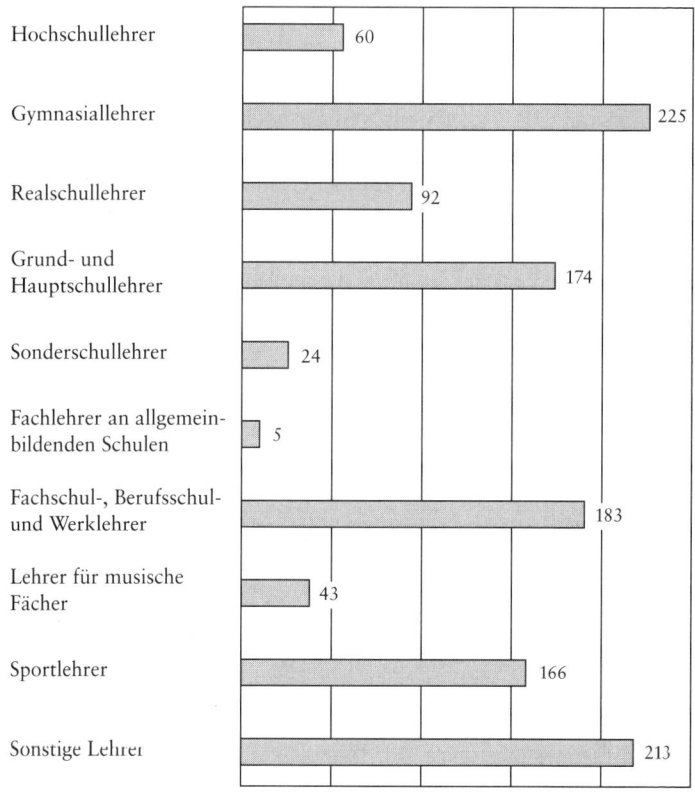

Abbildung 14
Stellenangebote nach Lehrergruppen zum Jahresende 1997
(absolute Werte)

Hochschullehrer	60
Gymnasiallehrer	225
Realschullehrer	92
Grund- und Hauptschullehrer	174
Sonderschullehrer	24
Fachlehrer an allgemein-bildenden Schulen	5
Fachschul-, Berufsschul- und Werklehrer	183
Lehrer für musische Fächer	43
Sportlehrer	166
Sonstige Lehrer	213

(Quelle: Arbeitsmarktinformationsstelle der ZAV 1998, S. 2391)

sowie die Zahl der arbeitslos gemeldeten Lehrer mit abgeschlossener Universitätsausbildung im gesamten Bundesgebiet (vgl. Abb. 16) aufschlußreich.

Wer sich also für ein Lehramtsstudium entscheidet, sollte über die Arbeitsämter die jährlich neu erscheinenden Zahlen abfragen und diese insbesondere für die Auswahl des Lehramts sowie der Studien- bzw. späteren Unterrichtsfächer konsultieren.

Abbildung 15
Stellenangebote für Lehrer Sek. I und II nach Fächern in %

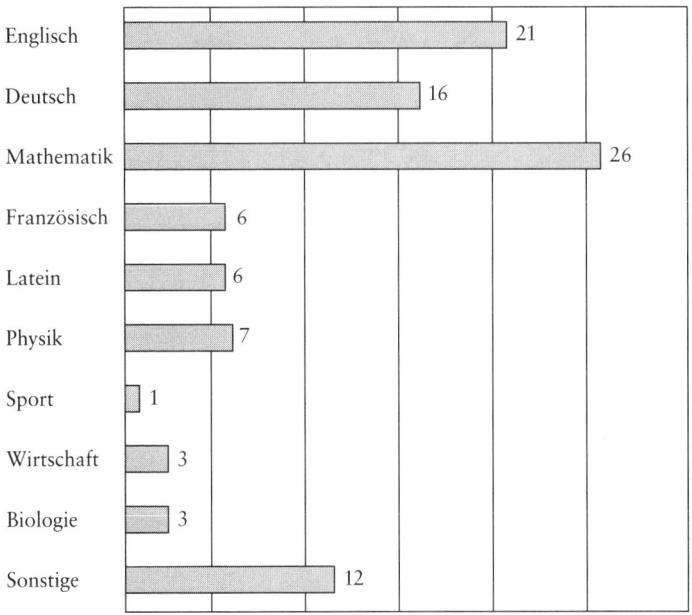

(Quelle: Arbeitsmarktinformationsstelle der ZAV 1998, S. 2393)

Die wenig erfreulichen Daten aus Nürnberg scheinen in einem Widerspruch zu stehen zu der Entwicklung des jährlichen Lehrerbedarfs (vgl. Abb. 17). Danach ist zunächst zwischen den alten und den neuen Bundesländern zu unterscheiden, weil in den neuen Bundesländern auf absehbare Zeit keine Lehrer für den Primarbereich sowie für die Sekundarstufe I und die Sonderschulen benötigt werden. In den alten Bundesländern ist die Lage anders. Hier wird der Bedarf an Lehrern im Primarbereich ansteigen, im Sekundarbereich I und im Sonderschulsektor leicht sinken: Ansteigen wird er im Sekundarbereich II etwa zu dem Zeitpunkt, an dem die 1999 das Studium aufnehmenden Studierenden ihre zweite Ausbildungsphase hinter sich gelassen haben. Aussagekräftig sind diese Zah-

Abbildung 16

Arbeitslos gemeldete Lehrer mit abgeschlossener Universitätsausbildung im gesamten Bundesgebiet (Erhebungszeitpunkt jeweils Ende September)

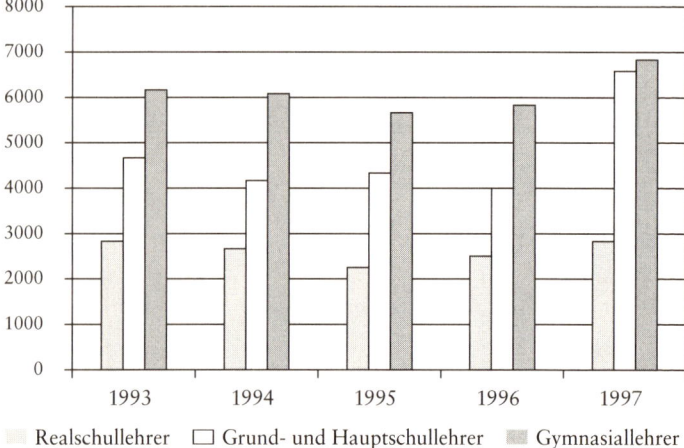

Realschullehrer □ Grund- und Hauptschullehrer ▪ Gymnasiallehrer

(Quelle: Arbeitsmarktinformationsstelle der ZAV 1998, S. 2392)

len für eine Berufsentscheidung aber erst dann, wenn man weiß, wie viele Studierende sich jährlich für ein Lehramtsstudium neu einschreiben, so daß man ungefähr weiß, wieviel Stellenbewerber(innen) es z. B. 2005 geben wird. Daran kann man sehen, daß die Einstellungschancen für alle Schultypen mit Ausnahme der Sekundarstufe II (berufsbildende Schulen) so dramatisch schlecht sein werden, daß auf eine Stelle bis zu sechs Bewerber zu zählen sind. Da eine Entspannung der öffentlichen Haushalte nicht in Sicht ist, muß man zudem noch mit einer Steigerung der Klassenfrequenzen, einer Erhöhung der Pflichtstundenzahl und anderen Instrumenten rechnen, die den Bedarf an Lehrern statistisch drücken werden. Es ist deshalb ratsam, bei einer Entscheidung für ein Lehramtsstudium zwei Perspektiven im Auge zu behalten: Zum einen sollte man sich darauf einstellen, daß man allenfalls mit befristeter Teilzeittätigkeit eingestellt wird. Zum anderen sollte man damit rechnen, neben der Lehramtätigkeit noch eine weitere Berufstätigkeit zum Lebensunterhalt durchführen zu müssen. Deshalb

Abbildung 17

Entwicklung des durchschnittlichen jährlichen Einstellungsbedarfs für Lehrer nach Schultypen, alten und neuen Bundesländern im Vergleich mit erwarteten Bewerber(inne)n um 2005

	2001–2005 Alte Bundesländer	2001–2005 Neue Bundesländer	2006–2010 Alte Bundesländer	2006–2010 Neue Bundesländer	Erwartete Bewerber(innen) 2005
Primar-bereich	1652	– 8384	3919	6230	Grund-/ Haupt-schulen: 9380
Sekundar-bereich I	9443	– 13817	8147	– 8190	Realschulen/ Sek. I: 5549
Sekundar-bereich II – allgemeinbil-dend	2636	2993	3002	– 844	Gymn./Sek. II allgemein-bild.: 13146
Sekundar-bereich II – berufsbil-dend	4184	5732	5085	1175	Sek. II berufsbild.: 1745
Sonder-schulen	1086	– 3430	987	– 1263	Sonder-schulen: 3217

(Quelle: http://www.uni-essen.de/agklemm/lehrerbe.html vom August 1998, aus Tabellen 1, 2 und 4 zusammengestellt)

empfiehlt es sich zu prüfen, ob man neben dem oder sogar anstelle des Lehramtsstudiums ein Magisterstudium wählen sollte.

Die Statistiken zeigen eine deutliche Ausnahme hinsichtlich der insgesamt eher düsteren Berufsaussichten für Lehrer: die Sonderpädagogik. Systematisch läge es auf den ersten Blick nahe, die Sonderpädagogik als eigene Fachrichtung der Erziehungswissenschaft zu betrachten. Schließlich gibt es in diesem Feld selbst noch eine ganze Reihe von Fachgebieten, die sich im wesentlichen an den unterschiedlichen Typen von Behinderungen der Schülerklientel orientieren. Diese Fachgebiete resultieren aus der inzwischen sehr differenzierten Sonderschullandschaft, in der Schulen für folgende Behinderungsarten existieren: Sonderschulen für Blinde, Sehbehinderte, Gehörlose, Schwerhörige, geistig Behinderte, körperlich Behinderte, Lernbehinderte, Sprachbehinderte, chronisch Kranke und Verhaltensgestörte. Die Zahl der in diesen Schulen unterrichteten Kinder beträgt etwa 300 000.

Diese Zahl ist allerdings rückläufig, da in etlichen Bundesländern eine Tendenz zur Integration behinderter Kinder in das Normalschulwesen zu verzeichnen ist. Dafür gibt es ökonomische, aber auch pädagogische Gründe. Auch dann, wenn für «Integrationskinder» in entsprechenden Klassen Sondermaßnahmen finanziert werden wie zusätzlicher Teilungsunterricht oder Stunden für Schulhelfer, ist diese Betreuungsform wesentlich kostengünstiger als die Führung eigener Schulen. Diese Entwicklung hat zu der Situation geführt, daß hochqualifiziert ausgebildete Sonderschullehrer in Sonderschulen mit sinkenden Schülerzahlen tätig sind, währenddessen im Normalschulwesen nicht speziell qualifizierte Lehrer behinderte Kinder als Integrationskinder fördern sollen. Die pädagogischen Vorteile einer solchen Integration liegen auf der Hand: Eine soziale Isolation Behinderter wird vermieden, und für beide, behinderte und nichtbehinderte Kinder, läßt sich empirisch sowohl ein sozialer als auch ein Lerngewinn nachweisen. Vor diesem Hintergrund sind Prognosen für den Lehrerbedarf im Sonderschulbereich etwas unsicher. Auch wenn es kurzfristig nicht zu einer Schließung von Sonderschulen kommen wird, muß langfristig mit einer Verlagerung in das Normalschulsystem gerechnet werden. In welcher Weise dann dort Sonderschullehrer eingesetzt werden oder den Regelschullehrern lediglich sonderpädagogische Kurzqualifikationen vermittelt werden, läßt sich derzeit nicht prognostizieren.

Sonderpädagogik kann in der Regel nicht grundständig studiert werden. Die Voraussetzung zur Zulassung für ein Aufbaustudium als Sonderschullehrer ist zumeist der Abschluß einer Lehrerausbildung für eines der Regelschullehrämter. Da in diesem Bereich zukünftig sehr viel Bewegung zu erwarten ist, sollten Berufsinteressenten regionale, hochschulspezifische und Länderbesonderheiten erkunden.

Wer sich trotz unsicherer Prognosen nachhaltig für das Lehramt interessiert, mag als Ausweichmöglichkeit auch an eine Lehrtätigkeit im Privatschulwesen denken. Hier sind die Bedingungen, je nach Privatschultyp, sehr abweichend von den Einstellungsvoraussetzungen für den öffentlichen Schuldienst. So setzt z. B. die Lehrtätigkeit an einer Waldorfschule kein Lehramtsstudium voraus, sondern lediglich eine Ausbildung für Waldorflehrer, die durch die Organisation der Waldorfschulen selbst durchgeführt wird. Die Qualifikationsvoraussetzungen für das Lehrpersonal sind jeweils abhängig von der Frage, ob die Abschlüsse der entsprechenden Privatschulen staatlich anerkannt sind oder nicht. Da auch im Privatschulwesen Veränderungen zu erwarten sind und da die Zahl der Privatschulen kontinuierlich zunimmt (monatlich wird in Deutschland eine neue Waldorfschule gegründet) und da schließlich in vielen europäischen Ländern das Privatschulwesen einen sehr viel größeren Raum als in Deutschland einnimmt, kann künftig davon ausgegangen werden, daß der Arbeitsmarkt in diesem Bereich bedeutsamer wird. Weil aber die Gesamtschülerzahl mathematisch eine Nullsumme darstellt, führt die erweiterte Beschäftigung von Lehrern im Privatschulwesen auf ihrer Rückseite eine Abnahme von Stellen im öffentlichen Schulwesen mit sich. Wegen der Frage, ob eine Expansion des Privatschulwesens zu einer tendenziellen Verletzung der Gleichheit sozialer Lebensbedingungen führen könnte, sind Erweiterungen des Privatschulwesens politisch umstritten. Ihre Zulässigkeit wird sehr stark von wechselnden politischen Verhältnissen im Bund und in den Ländern beeinflußt werden.

3.6 Berufs- und Wirtschaftspädagogik

Das Argument, mit dem die Sonderpädagogik in der Darstellung der Schulpädagogik subsumiert wurde, ließe sich ebenso auf die Berufs- und Wirtschaftspädagogik übertragen. Auch hier handelt es sich wie bei der Lehrtätigkeit im allgemeinbildenden Schulwesen um die Unterrichtung einer nachwachsenden Generation, die zunächst nicht grundlegend anderen Bedingungen unterliegt. Eher noch ließe sich die Sonderpädagogik als eigene Fachrichtung verstehen, da hier auf die besonderen medizinischen, psychologischen und pädagogischen Bedingungen eingegangen werden muß, die behinderte Kinder und Jugendliche in den Unterricht mitbringen. Daß dieses für die Sonderpädagogik dennoch keine eigene Fachrichtungsposition rechtfertigt, wird sehr schnell deutlich, wenn man sie mit den jüngeren Entwicklungen der Berufs- und Wirtschaftspädagogik vergleicht. Während die Separierung von Lehr-

und Betreuungsaufgaben für behinderte Kinder tendenziell zurückgenommen wird, hat die Berufs- und Wirtschaftspädagogik eher eine zusätzliche Differenzierung dadurch erfahren, daß sie eben nicht mehr nur für die Unterrichtung in berufsbildenden Schulen zuständig ist. Mit der Erwachsenenbildung teilt sie sich vielmehr faktisch die Aufgaben in den weiten Bereichen der betrieblichen und außerbetrieblichen Weiterbildung, die sich durch die besonderen Entwicklungsbedingungen ergeben haben, die im Zusammenhang der Erwachsenenpädagogik/-bildung bereits dargestellt werden konnten (vgl. Kap. 3.4). Berufs- und Wirtschaftspädagogik zu studieren heißt deshalb heute nicht unbedingt, auf ein Lehramt an berufsbildenden Schulen zuzusteuern, wenngleich dieses der Ausgangspunkt der Fachentstehung war.

Schon im 12. Jahrhundert regelten die mittelalterlichen Zünfte ihre Meisterlehre in Statuten und überließen damit die Ausbildung nicht einer privaten Vereinbarung mit dem Meister. Insofern dessen Aufgabe nicht nur in der Vermittlung der Fertigkeiten seines Berufsstandes lag, sondern auch durch die Aufnahme der teilweise erst zwölfjährigen Kinder in die Familie eine sozialerzieherische Komponente hatte, war ein öffentliches Interesse an der Lehrlingsausbildung sehr früh angelegt (vgl. Arnold/Müller 1995, S. 63). Erst mit der Industrialisierung des 18. Jahrhunderts versagte die öffentliche Überwachung des Ausbildungssystems durch die Zünfte, weil die allgemeine Pauperisierung (Verarmung) der Handwerksmeister zur Verlängerung der Lehrzeit und zur Arbeitskraftausbeutung der Lehrlinge zu zwingen schien. Dieser Mißbrauch der Gewerbefreiheit wurde mit wechselnden Tendenzen im 19. Jahrhundert einzudämmen versucht. In diese Zeit fällt die Gründung der allgemeinen Fortbildungsschule, die ab 1900 durch die fachliche Fortbildungsschule abgelöst wurde. Sie repräsentierte fortan die öffentlichen Interessen an der Lehrlingsausbildung und fungierte, gemeinsam mit bereits zur Mitte des 19. Jahrhunderts etablierten Gewerbeordnungen, auch als Kontrollinstanz für den betrieblichen Teil der Ausbildung. Diese Entwicklung hat zu einem Berufsausbildungssystem geführt, welches als «duales System» bezeichnet wird. Ab 1920 wurde die Berufsschule eingeführt, deren Besuch mit dem Reichsschulpflichtgesetz von 1938 verbindlich wurde und bis heute geblieben ist. In diesem dualen System wirken private Betriebe und staatliche Berufsschulen kooperativ. Die Dualität zwischen Ausbildungsbetrieben und Berufsschulen hat für zahlreiche Momente dieser Ausbildung wichtige Implikationen (vgl. Abb. 18).

Obwohl das duale System aus einer historischen Verlegenheit entstanden ist, gilt es in Europa als vorbildlich. Es erlaubt eine solide betriebliche Ausbildung bei gleichzeitiger staatlich kontrollierter theoretischer Fachausbildung. Es gewährleistet ein beträchtliches Maß an Einheitlichkeit der Ausbildungsziele und -inhalte, weil aufgrund des Berufsbildungsgesetzes eine entsprechende Bundeszuständigkeit besteht, die in besonderer Weise das Bundesinstitut für Berufsbildung (BIBB) in Berlin verwirklicht. Seine Zuständigkeit besteht u. a. in der Entwicklung von Ausbildungsordnungen und in der Mitbestimmung über das Berufsschulwesen der Länder. Für die Abschlußprüfungen sind die 57 Handwerkskammern und 83 Industrie- und Handelskammern zuständig, so daß der betrieblichen Seite eine erhebliche Bedeutung bei der Ausbildung und ihrer Steuerung über Prüfungen zukommt.

Trotz seiner Leistungsfähigkeit ist das duale System Gegenstand nachhaltiger Kritik geworden. Diese geht zum einen darauf zurück, daß diesem System Verantwortung für die Fehlausbildung zahlreicher Jugendlicher in aussichtslosen Berufen zugeschrieben wird, zum anderen, daß der Anteil der schulischen Ausbildung und der damit verbundenen Einflußnahme des Staates von seiten vieler Unternehmer und Kammern als zu groß eingeschätzt wird. Durch den hohen quantitativen Anteil des Berufsschulpflichtbesuchs ist der Teil der Arbeitsleistungen durch die Lehrlinge zu gering. Die durch Arbeitsleistungen nicht abgegoltenen Kosten für jeden betrieblichen Ausbildungsplatz werden auf 55 000 bis 60 000 DM veranschlagt.

Diese Tatsache hat zu einer beträchtlichen Reduktion des Lehrstellenangebotes der Privatwirtschaft geführt. Aus diesem Grund sieht sich die Berufsschule in absehbarer Zeit mit der Frage konfrontiert, in welcher Form ihr Ausbildungsanteil reduziert werden kann. Dabei wird die Frage eine besondere Rolle spielen, inwieweit allgemeinbildende Anteile (Deutsch, Mathematik, Politik, Sport, Religion) künftig noch einen umfangreichen Platz in der Berufsausbildung einnehmen können. Eine Reduktion dieser Anteile würde zu einem weitgehenden Zusammenbruch der Berufsschullehreraus-

Abbildung 18
Die duale Struktur der beruflichen Erstausbildung

Ausbildungsbetriebe	Berufsschulen
Lernorte	
Arbeitsplatz Lehrwerkstatt Innerbetrieblicher Unterricht	Unterrichtsraum Schulwerkstatt/Labor Demonstrationsraum
Didaktischer Zugang/Fokus	
Berufspraxis	Berufstheorie
Didaktische Grundlagen	
Ausbildungsberufsbild Ausbildungsrahmenplan Prüfungsanforderungen	Rahmenlehrpläne Stundentafel Prüfungsaufgaben
Zeitanteil	
4 Tage pro Woche (überwiegend)	1 Tag pro Woche (überwiegend)
Rechtliche Stellung der Auszubildenden	
Mitarbeiter im Betrieb aufgrund eines privatrechtlichen Ausbildungsvertrages	Berufsschüler gemäß den Schulpflichtgesetzen der Länder
Rechtsgrundlagen	
Berufsbildungsgesetz (BBiG); Bundeszuständigkeit für die außerschulisch-berufliche Bildung	Schulgesetz der Länder; Länderzuständigkeit für die schulische Bildung
Rechtsaufsicht	
Zuständige Stelle	Schulaufsichtsbehörde
Prüfungshoheit	
Zuständige Stelle bestimmt Abschlußprüfung	Keine Prüfungsberechtigung

(Quelle: Arnold/Müller 1995, S. 74)

bildung führen. Dieses gilt insbesondere für die an Universitäten und Technischen Hochschulen ausgebildeten Lehrer im höheren Dienst, weniger bzw. gar nicht für die beiden größeren Berufsgruppen der technischen Lehrer, die mit einer Meister- bzw. Techniker-qualifikation, zweijähriger Berufspraxis und einem schulpädagogi-schen Vorbereitungsdienst als fachpraktische Lehrer tätig sind, so-wie für die Lehrer im gehobenen Dienst, die aufgrund einer der Haupt- und Realschullehrerausbildung entsprechenden Qualifika-tion allgemeinbildenden bzw. fachtheoretischen Unterricht durch-führen. Für sie und für die Lehrer des höheren Dienstes ist die Be-rufs- und Wirtschaftspädagogik die professionelle Bezugsdisziplin.

Dabei richtet sich die Berufspädagogik auf die Ausbildung dieser Lehrer für die Berufsfelder Metall-, Elektro-, Bau-, Holz-, Textil-technik und Bekleidung, Chemie, Physik, Biologie, Druck-, Farb-technik und Raumgestaltung, Gesundheit, Körperpflege, Ernäh-rung und Hauswirtschaft sowie Agrarwirtschaft. Die Wirtschafts-pädagogik bildet insbesondere für das Berufsfeld Wirtschaft und Verwaltung aus. Wer sich für ein Berufsschullehramt qualifizie-ren möchte, muß sich zunächst entscheiden, auf welchem Qualifi-kationsniveau er tätig werden möchte, sodann, ob er eher allge-meinbildende oder fachtheoretische Lehrberechtigungen erwerben möchte.

Der mögliche spätere Berufseinsatz kann an ganz unterschied-lichen Schulen und Lernorten stattfinden. Dazu gehört in besonde-rer Weise die Berufsschule für Berufsschulpflichtige und -berechtigte für die Wahrnehmung ihrer dreijährigen Teilzeitberufsschulpflicht. Ferner gehören Lehrtätigkeiten in einer Berufsfachschule zum Be-rufsprofil von Berufsschullehrern. Berufs*fach*schulen gehören nicht zum dualen System, sondern nehmen eine Berufsausbildung in al-leiniger Verantwortung vor. Sie bieten Berufsgrundbildungsjahre an sowie die Ausbildung in einem anerkannten Ausbildungsberuf ohne einen gleichzeitigen Lehrvertrag. Zum System der beruflichen Wei-terbildung gehören sodann Fachschulen, die auch von privaten Trä-gern geführt werden, Berufsaufbauschulen, die zur Fachschulreife führen, Fachoberschulen mit dem Abschlußziel Fachhochschulreife sowie das berufliche Gymnasium, welches mit berufsspezifischen Schwerpunkten (z. B. Wirtschaftsgymnasium oder Technisches Gymnasium) zur allgemeinen Hochschulreife führt.

Die Ausbildung zum Berufsschullehrer unterscheidet sich formal kaum von der Ausbildung von Lehrern im allgemeinbildenden Schulwesen. In der Regel werden zwei Unterrichtsfächer sowie ein erziehungswissenschaftliches Studium zu absolvieren sein. Letzteres ist quantitativ genauso unzulänglich wie das im Rahmen der übrigen Lehrerausbildung. Auch die Berufsschullehrerausbildung ist zweiphasig. Dem ersten Staatsexamen folgt ein Referendariat von zwei Jahren schulpraktischer Ausbildung. Für die bereits im Zusammenhang der Fachrichtung Erwachsenenpädagogik/-bildung dargestellte Weiterbildung (vgl. Kap. 3.4) gelten im wesentlichen ähnliche Bedingungen, auch im Kontext von Berufs- und Wirtschaftspädagogik. Für in der Weiterbildung tätiges Lehrpersonal gibt es allerdings keine der Berufsschullehrerausbildung vergleichbaren Voraussetzungen und Kontrollen, insbesondere nicht in der betrieblichen Weiterbildung, die im Einzelfall ein sinnvoller Arbeitsplatz für Berufspädagogen sein kann.

Das erziehungswissenschaftliche Teilstudium der Berufschullehrerausbildung enthält ähnlich wie bei den allgemeinbildenden Lehramtsstudiengängen Bestandteile der allgemeinen Erziehungswissenschaft. Die berufs- und/oder wirtschaftspädagogische Ausbildung beginnt sich entsprechend der Ausdifferenzierung dieser Fachrichtung selbst zu spezialisieren. Dementsprechend werden in der Berufs- (und analog auch in der Wirtschafts-)Pädagogik gegenwärtig mindestens acht Fachgebiete unterschieden (vgl. auch Schelten 1991, S. 36):
– Allgemeine Berufspädagogik
– Berufsschulpädagogik
– Betriebspädagogik bzw. Arbeitspädagogik
– Vergleichende Berufspädagogik
– Didaktiken beruflicher Fachrichtungen
– Berufliche Rehabilitation
– Berufsausbildung Dritte Welt
– Weiterbildung.
Die Beschäftigungschancen für Berufsschullehrer wurden in der Darstellung des Arbeitsmarktberichts 1997 bereits skizziert. Ergänzend ist bedeutsam, daß jüngere Bewerber mit abgeschlossener Ausbildung sowohl in staatlichen als auch privaten Einrichtungen die besten Beschäftigungschancen hatten. EDV-Kenntnisse wurden dabei häufig zur Voraussetzung gemacht. Weniger aussichtsreich waren Lehrer mit Schwerpunkten in den Bereichen Textil, Ernährung, Haus- oder Landwirtschaft.

Weil die Schülerklientel durchgängig aus Jugendlichen besteht, weil Jugendarbeitslosigkeit und familiäre Erziehungsdefizite zu vielerlei Verhaltensschwierigkeiten führen, ist der Alltag des Berufsschullehrers nur bedingt mit demjenigen eines Lehrers an allgemeinbildenden Schulen vergleichbar. Von vielen Schülern wird der Berufsschulunterricht als überflüssig und als eine Zumutung wahrgenommen, der sie besonders dann mit Desinteresse oder gar Sabotage begegnen, wenn ihre Perspektivlosigkeit sie zwangsläufig dazu führt, diese Zumutungen als zynisch wahrnehmen zu müssen: der Zwang zu einer Ausbildung für einen Beruf, den man höchstwahrscheinlich wird gar nicht ausüben können.

Der Umgang mit diesen Jugendlichen erfordert mehr als die Weitergabe fachtheoretischen oder allgemeinbildenden Wissens, und nicht selten verschiebt sich der Unterricht in die Bewältigung persönlicher und sozialer Probleme der Schüler. Angesichts der Tatsache, daß der Anteil lernschwacher Schüler in diesem Schultyp besonders groß ist, müssen von Berufsschullehrern besondere didaktische Qualifikationen erwartet werden. Die Wahrnehmung eines Lehramts mit einem fachtheoretischen Unterricht setzt, besonders wenn es sich um handwerksnahe Fächer handelt, zweifellos eine hohe Affinität zu den korrespondierenden Berufen voraus. So ist ein fachtheoretischer Unterricht in Elektrotechnik kaum von großem Erfolg gekrönt, der sich auf eine Vermittlung technologischen Wissens auf niedrigem Niveau beschränkt, ohne dabei die Berufswirklichkeit eines künftigen Elektroinstallateurs ins Auge zu fassen, der auf einer zugigen Großbaustelle Elektroleitungen für Badezimmerlampen verlegt und von den Handwerkern körperlich anspruchsvollerer Gewerke als «Strippenzieher» belächelt wird. Es ist deshalb erforderlich, schon während der Lehrerausbildung zu einem solchen technischen Unterrichtsfach eine enge Verbindung zur beruflichen Praxis der späteren Schülerklientel zu halten. Dieses ist eine Notwendigkeit, die im Vergleich zu den Lehrern des allgemeinbildenden Schulwesens nicht existiert. Gleichwohl ist die Tätigkeit im berufsbildenden Bereich wegen ihrer weitaus größeren Vielfalt durchaus reizvoll, und das Spektrum von Ausweichmöglichkeiten im Falle einer Nichtbeschäftigung als Lehrer für ein gewerblich-technisches Fach ist zweifellos größer als für einen Geographielehrer im allgemeinbildenden Schulwesen.

II. Orientierung am Studienbeginn

Bevor wir nun in den zweiten großen Teil einsteigen, ist eine kleine Vorbemerkung erforderlich: Wie im Vorwort bereits angekündigt, wechselt der Stil dieses Buchs nun von der Umgangs- in die Wissenschaftssprache, von der Frühstückslektüre gehen wir zur wissenschaftlichen Arbeit, von der Kür zur Pflicht. Das geht nicht ohne Bleistift und Papier, nicht ohne Konzentration und den Willen zu verstehen. Warum ist das notwendig für Menschen zwischen Schule und Beruf, die sich vielleicht noch gar nicht entschieden haben? Genügt nicht eine oberflächliche Orientierung, um einen Eindruck zu gewinnen? – Die Antwort heißt: Eine Orientierung kann gar nicht oberflächlich sein, wenn sie eine Orientierung sein will. Das läßt sich recht gut nachvollziehen, wenn man die Geschichte des Wortes «orientieren» betrachtet: Seeleute pflegten in Ermangelung einer Magnetnadel ersatzweise eine «Orientierung», d. h. den Osten (Orient) am Stand der Sterne zu ermitteln. Das war nicht minder präzise, mehr noch: Es ist ungleich komplexer, sich auf See an den Sternen zu «orientieren», als der Richtung einer Nadel zu folgen. Wer, in diesem Bild, einer Nadel folgt, *läßt sich orientieren*, wer seinen Kurs astronomisch berechnet, *orientiert sich selbst*.

Sich selbst in einer Wissenschaft zu orientieren heißt deshalb, die Geschichte einer Disziplin zu kennen, die widerstreitenden Theorien über die Wirklichkeit, und etwas zu wissen über die wichtigsten Tätigkeiten in einem bestimmten Berufsfeld. Widerstreitende Theorien sind in unserem Fall erziehungswissenschaftliche Konzeptionen, Wissen über pädagogische Tätigkeit spiegelt sich in den Grundvorgängen. Das gilt für jede Wissenschaft, die Handlungswissenschaft ist: In der Medizin muß man Theorien über Krankheiten lernen, z. B. über den Unterschied von Gesundheit und Krankheit, über die Entstehung der Krankheiten, aber auch über ärztliche Grundtätigkeiten wie Anamnese, Diagnose, Therapie usw. Im Gesundheitssystem lernt nicht nur der Medizinstudent, sondern auch die Krankenschwester Fachtermini und wissenschaftliches Wissen über Medizin. Oder können Sie sich eine Operationsschwester vorstellen, die den Chirurgen bei der Operation

fragt, ob er ein «Messer» wünscht oder ob sie eine «Ader abdrük-
ken» soll? Es ist unmittelbar einsichtig, daß ein eingesetztes Messer statt eines Skalpells auf dem Bauch des Patienten eine Narbe
nach Art eines Reißverschlusses hinterlassen würde, und eine
Krankenschwester, die nicht zwischen einer Vene und einer Arterie
unterscheiden könnte, produziert massenhafte Sterbefälle. Ähnliches gilt für Juristen. Wer nicht weiß, daß «Wandlung» ein Ausdruck für die Aufhebung eines Kaufvertrags ist, kann einen betro-
genen Klienten nicht angemessen vor Gericht vertreten.

Das ist im Erziehungssystem nicht anders, wenngleich immer
noch viele Pädagogen meinen, sie könnten sich mit ihrem Alltagsverstand, mit Plausibilitäten und gutem Willen durchmogeln. Das
ist unprofessionell und gefährlich. Auch der akademische Pädagoge muß möglichst viel empirisch gesichertes Wissen über Erzie-
hungs- und Lehr-Lern-Vorgänge besitzen. Das kann ihm eine Orientierung natürlich nicht ersetzen. Dieses ist Aufgabe eines ganzen
Studiums. Was eine Orientierung allerdings leisten muß, ist, zu vermitteln, daß das «sichere» Wissen über die Wirklichkeit auf ganz
unterschiedliche Weisen zustande gekommen ist. Der Inhaber eines
pädagogischen Berufs muß ja selbständig in der Lage sein, einschätzen zu können, ob dieses Wissen überhaupt zutreffen kann.
Dazu muß man etwas über Grundkonzeptionen wissen, aufgrund
deren Wissen über (Erziehungs-)Wirklichkeit entsteht. Es ist nämlich z. B. nicht gleichgültig, ob man im pädagogischen Handeln
dem Satz folgt «Begabung ist angeboren» oder «Begabung ist erworben». Um einschätzen zu können, was denn nun stimmt, muß
man wissen, daß wissenschaftliche Informationen auch immer
Wertungen enthalten, Interessen, die sich politisch einschleichen.
Wer z. B. die These von der angeborenen Begabung vertritt, räumt
dem Unterricht weniger Chancen ein, Menschen zu verändern, als
derjenige, der an erworbene Begabungen glaubt. Wer dieses tut,
kann dann begründet bildungpolitische Maßnahmen (z. B. mehr
Lehrerstellen) fordern, um möglichst viele Begabungen zu entwikkeln. Kein Wunder also, daß jemand, der als Vertreter eines Leh-
rerverbandes spricht, darauf angewiesen ist, daß Begabung für her-
stellbar gehalten wird. Wenn man also wissen will, was stimmt,
muß man gelernt haben zu verstehen, welchen erziehungswissenschaftlichen Grundkonzeptionen die einzelnen Forschungen ge-

folgt sind, die zu dem einen oder anderen Ergebnis geführt haben. Zu diesem Thema erfährt man etwas im 4. Kapitel.

Im 5. Kapitel geht es darum, historisch mächtige Begriffe wie Bildung oder Erziehung auszuloten, gegeneinander abzugrenzen, ihre Geschichte zu verstehen und die aufgrund dieser Geschichte in ihnen mitgeschleppten Bedeutungen und Wertungen. Inhaber pädagogischer Berufe dürfen nicht unbefangen über Bildung reden, ohne zu wissen, daß sie damit vielleicht unbemerkt die Sozialgeschichte des deutschen Bildungsbürgertums propagieren. Um das zu vermeiden, benötigt man eine begriffliche Sensibilität, die zu der Ausstattung jedes Studierenden der Erziehungswissenschaft gehört, die so früh wie möglich erworben werden sollte. An einer solchen Präzisierung des Redens wie des Denkens ist dann auch dem kurzen Ausblick in Kapitel 6 gelegen, der zu zeigen versucht, welche wissenschaftstheoretische Orientierung so aussichtsreich sein dürfte, daß sie jedem Studierenden zur genaueren Kenntnisnahme empfohlen wird.

Wer sich durch diesen zweiten Teil der Orientierung durchgearbeitet und dabei nicht den Eindruck gewonnen hat, gar nichts zu verstehen, darf davon ausgehen, daß er die wichtigste Voraussetzung für ein so vielschichtiges, aber deshalb auch gerade faszinierendes Studium wie das der Erziehungswissenschaft erfüllt.

4. Erziehungswissenschaftliche Konzeptionen

Zu den Aufgaben der Erziehungswissenschaft, wie jeder anderen Wissenschaft auch, gehört neben der akademischen Lehre die Forschung. Wissenschaftliche Forschung ist eine Form der Auseinandersetzung mit Wirklichkeit. Mit Wirklichkeit kann man auf sehr verschiedene Weise umgehen. Künstler bringen eigene Wirklichkeiten hervor, sie nehmen Wirklichkeit auf eine bestimmte, nämlich ästhetische Weise wahr. Oder Techniker: Auch sie gestalten Wirklichkeit zum Zwecke der Erleichterung der Lebensbedingungen, aber sie erforschen sie nicht. Oder Politiker: Sie versuchen gleichfalls, auf Wirklichkeit gestaltend Einfluß zu nehmen, und auch sie erforschen sie nicht, obgleich sie auf Forschungsergebnisse angewiesen sind. Auf Forschungsergebnisse angewiesen sind auch praktische Pädagogen. Insofern war eingangs dieses Buchs zwischen der Tätigkeit des pädagogischen Handelns, auf das ein erziehungswissenschaftliches Studium vorbereitet, und der Suche nach Erkenntnissen über die erzieherische Wirklichkeit zu unterscheiden.

> Wir können deshalb festhalten: Forschung in der Erziehungswissenschaft heißt Erforschung der Erziehungswirklichkeit.

Auch im Alltag «erforschen» wir täglich Wirklichkeit: Wer eine Urlaubsreise in ein ihm bis dahin nicht bekanntes Land macht, erforscht (für sich) dieses Land; wer eine soziale Beziehung zu einem anderen Menschen aufnimmt, «erforscht» die Persönlichkeit dieses Menschen; wer sich entschließt, Pilze zu sammeln, um sie zu essen, macht «Forschungserfahrungen» – und er tut bekanntlich gut daran, sich über die Genießbarkeit von Pilzen zu informieren.

Der wesentliche Unterschied zu wissenschaftlicher Forschung besteht darin, daß die «Forschungen des Alltags» in der Regel nichts zutage fördern, was nicht schon bekannt wäre, und daß diese Forschungen eher intuitiv, zufällig und häufig ungelenkt erfolgen.

So ist dieses auch in bezug auf die Erziehungswirklichkeit bis zum ausgehenden 18. Jahrhundert der Fall gewesen: Erziehen und Unterrichten waren keine Tätigkeiten, für die wissenschaftliche Erkenntnisse nötig zu sein schienen, sondern es genügte eine Art Meisterlehre, vergleichbar mit dem Erwerb von Fähigkeiten und Fertigkeiten im handwerklichen Bereich. Mit der Entstehung der modernen Wissenschaften wurde jedoch deutlich, daß Erziehung und Unterricht Tätigkeiten sind, über deren Grundlagen man viel genauere Kenntnisse haben müßte, wenn ihr Erfolg so nachhaltig sein soll, daß mit Hilfe von Erziehung und Unterricht die Menschen gebessert würden, den Nationen größere Erfolge zuwüchsen und die Menschheit als Gattung weitergebracht werde.

Wie für alle anderen Bereiche der Erforschung von Wirklichkeit stellte sich natürlich auch für die Erziehungswirklichkeit die Frage, wie man denn sichere Erkenntnisse über die Gesetzmäßigkeiten von Erziehungs- und Unterrichtsprozessen würde gewinnen können. Und ebenso wie in mancher anderen Wissenschaft auch machten sich zwischen dem ausgehenden 18. und dem 19. Jahrhundert viele Gelehrte, die in der Regel aus der Theologie und der Philosophie kamen, daran, Verbesserungsvorschläge für die Unterrichtung der nachwachsenden Generationen zu unterbreiten. Dabei herrschten bis in die Mitte des 19. Jahrhunderts Plausibilitätserwägungen vor. Es gab eine unübersehbare Fülle von Kompendienliteratur für die Durchführung von Unterricht und für geeignete Erziehungsmaßnahmen durch Eltern, Lehrer und andere. Von einem wissenschaftlichen, forschenden Zugriff auf die Erziehungswirklichkeit kann aber erst die Rede sein, als Mitte des 19. Jahrhunderts das Konzept der «Geisteswissenschaften» entstand.

An diesem Konzept, und nicht an dem der Naturwissenschaft, von denen die Geisteswissenschaft sich ausdrücklich absetzte, orientierte sich am Beginn ihrer Existenz die zur Wissenschaft werdende Pädagogik. Das bedeutete, daß Prozesse des Erziehens und Unterrichtens nicht in Analogie zu Prozessen des Heilens wie in der Medizin gesehen wurden, die sich naturwissenschaftlich zu orientieren begann. Diese Tatsache ist der Erziehungswissenschaft immer wieder vorgeworfen worden, weil man der Meinung war, daß die Forschungsergebnisse einer nicht als Naturwissenschaft begriffenen Wissenschaft (was im übrigen auch für die Germanistik gilt oder die Theaterwissenschaft oder die Japanologie und viele andere) einfach nicht präzise genug seien, um darauf ein erfolgreiches, pädagogisches Handeln basieren zu lassen. Die Schärfe dieses Vorwurfs hat sich in der ersten Hälfte dieses Jahrhunderts abgeschwächt, als die sogenannten Sozialwissenschaften entstanden, die mit empirischen Forschungsmethoden zu arbeiten begannen. Damit standen sie den Naturwissenschaften näher, die für sich beanspruchten, der Wirklichkeit mit einer methodisch kontrollierten Weise sinnlicher Erfahrung auf den Leib zu rücken.

Empirische Forschung sieht in einer Sozialwissenschaft dennoch anders aus als in einer Naturwissenschaft. Während dort das Experiment, also eine zum Zweck der Untersuchung künstlich hergestellte Situation, im Vordergrund steht (z. B. ein Apparat, der Wellen erzeugt, deren Gesetzmäßigkeiten dann beobachtet, beschrieben und berechnet werden), ist so etwas in der Sozialforschung kaum möglich. Hier ist man darauf angewiesen, mit anderen Instrumenten eine immer schon vorhandene soziale Wirklichkeit zu untersuchen und sie nicht erst zum Zweck der Untersuchung herzustellen. In der Psychologie sieht das noch anders aus: Hier gibt es beide Formen des Zugehens auf Wirklichkeit: die naturwissenschaftliche, experimentelle, aber auch die eher sozialwissenschaftlich orientierte Form empirischer Untersuchung.

Für die Erziehungswissenschaft gilt dieses nicht. Die beiden Hauptströmungen, die geisteswissenschaftliche und die sozialwissenschaftliche Orientierung, allerdings keine naturwissenschaftliche, existieren nebeneinander in zahlreichen Varianten. Diese Orientierungen sind die «Konzeptionen der Erziehungswissenschaft». Sie unterscheiden sich voneinander also im wesentlichen durch die differenten Formen des Umgangs mit Erziehungswirklichkeit. Diese unterschiedlichen Formen können in jeder Fachrichtung, in jedem Fach und in jedem Bildungs- und Erziehungsfeld wirksam werden. Das bedeutet, daß es z. B. geisteswissenschaftliche Verständnisse und Verfahren sowohl in der allgemeinen Erziehungswissenschaft gibt als auch in der vergleichenden, in der Sozialpädagogik, in der Erwachsenenpädagogik usw.

Warum soll man diese erziehungswissenschaftlichen Konzeptionen kennen? Für eine erfolgreiche praktisch-pädagogische Tätigkeit scheint es auf den ersten Blick irrelevant zu sein, wie Erziehungswissenschaftler zu ihren Resultaten kommen. Diese Einstellung ist weit verbreitet, aber leider falsch. Nicht nur die zahlreichen Medien, nicht nur das vorurteilsgeprägte Gespräch unter pädagogisch Handelnden, sogar die Diskussion innerhalb der Erziehungswissenschaft ist nicht selten dadurch gekennzeichnet, daß man meint, über eine bestimmte Angelegenheit wissenschaftlich gesicherte Ergebnisse zu besitzen. Das gilt übrigens auch in den anderen Wissenschaften wie der Medizin. Nun gibt es bekanntermaßen auch dort die Erfahrung, daß widersprüchliche Auffassungen existieren: «Wenn man fünf Ärzte nach ihrer Meinung zu einem Krankheitsbild fragt, bekommt man zehn verschiedene Antworten.» Lebensbedrohlich ist es bei pädagogischen Prozessen nicht, aber doch unter Umständen wichtig, für die Zukunft eines Kindes, für die richtige Wahl geeigneter Weiterbildungsmaßnahmen oder für eine wirksame Hilfe im sozialpädagogischen Feld. Deshalb muß man lernen, wenn man eine pädagogische Profession ausübt, ein begründetes Urteil über die Qualität von Forschungsergebnissen zu gewinnen. Denn darauf soll das eigene Handeln ja basieren. Die Grundlagen dieses Handelns müssen richtig und zutreffend sein. Wir müssen uns also fragen, was die einzelnen Forschungskonzeptionen (man nennt sie auch «Richtungen» oder in einer älteren Fassung «Schulen») leisten und wo ihre Grenzen sind.

Die hier ausgewählten erziehungswissenschaftlichen Konzeptionen sind diejenigen, die in der Erforschung der Erziehungswirklichkeit am wirksamsten geworden sind. Sie können nur in einem ersten, kürzesten Überblick dargestellt werden. Dieses Kapitel kann eine ausführliche Auseinandersetzung mit diesen Konzeptionen nicht ersetzen, sondern nur dazu animieren. Eine gründliche Beschäftigung damit wird eine Vertiefung der Kenntnisse erlauben und auch weitere, weniger wichtige Konzeptionen einschließen können.

4.1 Erziehungswirklichkeit verstehen: Geisteswissenschaftliche Pädagogik

Wenn wir einen Blick auf unsere Wirklichkeit werfen, dann besteht diese aus materialen Körpern, aber auch aus Symbolen. Aufgrund einer solchen Einsicht trennte Wilhelm Dilthey 1883 in seiner «Einleitung in die Geisteswissenschaften» (vgl. Dilthey 1922) scharf zwischen Natur- und Geisteswissenschaften. Die Geisteswissenschaften sollten sich seiner Meinung nach mit der Erforschung der symbolischen Wirklichkeit beschäftigen, d. h. mit den dauernden sinnhaften Produkten menschlicher kultureller Tätigkeit, mit den Hervorbringungen des menschlichen Geistes. Dazu gehören Kunst, Religion, Staat, Wirtschaft, Recht, Politik und viele andere. Diese gesellschaftliche Wirklichkeit sei, so Dilthey, als geschichtlich entstandene zu begreifen und zu untersuchen. Die Methode dieser Untersuchung leugnete zwar nicht ein Prinzip der Kausalität (in dem Sinn, daß historische kulturelle Hervorbringungen andere Hervorbringungen verursachen), jedoch erschien es darüber hinaus notwendig, Sinn, Wert und Zweck dieser Kulturprodukte zum Gegenstand geisteswissenschaftlicher Betrachtungen zu machen.

Zu den genannten kulturellen Hervorbringungen gehören ebenso Erziehung und Bildung. Auch hier wird durch kulturelle Tätigkeit Sinn gestiftet. Dieser Sinn kann aber als entstandener nicht zureichend kausal erklärt werden, denn Sinn ist nur zu erfassen, wenn er verstanden wird. Dieser Sinn ist in einer jeweils existierenden Erziehungswirklichkeit enthalten, so daß es demnach darauf ankommt, mit der Methode des Sinnverstehens Erziehungswirklichkeit zu erfassen. Genauer gesagt hieß dieses, Wirklichkeit zu interpretieren. Insofern Erziehungswirklichkeit sich u. a. in Lebensäußerungen manifestiert, wie sie sprachliche Äußerungen, also auch Texte darstellen, wurde der Interpretation von sprachlichen Quellen eine besondere Bedeutung zugewiesen. Dieses beschränkte sich aber nicht nur auf Texte, sondern umschloß auch Kunstwerke, Institutionen, eben alles, was als kulturelle Hervorbringung interpretiert werden kann.

Wenn man das Verstehen als eine Methode begreifen will, dann ist diese methodisch kontrollierte Interpretationstätigkeit darin zu sehen, daß sie in gewisser Weise zirkulär verläuft. Das Verstehen wird in einem Zusammenhang mit Erleben und Ausdruck gesehen und hat den Namen «hermeneutischer Zirkel» erhalten. Was bedeutet das genau?

Jeder Mensch macht von seinem ersten Lebenstag an Erfahrungen. Mit diesen Vorerfahrungen geht er immerzu interpretierend an die ihm neu begegnende Wirklichkeit heran. Diese Interpretation führt fortlaufend zu Bestätigungen, aber auch zu Modifikationen des eigenen Vorverständnisses. Mit dem modifizierten Vorverständnis begegnet der Mensch interpretierend dem dann im zeitlichen Verlauf wiederum begegnenden Element der Wirklichkeit (vgl. Abb. 19).

Abbildung 19
Hermeneutischer Zirkel

Der hermeneutische Zugang auf Wirklichkeit erfüllte sich für den Zusammenhang der Erziehung darin, daß sowohl historische Schichten der Wirklichkeit in der Form pädagogischer Klassiker, juristischer Kodifikationen von Erziehung und Bildung, Biographien usw. herangezogen wurden als auch eine Interpretation der beobachtbaren Wirklichkeit selber, wenngleich letztere auch nicht besonders entfaltet wurde. Dieses Verfahren hatte nun eine Eigenschaft, die für die Geisteswissenschaftliche Pädagogik gleichzeitig zum Erkennungsmerkmal, aber auch zum Verhängnis wurde: der Primat der Praxis. – Was bedeutete das?

Wenn Erziehungswirklichkeit interpretiert werden soll, dann muß diese Wirklichkeit im Sinne von Praxis schon dasein. Wirklichkeit muß sich schon in Texten und anderem manifestiert haben, bevor man sie interpretieren kann. Dieser Vorrang der Praxis war von seiten der Geisteswissenschaftlichen Pädagogik gegen die normative Pädagogik gewandt worden, die ja einen Primat der Normen vorsah (vgl. Kap. 1.3). Dagegen trat Geisteswissenschaftliche Pädagogik entschieden und erfolgreich ein. Dieser Primat der Praxis hatte aber auch eine Kehrseite: Wenn pädagogische Praxis immer schon stattgefunden haben muß, bevor sie wissenschaftlich untersucht wird, dann hat auch schlechte pädagogische Praxis schon stattgefunden, und für deren Verhinderung durch Wissenschaft ist es zu spät. Allenfalls kann aus der Interpretation etwas für künftige Praxis «gelernt» werden. Nach dem Ende des Hitlerfaschismus in Deutschland ist der Geisteswissenschaftlichen Pädagogik genau dieses vorgeworfen worden: Sie sei aufgrund ihrer Wissenschaftsmethode unfähig gewesen, das Verhängnis des Faschismus zu verhindern.

Dieser Einwand ist in den 60er Jahren des 20. Jahrhunderts zu einem Ausgangspunkt für Versuche geworden, Geisteswissenschaftliche Pädagogik zu überwinden und sie durch eine Kritische Erziehungswissenschaft zu ersetzen. Diese (vgl. Kap. 4.4) versuchte, das gesellschaftstheoretische Defizit der Geisteswissenschaftlichen Pädagogik zu kompensieren. Die Geisteswissenschaftliche Pädagogik ist, so ein weiterer Einwand gegen sie, keine wissenschaftliche Konzeption gewesen, deren Resultate an Gültigkeit und Präzision mit denen empirischer Wissenschaft vergleichbar gewesen seien. Vielmehr habe es sich, so eine weitverbreitete Kritik, um eine Façon de parler gehandelt, um eine Art Konvention, über pädagogische Probleme zu reden. Diese Beobachtung ist zutreffend, allerdings nicht unbedingt ein Einwand. In einer Zeit, in der mit überteuerten, aufgeblasenen empirischen Untersuchungen minimale Erkenntniseffekte erzielt werden, in einer Zeit, in der überhaupt keine Art mehr zu existieren scheint, historisch verbindlich über Erziehungsprozesse zu reden ist ein solcher Einwand zumindest ambivalent zu bewerten. Die Qualität des hermeneutischen Zugangs auf Erziehungswirklichkeit hängt im übrigen zu einem erheblichen Maß von der intellektuellen Qualifikation der Interpretatoren ab. Wer geisteswissenschaftliche Analysen ein und desselben Sachverhalts mit empirischen Forschungsergebnissen vergleicht, wird nicht selten feststellen, daß aufwendige Untersuchungen in einer Vielzahl von Fällen nicht mehr bestätigen als das, was vom geisteswissenschaftlichen Standpunkt aus durch qualifiziertes Nachdenken längst bekannt war.

Das eigentliche Verdienst der Geisteswissenschaftlichen Pädagogik besteht im übrigen darin, gegenüber normativer Pädagogik darauf bestanden zu haben, daß aus Werten und Normen keine Orientierungen für Handlungen abgeleitet werden können. Daß dieses in unserer Welt dennoch ständig versucht wird, hat Geisteswissenschaftliche Pädagogik indessen nicht verhindern können. Das hat u. a. daran gelegen, daß ihr großer konzeptioneller Konkurrent, die kritisch-rationalistische Erziehungswissenschaft, den Glauben an die Möglichkeiten normativer Pädagogik ungewollt stabilisiert, indem sie auf einer Trennung von Normen und Fakten besteht (vgl. Kap. 4.2).

Die wichtigsten Werke

Die Begründung der Geisteswissenschaft:

Dilthey, W.: Einleitung in die Geisteswissenschaften (1883). Gesammelte Schriften, Bd. I, Göttingen, 5. Aufl. 1962.

An Dilthey schloß an:

Nohl, H.: Die pädagogische Bewegung in Deutschland und ihre Theorie (1933). 10. Aufl., Frankfurt a. M. 1988.

Folgende drei Autoren gehören neben Nohl zu den vier Säulen der Geisteswissenschaftlichen Pädagogik:

Flitner, W.: Das Selbstverständnis der Erziehungswissenschaft in der Gegenwart (1957), Paderborn 1989.

Litt, Th.: Führen oder wachsen lassen (1927). In: Ders.: Pädagogische Schriften. Eine Auswahl ab 1927 – Studienausgabe – besorgt von Albert Reble, Bad Heilbrunn 1995, S. 9–73.

Spranger, E.: Lebensformen. Geisteswissenschaftliche Psychologie und Ethik der Persönlichkeit (1921). 9. unveränd. Aufl., Tübingen 1966.

Ein Ende der Geisteswissenschaftlichen Pädagogik propagierte (vorläufig) folgender Band:

Dahmer, I./Klafki, W. (Hg.): Geisteswissenschaftliche Pädagogik am Ausgang ihrer Epoche – Erich Weniger, Weinheim/Berlin 1968.

4.2 Erziehungswirklichkeit erklären: Empirische Erziehungswissenschaft

Werte von Tatsachen zu trennen ist ein wesentliches und auf den ersten Blick auch selbstverständliches Merkmal des Kritischen Rationalismus. Er steht neben einigen anderen wissenschaftlichen Schulen für die empirische Erforschung der Welt, nicht nur in den Sozialwissenschaften. Einer seiner Begründer, Karl R. Popper, sieht die Aufgabe der Wissenschaft im Umgang mit Wirklichkeit darin, Aussagen über diese Wirklichkeit einer rationalen Kritik zu unterziehen. Rationale Kritik wird in einem Verfahren verwirklicht, welches auf logischer Folgerichtigkeit beruht. Was bedeutet das für die Erforschung von (Erziehungs-)Wirklichkeit?

Um professionellen Pädagogen, ähnlich wie Ärzten, erfolgversprechende Handlungsorientierungen geben zu können, muß man wissen, welchen Gesetzmäßigkeiten Erziehungs- und Bildungsprozesse unterliegen. Man muß erklären können, warum z. B. ästhetische Erziehung geeignet ist, Verwahrlosungstendenzen bei Jugendlichen entgegenzuwirken. Wenn man die Ursachen dafür nämlich kennt, dann kann man unter Umständen durch einen gezielten Einsatz von ästhetischer Erziehung in der Schule einen solchen gewünschten Effekt erreichen.

Die Struktur des kritisch-rationalen Denkens wird in diesem nur angedeuteten Beispiel schon klar: Wissenschaft hat sich nicht mit der Frage zu beschäftigen, ob Verwahrlosung sein soll oder nicht. Ihre Aufgabe besteht vielmehr darin, Instrumente für den Fall bereitzustellen, daß z. B. in der Bildungspolitik entschieden wird, Verwahrlosung solle nicht sein. So ist denkbar, daß eine Landesregierung Wissenschaftler beauftragt, Mittel gegen jugendliche Verwahrlosung zu entwickeln, und daß dabei die Einführung ästhetischer Erziehung in den Schulen in Erwägung gezogen wird. – Wie würde mit einem solchen Auftrag umgegangen werden?

Vom Standpunkt empirischer Forschung aus würde eine Theorie formuliert, die im wesentlichen auf die These hinausläuft: Ästhetische Erziehung verhindert Verwahrlosung. Da dieser Satz zu allgemein ist, muß er konkretisiert und, wie es heißt, «operationalisiert» werden. Das heißt, es müssen Handlungen beschrieben werden, von denen man annimmt, daß sie den prognostizierten Effekt herbeiführen. Ein Beispiel könnte sein: Wenn man in einem 8. Schuljahr einer Hauptschule mit 60 Prozent Ausländeranteil wöchentlich vier Stunden Bildende Kunst unterrichtet, dann sinkt innerhalb eines Schuljahrs die Zahl der der Schulleitung gemeldeten Gewalttaten um 70 Prozent. Diese Operationalisierung kann man auch als eine Wenn-dann-Hypothese bezeichnen, die nun daraufhin überprüft werden muß, ob sie zutrifft. Eine empirische Überprüfung dieser Hypothese könnte dann so aussehen, daß in einer Versuchsklasse ein Jahr lang vier Stunden Bildende Kunst unterrichtet wird. Am Ende des Jahres werden die Zahlen gemeldeter Gewalttaten dieses Jahres und des Vorjahres in dieser Klasse miteinander verglichen. Wenn tatsächlich ein Rückgang der Gewalttaten verzeichnet würde, dann spräche dieses für ein Zutreffen der Hypothese. Gegen einen solchen Schluß fallen auch dem Laien sofort zahlreiche Einwände ein: So könnte der Rückgang der Gewalttaten an dem fortgeschrittenen Lebensalter der Schüler liegen, an anderen Faktoren, an der Lehrkraft, die den Unterricht erteilt (und nicht an dem Fach selbst). Auch könnte die hohe Zahl der Gewalttaten im Vorjahr eine andere Ursache gehabt haben, die inzwischen aus ganz anderen Gründen abgestellt wurde, beispielsweise «Kriege» rivalisierender Jugendbanden, die beendet sein könnten, usw. Um diese und andere Einwände auszuräumen, muß man mögliche Faktoren isolieren, sie in der Experimentalanordnung beseitigen oder neutralisieren, oder man muß Kontrollklassen bilden, in denen diese Faktoren weiter gelten, usw. Ein solches Verfahren ist wesentlich komplizierter, als es hier angedeutet werden kann.

Entscheidend ist aber die Tatsache, daß empirische Forschung sich nicht zu der Frage äußert, ob eine gewünschte Norm (Vermeidung von Verwahrlosung) wünschenswert ist oder nicht, ob sie zulässig ist, legitim oder legal, sondern empirische Forschung liefert technisches Wissen zur Erreichung gewünschter Ziele. Darüber hinaus ist es ein Merkmal des Kritischen Rationalismus, daß untersuchte und auch mit Resultaten untersuchte Hypothesen niemals als endgültig bewährt angesehen werden. Es kann ja sein, daß bei weiteren Untersuchungen andere Faktoren herausgefunden werden, daß Jugendliche sich im historischen Verlauf ändern und vieles andere. Deswegen ist es nicht möglich, wie Popper geschrieben hat, daß Hypothesen «verifiziert», also bewahrheitet werden. Es ist lediglich möglich, zu versuchen, Hypothesen zu falsifizieren, das heißt, in einem empirischen Verfahren Widerlegungsversuchen zu unterwerfen. Wenn diese Widerlegungsversuche immerzu scheitern, dann spricht vieles dafür, daß eine formulierte Hypothese auf einem bestimmten Wahrscheinlichkeitsniveau zutrifft.

Der Kritische Rationalismus ist eine Form des Programms empirisch-analytischer Wissenschaft, deren Kennzeichen mit dem Begriff «empirisch» am treffendsten bezeichnet wird. Es geht darum, durch experimentell herbeigeführte oder durch Beobachtung erzielte Erfahrungen Gesetzmäßigkeiten herauszufinden, also Wirklichkeit zu erklären. Nicht geht es darum, wie im Fall der Geisteswissenschaftlichen Pädagogik, Erziehungswirklichkeit durch Interpretation zu verstehen. Gemeinsam ist beiden Positionen, daß sie die Ableitung von Handlungsanweisungen aus obersten Normen ablehnen. Der empirische Zugang auf Wirklichkeit geht aber, wie gezeigt, weiter, indem Normen zwar zum Untersuchungsgegenstand von Erfahrungswissenschaft gemacht werden können, nicht jedoch zum Ausgangspunkt der Gewinnung von Handlungsanleitungen.

Historisch ist das empirische Wissenschaftsprogramm nicht jünger als dasjenige der Geisteswissenschaft. Beide entstehen unabhängig voneinander im Zusammenhang der Entfaltung von Pädagogik als Wissenschaft. Die gesellschaftspolitischen Ereignisse der ersten Hälfte des 20. Jahrhunderts und sicher auch das stark normativ geprägte Klima des 19. Jahrhunderts haben einen Durchbruch des empirischen Wissenschaftsprogramms in der Erziehungswissenschaft allerdings lange verhindert. Er wurde erst möglich, als 1965 das Ende Geisteswissenschaftlicher Pädagogik erreicht zu sein schien. Insofern profitierte Empirische Erziehungswissenschaft von einem Effekt, der ihr selbst eigentlich fremd war, nämlich von der gesellschaftspolitischen Kritik an der Geisteswissenschaftlichen Pädagogik. Denn was für die Geisteswissenschaftliche Pädagogik kritisch galt, daß sie aufgrund des Vorrangs der Praxis eine schlechte Praxis nicht verhindern konnte, galt für Empirische Erziehungswissenschaft natürlich in viel stärkerem Maß. Da sie sich grundsätzlich nicht zu der Zulässigkeit von Normen und Werten verhält, würde von ihrem Boden aus niemals eine katastrophale Entwicklung wie diejenige des Hitlerfaschismus verhindert werden können. Solche Verhinderungsversuche gehören für sie nicht zum Wissenschaftssystem, sondern zum politischen System. Empirische Wissenschaft versucht, politisch neutral zu sein.

Eine solche Einstellung ist allerdings naiv. Wenn z. B. mit Hilfe hochwertiger empirischer Verfahren festgestellt wird, daß der Leistungsstand deutscher Achtkläßler im Fach Mathematik um zwei Schuljahre hinter demjenigen japanischer gleichaltriger Kinder zurückliegt, dann ist dieses keine wertneutrale Feststellung, sondern schon die Auswahl des Untersuchungsgegenstandes, die Anlage von Kulturvergleichen und die Veröffentlichung von Ergebnissen enthält eine Reihe implizierter Wertungen. Die Auswahl von Mathematik unterstellt eine besondere Bedeutsamkeit dieses Fachs, d. h., es wird als ein wichtiges bewertet. Ebenso wird wertend unterstellt, daß die Leistungsfähigkeit japanischer Schüler ein normativer Wertmaßstab für die Leistung deutscher Schüler sein könne, und die Publikation der Ergebnisse provoziert politisches Handeln. So benutzen Arbeitgeber die Ergebnisse als politische Munition, um vom eigenen Innovationsversagen abzulenken. Sie weisen darauf hin, daß der unzureichende Stand bei der Produktentwicklung auf fehlende Mathematikkenntnisse zurückzuführen sei. Ein solcher Schluß ist natürlich unsinnig, weil er unterstellt, daß Produktdesign eine Funktion von Mathematikkenntnissen sei, und weil er des weiteren ignoriert, daß Produktherstellung in Deutschland ja keineswegs an die Nationalität von Ingenieuren gebunden ist, sondern durchaus auch von zu diesem Zweck engagierten japanischen Ingenieuren geleistet werden könnte. Darüber hinaus sind speziell europäisch-asiatische Systemvergleiche geeignet, an einen sehr alten Topos, denjenigen von der «gelben Gefahr», zu appellieren, so daß durch die bloße Wahl von Vergleichsnationen, die dann auch noch erfolgreicher dastehen, Angst geschürt und bildungspolitisches Handeln, z. B. in der Einführung einer höheren Zahl von Mathematikstunden, hervorgerufen werden kann. Ein solches Handeln hat dann selbst wiederum massive normative Konsequenzen, da die Einführung eines erweiterten Mathematikunterrichts ja zu Lasten nichtmathematischer Fächer geht und dann z. B. Qualifikationsfolgen im Bereich sozialer oder ästhetischer Kompetenz haben kann.

Das Beispiel zeigt, daß wertneutrale Wissenschaft nicht möglich ist und daß die Behauptung der Wertneutralität die Gefahr enthält, daß Werte sich unerkannt einschleichen und das pädagogische wie das bildungspolitische Handeln steuern, ohne daß die wahren Gründe offenbar werden.

Dieses kann aber kein Einwand gegen das empirische Wissenschaftsmodell sein. Es ist völlig klar, daß in einer hochkomplexen Welt und angesichts der Erkenntnis, daß Erziehungs- und Bildungsvorgänge gleichfalls von höchster Komplexität sind, nicht darauf verzichtet werden kann, möglichst viel über diese Vorgänge zu wissen. In den jahrzehntelangen Streitigkeiten über die Wertfreiheitsfrage ist dieses oft übersehen worden, sehr zu Lasten des gegenwärtigen Wissensstandes über Erziehungs- und Bildungsprozesse. Die Alternative zu Empirischer Erziehungswissenschaft kann also nicht in einer geisteswissenschaftlichen Zugehensweise auf (Erziehungs-)Wirklichkeit liegen, sondern darin, daß Empirische Erziehungswissenschaft sich ihrer normativen Implikationen bewußt ist und diese selbst in den Untersuchungszusammenhang einbezieht. Eine solche Forderung gehört zum Programm Reflexiver Erziehungswissenschaft (vgl. Kap. 4.7).

Literatur

Das Wissenschaftsprogramm des Kritischen Rationalismus findet sich in:

Popper, K. R.: Logik der Forschung (1934), Berlin 1998.

Daran hat angeschlossen:

Albert, H.: Plädoyer für Kritischen Rationalismus, München 1971.

Ein frühes historisches Beispiel Empirischer Erziehungswissenschaft:

Lay, W. A.: Experimentelle Pädagogik mit besonderer Rücksicht auf die Erziehung durch die Tat, Leipzig 1908.

Die konsequenteste Ausarbeitung des Kritischen Rationalismus für die Erziehungswissenschaft:

Brezinka, W.: Metatheorie der Erziehung, München/Basel 1978.

4.3 Erziehungswirklichkeit normieren: Prinzipienwissenschaftliche Pädagogik

Geisteswissenschaftliche Pädagogik und Empirische Erziehungs-wissenschaft haben, so war festzustellen, eines gemeinsam: Sie ver-zichten auf normative Grundannahmen, von denen aus konkrete pädagogische Handlungsanweisungen zu gewinnen wären. Gei-steswissenschaftliche Pädagogik lehnte dieses ab, weil eine Ablei-tung von Handlungsanweisungen aus obersten Normen als un-möglich erkannt wurde, Empirische Erziehungswissenschaft folgt dem Wertneutralitätsgebot. Für prinzipienwissenschaftliche An-sätze gilt dieses nicht. Zu ihnen gehören aber nicht nur das alte, überholte Modell normativer Pädagogik, sondern vor allem jün-gere Versuche, Prinzipien zum Ausgangspunkt der Pädagogik oder Erziehungswissenschaft zu machen. Prinzipien können, wissen-schaftstheoretisch gesehen, nicht nur Normen, sondern auch Ein-sichten oder Ziele sein, die am Anfang eines Theoriegebäudes oder eines Systems von Handlungsorientierungen stehen. Sie werden auch verwendet, um Grundlage für einen Begründungszusammen-hang abzugeben. Die Idee, Prinzipien zu einer solchen Grundlage zu machen, geht auf Aristoteles zurück, ist aber besonders von Kant aktualisiert worden. Für ihn ist die Vernunft das Vermögen der Prinzipien, insofern Prinzipien, seien es Begriffsbildungen oder auch allgemeine Behauptungen und Erfahrungen, auf eine Leistung von Vernunft und eine Tätigkeit des Verstandes zurückgehen, nicht auf Natur oder Gott. Autoren wie Paul Natorp, Richard Hönigs-wald oder Alfred Petzelt schlossen in einer Form neukantianischer Pädagogik hier an, indem sie versuchten, eine Prinzipienbasis für ihre Pädagogik zu formulieren.

Eine solche Basis konnte aus ganz unterschiedlichen Zusammen-hängen gewonnen werden. So hat es christlich akzentuierte, beson-ders katholisch-theologisch beeinflußte Ansätze gegeben, etwa bei Petzelt. Aber auch dort, wo eine christlich-katholische Betonung nicht ausdrücklich vorgesehen war, konnten sich manche prinzi-pienwissenschaftliche Zugänge nur schwer aus einem theologi-schen Kontext lösen. Das bedeutet nicht, daß damit immer eine christliche oder konfessionelle Orientierung verbunden sein mußte, sondern die Idee der Prinzipienhaftigkeit als solche kann historisch aus ihren theologischen Wurzeln nur schwer befreit werden. Aus diesem Grund sind viele prinzipienwissenschaftliche Versuche in einer schwierigen Beziehung zu der Frage des Umgangs mit Wirklichkeit zu sehen. Im schlimmsten Fall sind sie normativ dogmatisch und als solche an der manchmal sogar indoktrinären Beeinflussung pädagogischer Wirklichkeit interessiert. Solche Ansätze begegnen der Erziehungswirklichkeit nicht mit einem forschenden Interesse.

Andere Konzeptionen, beispielsweise diejenige von Wolfgang Fischer oder von Jörg Ruhloff, haben einen solchen Dogmatismus hinter sich gelassen, ohne sich aber dafür entschieden zu haben, Erziehungswirklichkeit methodisch kontrolliert zu untersuchen. Diese auch als transzendentalkritisch oder skeptisch bezeichneten Konzepte sehen ihre Aufgabe darin, die theoretischen Voraussetzungen vorhandener pädagogischer Lehren und erziehungswissenschaftlicher Ansätze grundsätzlich in Frage zu stellen. Das bedeutet, daß diese Variante Prinzipienwissenschaftlicher Pädagogik nicht auf Handlungsorientierungen aus ist, sondern gerade im Gegenteil solche, seien es alltägliche, seien es wissenschaftliche Konzeptionen, auf ihre Prämissen hin untersuchen möchte. Hier ist ein Grundgedanke enthalten, der auch in der Idee Reflexiver Erziehungswissenschaft (vgl. Kap. 4.7) aufgehoben ist, dort aber nicht zum alleinigen Programm wissenschaftlicher Forschung gemacht wird. Transzendentalkritische Erziehungswissenschaft kann nur einen kleinen Aufgabenbereich erziehungswissenschaftlicher Forschung erfüllen, nämlich im Grunde genommen für eine sorgfältige Begriffsbildung bei der Theoriekonstruktion hilfreich zu sein.

Sehr wohl handlungsorientiert, ohne aber normativ sein zu wollen, sind Versuche einer praxeologischen Erziehungswissenschaft gewesen. Josef Derbolav wird als Begründer dieser Richtung angesehen. Dietrich Benner hat diese Konzeption weitergeführt. Er nimmt mit seinem Konzept einer allgemeinen Pädagogik im Sinne systematischer Pädagogik gewissermaßen eine Zwischenposition zwischen normativer Pädagogik und Empirischer Erziehungswissenschaft ein. Auf der einen Seite geht Benner, prinzipienorientiert, davon aus, daß es eine «Erziehungstatsache» gebe, die für den Menschen unhintergehbar ist: Jeder Mensch sei nach seiner Geburt noch so unzulänglich, daß er erzogen werden müsse, ein Gedanke, der auf Kant zurückgeht. Für Benner gibt es also keinen Zweifel daran, daß Normen zum Erziehungsgeschäft gehören und daß es Aufgabe der Erziehungswissenschaft sei, sich damit zu beschäftigen. Er möchte nun aber, anders als die normative Pädagogik, nicht Handlungsorientierungen aus obersten außerpädagogischen Normen ableiten, sondern er hält die vernünftige Verständigung über pädagogische Praxis für eine Aufgabe der Pädagogik. Was heißt das? Benner wählt richtigerweise einen Praxisbegriff, der nichts mit «Wirklichkeit», sondern mit den Normen des pädagogischen Handelns zu tun hat. Das pädagogische Handeln und Denken folge (und habe zu folgen) vier Prinzipien, wenn es sich als pädagogisch erweisen wolle:

1. Bildsamkeit als Bestimmtsein des Menschen zu Freiheit, Sprache und Geschichtlichkeit.

2. Aufforderung zur Selbsttätigkeit.

3. Überführung gesellschaftlicher Determination in pädagogische Determination.

4. Nichthierarchischer Ordnungszusammenhang der menschlichen Gesamtpraxis (vgl. Benner 1987, S. 106).

Diese Prinzipien sind nun kein normativer Horizont, aus dem Handeln abgeleitet werden soll, sondern aus der Sicht Benners handelt es sich um eine Systematik, die der Verständigung innerhalb der Pädagogik dienen könne, aber auch als Grundlage für historische und empirische Forschung heranzuziehen sei.

Auch dieser prinzipienwissenschaftliche Entwurf liefert, ebenso wie die anderen, selbst kein methodologisches Konzept für die Erforschung von, sei es historischer oder empirischer, Erziehungswirklichkeit. Problematisch ist daran aber weniger der Verzicht auf eigene erziehungswissenschaftliche Forschungsmethodologie, sondern der universalistische normative Anspruch, mit dem alle prinzipienwissenschaftlichen Zugänge, auch dann, wenn sie nicht deduktionistisch arbeiten, einhergeht: nämlich immer schon zu wissen, was universelle Voraussetzungen des vernünftigen pädagogischen Denkens, Handelns und Forschens seien.

Eine solche universalistische Konzeption ist in philosophischen Theorieentwürfen der Vergangenheit durchaus nicht selten gewesen. Daraus verdeutlicht sich, daß prinzipienwissenschaftliche Zugänge zur Erziehungswirklichkeit mit geisteswissenschaftlichen oder empirischen Konzeptionen gar nicht verglichen werden können. Prinzipienwissenschaftliche Konzeptionen gehören ihrer Natur nach zur Philosophie, aber nicht zur Erziehungswissenschaft. Innerhalb der Erziehungs- und Bildungsphilosophie können sie deshalb eine wichtige Rolle spielen, wenn diese sich als Bestandteil der praktischen Philosophie versteht. Aus ihr, wie aus der Theologie, ist die Pädagogik historisch auch entstanden. Praktische Philosophie beschäftigt sich mit der Aufklärung über Normen menschlichen Handelns, zu denen auch andere Bereiche gehören als nur die Erziehung, eben andere menschliche «Praxen», wie Benner schreibt. Prinzipienwissenschaftliche Konzeptionen sind also nicht dazu da, um die Wirklichkeit von Erziehung und Bildung zu erforschen, sondern um das Nachdenken darüber zu systematisieren, welchen Normen Menschen bei ihrem (auch pädagogischen) Handeln folgen sollen.

Dieses für notwendig zu halten setzt allerdings voraus, daß man in seinem Handeln überhaupt irgendwelchen Normen folgen kann. Es setzt voraus, daß das menschliche Handeln von Intentionen geleitet ist und daß das handelnde Umsetzen von Intentionen auch tatsächlich zu dem führt, was man beabsichtigt. Genau dieses muß aber aufgrund jüngerer psychologischer Forschungsergebnisse bezweifelt werden. Es gibt sogar empirische Forschungsergebnisse, die zeigen, daß bei manchen Handlungen Intentionen diesen Handlungen nicht vorangehen, sondern erst nach dem Abschluß der Handlung, mindestens aber während ihres Entstehens gebildet werden. Wenn sich diese Erkenntnis auf breiter Ebene bewahrheiten sollte, dann ist die Reflexion über die «richtigen» Normen des Handelns sinnlos. Sie käme dem Gedanken gleich, nach einer Handlung darüber zu streiten, welche Intentionen ihnen wohl legitimerweise zugrunde zu legen seien, nachdem sie bereits abgeschlossen sind.

Unabhängig von dieser empirischen Frage der Möglichkeit von Intentionen enthält die Auffassung, man könne sein Handeln an Normen ausrichten, die ebenso bestreitbare Tatsache, daß der Mensch in seinem Handeln frei ist und nicht determiniert durch Natur, Umstände oder soziale Gegebenheiten. Wenn diese Annahme ins Wanken gerät, wird praktische Philosophie und mit ihr Erziehungs- und Bildungsphilosophie gleichfalls sinnlos.

Literatur

Die erwähnten Positionen innerhalb der Konzeption Prinzipientheoretischer Erziehungswissenschaft lassen sich am besten in folgenden Texten studieren:

Derbolav, J.: Die gegenwärtige Situation des Wissens von der Erziehung, Bonn 1962.

Fischer, B./Löwisch, J./Ruhloff, J.: Arbeitsbuch Pädagogik 5: Grundlegende Ansätze der Erziehungswissenschaft, Düsseldorf 1979.

Benner, D.: Allgemeine Pädagogik (1987). 2. verb. Aufl., Weinheim/München 1991.

4.4 Erziehungswirklichkeit kritisieren: Kritische Erziehungswissenschaft

Zwischen der Norm- und Orientierungsabstinenz von Geisteswissenschaftlicher Pädagogik und Empirischer Erziehungswissenschaft auf der einen Seite, der Prinzipien- und Normfixierung auf der anderen steht in gewisser Weise die Position Kritischer Erziehungswissenschaft. Auch sie ist wie alle Konzeptionen nicht innerhalb des Fachs selbst entstanden, sondern sie stellt den Versuch dar, bestimmte theoretische Grundannahmen auf Erziehung und Bildung anzuwenden. Historisch ist die Kritische Erziehungswissenschaft in der Folge der Studentenbewegung von besonderer Bedeutung gewesen. Dafür gibt es einen wichtigen Grund, der im Begriff der Kritik bereits enthalten und erkennbar ist. Fähigkeit zur Kritik bedeutet seit Sokrates, zur Beurteilung des Wahren und Falschen in der Lage zu sein. In diesem Sinn ist der Kritikbegriff auch bei der Empirischen Erziehungswissenschaft gemeint. Geht es dort allerdings darum, zwischen wahren und falschen Annahmen über die Wirklichkeit unterscheiden zu können, d. h., Gewißheit haben zu wollen, was wirklich der Fall ist, so ist das Kritikverständnis in der Konzeption kritischer Wissenschaft anders akzentuiert.

Hier geht es um die Unterscheidung zwischen wahrem und falschem Bewußtsein, die Karl Marx getroffen hat. Ein falsches *Bewußtsein* ist demnach durch die tatsächlichen materialen, ökonomischen Verhältnisse in einer Gesellschaft bedingt. Es besteht darin, daß, sehr vereinfacht gesagt, die Menschen etwas denken und für richtig halten, was sich objektiv gegen ihre Interessen richtet. Das richtige Bewußtsein ist demgegenüber das Klassenbewußtsein des Proletariats, das aber erst hergestellt werden muß, damit dieses sich aus den Zwängen der Ausbeutung durch den «Klassenfeind» (die Besitzer von Produktionsmitteln) befreit. Im Kern hieran anknüpfend haben Max Horkheimer und Theodor W. Adorno seit den ausgehenden 20er Jahren des 20. Jahrhunderts ihre Kritische Theorie der Gesellschaft begründet. Bei ihnen und besonders in der späteren Weiterführung ihrer Theorie durch Jürgen Habermas erhält der Kritikbegriff eine ideologiekritische Wendung. Danach ist es die Aufgabe kritischer Wissenschaft, den «ideologischen» Gehalt einer Gesellschaft in ihren Äußerungen aufzudecken. Erst wenn dieses gelungen ist, werde die Vernunft dahin tendieren, die gesellschaftlichen Verhältnisse zu ändern, soweit diese eine objektiv überflüssige, d. h. ungerechte Herrschaft von Menschen über Menschen enthielten. Eine kritische Wissenschaft folge deshalb einem «emanzipatorischen Erkenntnisinteresse» und nicht bloß einem «technischen», wie empirische Wissenschaft, aber auch nicht bloß einem «praktischen», wie wir es bei der Prinzipienwissenschaft kennengelernt haben.

Dieser theoretische Ansatz war am Ende der 60er Jahre in der ersten ökonomischen Krise der Bundesrepublik, die zugleich eine Bewußtseinskrise auslöste, geeignet, als theoretisches Instrument zur Kritik der Bestandteile der bundesrepublikanischen Gesellschaft herangezogen zu werden, von denen man damals glaubte, daß sie, wenn nicht faschistoide Tendenzen, so doch unnötige Repressionen gegen Menschen enthielt. Für die Studentenbewegung war die Kritische Theorie deshalb ein probates theoretisches Medium, um eine Analyse der spätkapitalistischen Gesellschaft zu leisten, die den Übergang zur sozialistischen Gesellschaft vorbereiten sollte.

In der Erziehungswissenschaft fand die Kritische Theorie der Gesellschaft, die auch «Frankfurter Schule» genannt wird, breite Resonanz und führte zur Begründung der Konzeption Kritischer Erziehungswissenschaft. Ihr Aufkommen trat zeitgleich mit dem Bedeutungsverlust Geisteswissenschaftlicher Pädagogik zusammen und beschleunigte ihn. Gleichzeitig wandte sich Kritische Erziehungswissenschaft aber energisch gegen empirische Forschung, weil man dieser ihre selbsterklärte Wertfreiheit nicht nur als eine

Erschleichung vorhielt, sondern ihr vorwarf, gesellschaftspolitisch keine Position zu beziehen.

Der soziologische Emanzipationsbegriff der Kritischen Theorie eignete sich dabei besonders zur Verankerung in der Erziehungswissenschaft, weil er eine Analogie zu dem aus der Bildungsphilosophie des 19. Jahrhunderts bekannten Mündigkeitsbegriff zu erlauben schien.

Mündigkeit war nämlich die eigentlich auf das heranwachsende Individuum gemünzte Zielvorstellung des Erziehungsprozesses. Dieser soll nach dem Erreichen der Mündigkeit beendet sein. Der Mündigkeitsbegriff wurde im Rahmen der Kritischen Erziehungswissenschaft durch den der Emanzipation überlagert und auf diese Weise gesellschaftstheoretisch erweitert. Nunmehr wurde die Aufgabe der Erziehung nicht mehr darauf beschränkt, daß der Zögling nach erreichter Mündigkeit erwachsen geworden sein soll, sondern daß die Funktion des Erziehungsprozesses vielmehr darin bestehe, ihn zur Emanzipation zu bringen. Diese Emanzipation war nun aber nicht mehr nur gedacht als Unabhängigkeit vom Erzieher, sondern als gesellschaftliche Emanzipation. Der so zu emanzipierende Mensch der nachwachsenden Generation sollte durch seine individuelle Emanzipation gleichzeitig zur Befreiung, eben zur Emanzipation der gesamten Gesellschaft beitragen. Dazu sei es erforderlich, daß Erziehung von vornherein emanzipatorisch ist. Sie müsse deshalb u. a. auf jede Form von Autorität verzichten, weil es sich dabei um Herrschaftsverhältnisse handele. Darin zu leben würde für den heranwachsenden Menschen bedeuten, daß er auch später nicht in der Lage ist, sich emanzipatorisch zu verhalten.

Emanzipation kann nun aber nicht Befreiung an sich sein, sondern es handelt sich logischerweise um eine Emanzipation von etwas. Um aber herauszufinden, wovon Emanzipation notwendig ist, bedürfe es – und hier schließt sich der Kreis – eben der Ideologiekritik. Von solchen Ideologien als Ausdruck des falschen Bewußtseins zu befreien sei unter anderem Aufgabe des Erziehungsprozesses. Damit pädagogisch Handelnde diese Befreiung vornehmen können, müssen sie selbst wissen, wo überflüssige Herrschaft regiert. Dazu ist es notwendig, daß sie das Verfahren der Ideologiekritik beherrschen.

Die Rezeption der Kritischen Theorie wurde im wesentlichen

durch Klaus Mollenhauer, Herwig Blankertz und Wolfgang Klafki vertreten. Alle drei gehörten der jüngsten Generation der Geisteswissenschaftlichen Pädagogik an. Sie verwendeten die Kritische Theorie gezielt zu deren Überwindung. Klaus Mollenhauer projizierte die Kritische Erziehungswissenschaft auf die Sozialpädagogik. Herwig Blankertz war der Begründer der Kollegschulidee, einer Verbindung von beruflicher und allgemeiner Bildung in der Sekundarstufe II, und setzte dort vom Boden Kritischer Erziehungswissenschaft ein, während Wolfgang Klafki den kritischen Ansatz besonders in der Didaktik wählte.

Wie ging Kritische Erziehungswissenschaft mit Wirklichkeit um? Die größte Nähe wies Kritische Erziehungswissenschaft unter den bereits dargestellten Konzeptionen überraschenderweise, obwohl sie sich gegen sie wandte, zur Geisteswissenschaftlichen Pädagogik auf. Ideologiekritik ist letztlich nichts anderes als ein hermeneutischer Zugang auf die kulturellen Objektivationen im Erziehungsbereich. Im Gegensatz zur Geisteswissenschaftlichen Pädagogik findet die Interpretation dieser Wirklichkeit aber unter einem definitiven Kriterium statt. Es wird jeweils gefragt, ob eine kulturelle Objektivation von falschem Bewußtsein im Sinne von Ideologie gekennzeichnet ist und deshalb kritisiert werden muß. Die Aversion gegen die wertneutrale empirische Wissenschaftskonzeption verhinderte über einen sehr langen Zeitraum, daß Kritische Erziehungswissenschaft sich auch empirischen Methoden zuwandte. Erst als innerhalb der Kritischen Theorie durch Habermas darauf hingewiesen wurde, daß Kritische Erziehungswissenschaft beides umfassen müsse, die empirische Untersuchung der Erziehungswirklichkeit und die Klärung normativer Fragen, allerdings unter emanzipatorischem Interesse, wurde innerhalb der Kritischen Erziehungswissenschaft die Aversion gegen empirische Forschung aufgegeben. Für den Erhalt der Konzeption Kritischer Erziehungswissenschaft war dieses aber bereits zu spät. In der öffentlichen Meinung begann sich die nicht ganz unberechtigte Auffassung durchzusetzen, daß die andauernde und ermüdende Dauerkritik gesellschaftlicher Verhältnisse für deren Veränderung völlig folgenlos sei, und schwerwiegende Verwerfungen in Staat und Gesellschaft wie der linke Terrorismus der RAF wurden öffentlich mit antiautoritärer Erziehung und damit mit dem Neomarxismus der Kritischen Theorie in Verbindung gebracht. Aber auch innerhalb der Anhänger Kritischer Erziehungswissenschaft machte sich die Einsicht breit, daß eine wesentliche Annahme der Kritischen Theorie naiv gewesen war: Diese hatte nämlich darin bestanden, wie selbstverständlich davon auszugehen, daß als ideologisch erkannte, weil herrschaftlich und damit falsche gesellschaftliche Verhältnisse aus Gründen der Vernunft auch tatsächlich verändert würden. Gleichzeitig waren die bekanntwerdenden Herrschaftsverhältnisse in den sozialistischen Staaten mit ihren in die Millionen gehenden Blutopfern etwa in der Zeit des Stalinismus nicht geeignet, eine Gesellschafts- und auch eine Erziehungstheorie zu stützen, die sich letztlich auf dieselbe Quelle, nämlich den Marxismus zurückführen ließ. Davon wurden allerdings die Positionen innerhalb der Versuche historisch-materialistischer Pädagogik noch stärker getroffen.

Trotz der ungünstigen Umstände blieb das Konzept Kritischer Erziehungswissenschaft nicht folgenlos. Der Gedanke, daß z. B. der Zugang zu Bildungseinrichtungen und damit zu Lebenschancen aufgrund der Erwartungen der Schule sozial ungleich verteilt seien, war ein solcher, der ein Musterbeispiel für eine kritische Wissenschaft darstellen konnte. Und in der Tat haben in der Folgezeit zahllose empirische Untersuchungen sich mit den sozialen Bedingungen des Aufwachsens, der Bildung, der Chancen beim Zugang zu den Bildungseinrichtungen, kurz mit vielen Aspekten der Ungleichheit im Erziehungs- und Bildungssystem beschäftigt, ohne sich immerzu auf Kritische Erziehungswissenschaft zu beziehen. Heute ist es selbstverständlich, bei der Analyse der Erziehungswirklichkeit, sei sie hermeneutisch oder empirisch vorgenommen, auch die sozialen Bedingungen der Entstehung bestimmter Bedingungen und Phänomene zu untersuchen.

Aber die Kritische Erziehungswissenschaft hatte in ihrer zweiten Phase, wiederum angeregt durch die Kritische Sozialphilosophie von Jürgen Habermas, noch ein zweites Element zu rezipieren versucht: Dieses bestand in der Idee des herrschaftsfreien Diskurses. Habermas hatte durchaus erkannt, daß das bloße Prinzip der Kritik auf Dauer nicht ausreichen würde, um die kritisierten Verhältnisse zu verändern. Er stellte sich also die Frage, wie denn anders, wenn nicht so wie gehabt, gehandelt werden sollte. Das bezog sich natürlich auch auf pädagogisches Handeln. Er machte deshalb den Vorschlag, in eigens dazu eingerichteten «herrschaftsfreien Diskursen» in einer «idealen Sprechsituation» die Normen des gemeinsamen Handelns zwischen den Betroffenen zu diskutieren und zu vereinbaren. Auf diese Weise werde vermieden, daß sich die Interessen der Stärkeren dadurch durchsetzen, daß sie Ideologien zur Realisierung ihrer Interessen mißbrauchen, oder dadurch, daß die von den Entscheidungen Betroffenen von ihnen ausgeschlossen sind. Für den Erziehungs- und Bildungsbereich bedeutete dieses, zu fordern, daß alle Betroffenen, Schüler, Eltern, Lehrer und andere Interessenträger, gemeinsam über Ziele, Inhalte, Methoden des Unterrichts, über die Struktur der Schule und vieles andere entscheiden sollten. Bei genauerem Hinsehen war klar, daß einem solchen Verfahren enge Grenzen gesetzt sein würden. Die Entscheidungsfähigkeit von Kindern ist bekanntlich u. a. von ihrem Lebensalter abhängig, die Mitbestimmungsbereitschaft von Eltern von ihren Lebensumständen usw. Im übrigen stellte sich die Frage, wessen Interessen außer den genannten eigentlich noch zu berücksichtigen sind, z. B. die der Kirchen oder der Gewerkschaften oder der Arbeitgeberverbände. Und schließlich gab es den Einwand, der in der griffigen Formel von der Diktatur des Sitzfleisches aufkam: Auch in «herrschaftsfreien Diskursen» siegt am Ende der, der am meisten Zeit, Geduld und körperliches Durchhaltevermögen mitbringt.

Auch wenn die Idee einer solchen «Diskursethik» nicht selten der Lächerlichkeit preisgegeben wurde, wozu sie allerdings selbst auch durch rigorose Formulierungen einen erheblichen Beitrag leistete, eines umfaßte der Gedanke doch: daß es nicht selbstverständlich sein kann, daß Dritte über Schule und damit über die Zukunft der nachwachsenden Generation bestimmen können. Dieser diskursethische Aspekt hatte mit der Erforschung der Erziehungswirklichkeit allerdings nichts zu tun. Insofern kann man sagen, daß die Kritische Erziehungswissenschaft am Ende ihrer Epoche eigentlich beide Elemente besaß: ein Forschungsprogramm der kriteriengeleiteten hermeneutischen Interpretation sowie der interessegeleiteten empirischen Analyse von Ideologie und sozialen Zwängen, aber daneben auch das einer Prinzipienwissenschaft nahestehende Modell für die Formulierung gültiger Handlungsnormen in der Erziehung. Insofern ist die Kritische Erziehungswissenschaft in ihrer Integra-

tion geisteswissenschaftlicher, empirisch-analytischer und prinzipienwissenschaftlicher Elemente ein Zugang von größerer Reichweite geworden als jede einzelne der anderen. Daß sie ihre führende
Rolle trotzdem verloren hat, lag im wesentlichen daran, daß innerhalb wie außerhalb der Wissenschaften der Glaube (!) daran verlorengegangen ist, man könne Welt von einem einzigen Punkt aus sowohl analysieren als auch normativ steuern. Der Verlust hatte nun
aber weniger damit zu tun, daß dieses für nicht machbar gehalten
wurde, sondern vielmehr damit, daß ein solcher Anspruch für nicht
mehr legitim gehalten wurde. Denn wer schützt die potentiellen Opfer einer noch so gut gemeinten Weltverbesserungstheorie vor deren
Folgen, wie sie an vielen Stellen der Welt in vielen sich selbst gerade
als Erziehungsstaaten verstehenden Gesellschaften zu beobachten
waren? Galt nicht für die «emanzipatorische Erzählung», wie der
französische Philosoph Jean-François Lyotard sie später einmal genannt hat, dasselbe wie für die Konzeptionen, die sie angeblich zu
überwinden trachtete? Galt für sie nicht auch, daß sie eine symbo-
lische Gewalt im Namen der Emanzipation auszuüben in der Lage
war, die in ihr Gegenteil umzuschlagen drohte, gab es nicht auch
hier eine «Dialektik der Aufklärung»? – Diese Überlegungen sind
charakteristisch für die philosophischen Provokationen gewesen,
die aus der Philosophie des französischen Strukturalismus und Poststrukturalismus hervorgingen (vgl. Kap. 4.5).

Literatur

Zu den Klassikern der Kritischen Theorie gehören:
Adorno, Th. W.: Negative Dialektik (1966). Gesammelte Schriften, Bd.
   6. Neuaufl., Frankfurt a. M. 1996.
Habermas, J.: Erkenntnis und Interesse (1969). 10. Aufl., Frankfurt
   a. M. 1991.
Horkheimer, M./Adorno, Th. W.: Dialektik der Aufklärung (1947).
   Frankfurt a. M. 1998.
Die wichtigsten Texte der Väter Kritischer Erziehungswissenschaft:
Mollenhauer, K.: Erziehung und Emanzipation, München 1968.
Mollenhauer, K.: Theorien zum Erziehungsprozeß (1972). 4. Aufl.,
   München 1982.
Blankertz, H.: Die Geschichte der Pädagogik, Wetzlar 1982.
Klafki, W.: Aspekte einer kritisch-konstruktiven Erziehungswissen-
   schaft, Weinheim/Basel 1976.

4.5 Erziehungswirklichkeit strukturieren: Strukturalistische und Poststrukturalistische Erziehungswissenschaft

In der zweiten Hälfte der 70er Jahre des 20. Jahrhunderts war das Konzept Kritischer Erziehungswissenschaft an seine Grenzen gelangt. Welche Alternative verblieb noch, nachdem die Möglichkeit, ein frei handelndes menschliches Subjekt zu denken, so sehr in Zweifel geraten war; nachdem offenkundig war, daß auch dem guten menschlichen Leben zugewandte Konzeptionen nicht vor der Verkehrung in ihr Gegenteil sicher waren; nachdem dennoch nicht geleugnet werden konnte, daß gesellschaftliche wie pädagogische Verhältnisse von Momenten unzulässiger Herrschaft und Gewalt geprägt waren?

Diese Frage hatten sich französische Marxisten schon früh gestellt und waren zu dem Schluß gekommen, daß man sich nicht mit der Analyse der gesellschaftlichen Oberfläche begnügen dürfte. Sie gingen vielmehr davon aus, so etwa Louis Althusser und Lucien Goldmann, daß unterhalb dieser Oberflächenstrukturen der Gesellschaft «Tiefenstrukturen» existieren, denen die eigentliche Verantwortung für das «falsche Bewußtsein» zugeschrieben werden müßte. Sie griffen damit methodologisch auf Konzeptionen innerhalb der französischen Anthropologie zurück. Dort hatte Claude Lévi-Strauss schon in den 40er Jahren gezeigt, daß beispielsweise den Heiratsgewohnheiten bei Naturvölkern, aber auch in Europa Verwandtschaftsstrukturen zugrunde liegen, die man aufdecken kann, wenn man das Regelsystem zwischen Tiefen- und Oberflächenstruktur rekonstruiert. Der Grundgedanke ging dabei dahin, daß eine bestimmte Tiefenstruktur aufgrund von Transformationsregeln zu einer (sichtbaren) Oberflächenstruktur der Gesellschaft umgewandelt wird. In Analogie dazu konnte dann auch davon ausgegangen werden, daß Herrschaftsverhältnisse anhand der Oberflächenstrukturen einer Gesellschaft nur rekonstruiert werden können, wenn die Transformationsregeln bekannt sind. Es sei deshalb Aufgabe aller strukturalen Wissenschaft, nach den Strukturen unter den Strukturen zu suchen, das heißt, eine Strukturalanalyse der kulturellen Objektivationen zu versuchen.

Dieser Ansatz ist durch Lenzen in die Erziehungswissenschaft übertragen worden. Dabei stand allerdings nicht das Interesse daran im Vordergrund, Herrschaftsverhältnisse aufzudecken, sondern aufgrund einer strukturalen Analyse die Mechanismen der Transformation von Tiefen- in Oberflächenstrukturen nutzbar zu machen. Denn wenn die Tätigkeit des Bewußtseins als eine solche zu beschreiben ist, bei der ein menschlicher Organismus in seinem Handeln Objektivationen (also sprachliche Äußerungen, Handlungen usw.) durch Transformation aus Tiefenstrukturen des Bewußtseins hervorbringt, dann würde dieses auch für pädagogisch Handelnde gelten müssen. So gesehen bringt ein Lehrer, ein Erzieher durch eine strukturale Tätigkeit Oberflächenstrukturen wie pädagogische Interaktionssituationen, Unterricht usw. hervor. Umgekehrt leistet ein lernender Organismus einen reziproken Transformationsvorgang: Er wandelt wahrgenommene Oberflächenstrukturen der gesellschaftlichen, kulturellen, auch biologischen Wirklichkeit um, die er in seiner Welt wahrnimmt, aufgrund der ihm eigenen Lernregeln, der «Transformationsregeln» in Tiefenstrukturen seines Bewußtseins. Sein Bewußtsein bewegt sich in einem laufenden Prozeß zu einer immer weiter abgestuften Tiefenstruktur.

Auf dieser Grundüberlegung aufruhend, müßte es möglich sein, die Erforschung von Tiefenstrukturen und Transformationsregeln zwischen Tiefen- und Oberflächenstrukturen zum Gegenstand der Erziehungswissenschaft zu machen. Denn wenn man diese Strukturen und Regeln kennt, kann man sie im Prinzip zur Optimierung von Lern- und Lehrvorgängen heranziehen. Als dieses Konzept entwickelt wurde, war der Stand der Kognitionspsychologie noch nicht so weit entwickelt, daß es möglich gewesen wäre, ein solches Struktur- und Regelsystem experimentell zu überprüfen. Daran hat sich innerhalb der letzten 25 Jahre Wesentliches geändert, so daß heute davon auszugehen ist, daß vielversprechende empirische Gewißheiten für die Annahme existieren, daß Lernen angemessen als strukturaler Differenzierungsvorgang des Bewußtseins beschrieben werden kann. Insofern muß ein solcher Ansatz heute in Richtung konstruktivistischer und systemtheoretischer Orientierung erweitert werden (vgl. Kap. 4.6). Bei einem Vorliegen hinreichender empirisch gesicherter Kenntnisse über die Differenzierungsvorgänge kann dann umgekehrt beschrieben werden, wie die Lernumwelt des lernenden Organismus, der Oberflächen- in Tiefenstrukturen überführt, gestaltet sein muß, damit dieser Vorgang optimal verläuft. In einer konstruktivistischen Didaktik werden solche Versuche heute unternommen, allerdings ohne hinreichende empirische Basis.

Weil dieses zum Zeitpunkt der Entstehung einer Strukturalistischen Erziehungswissenschaft nachhaltig fehlte, mußte eine Fortführung dieses Ansatzes zunächst ausbleiben. Dieses war auch der Grund dafür, daß eine zweite Spur strukturalistischer Wissenschaftslehre bedeutsamer wurde, die auf solche empirischen Evidenzen zunächst nicht angewiesen war. Es handelt sich dabei um die Rezeption der Philosophie Michel Foucaults, die selbst allerdings schon den Übergang zu einer poststrukturalistischen Konzeption bezeichnet.

Michel Foucault hatte schon in den 70er Jahren eine Reihe von Studien vorgelegt, in denen er der Frage nachgegangen war, welche Strukturen, welche «Ordnungen», welche Formen der Macht geschichtlich der Entstehung wichtiger Institutionen zugrunde gelegen haben. Dabei interessierte er sich insbesondere für totale Institutionen wie das Gefängnis, das Krankenhaus, die Armee und eben auch die Schule. Diese in einem Atemzug mit Gefängnis und Psychiatrie zu nennen war eine Provokation, die der Pädagogik nicht recht sein konnte, die doch für sich immer beanspruchte, für die nachwachsende Generation nur das Beste zu wollen. Foucault konnte indessen auch aufzeigen, daß gerade das 19. Jahrhundert, das für sich mit der Modernisierungsidee den Fortschritt gepachtet zu haben schien, eine einzigartige Form der Beherrschung des Körpers in solchen Institutionen etabliert hatte.

Die durchschlagende und gleichzeitig provozierende Idee steckte aber eigentlich hinter dieser Einsicht: Sie bestand nämlich darin, die Existenz eines frei handelnden Subjektes zu leugnen. Foucault versuchte in seinen Studien zu verdeutlichen, daß die Tiefenstrukturen der Macht so gewaltig sind, daß ihre Eigendynamik, verfolgt man sie nur lange genug im historischen Prozeß, Herrschaft erzeugt, ohne daß die Frage eine große Rolle spielt, ob Menschen dieses wünschen oder nicht. Mit diesem Element beschritt Foucault den Übergang von einer strukturalistischen zur poststrukturalistischen Position. Er besteht nämlich genau darin, die Oberflächenstrukturen der Gesellschaft wie auch ihrer Teile, zu denen auch das Erziehungs- und Bildungswesen gehört, als Hervorbringungen nicht menschlichen Handelns, sondern anderer, gewissermaßen selbstwirksamer Strukturen zu betrachten. Diese Sichtweise ist in historisch-strukturalistischen Ansätzen innerhalb der Erziehungswissenschaft aufgenommen und anhand zahlreicher Detailuntersuchungen fruchtbar gemacht worden.

Betrachtet man den strukturalistischen Zugang auf Wirklichkeit im Verhältnis zu den anderen erziehungswissenschaftlichen Konzeptionen, dann läßt sich folgendes sagen: Strukturalistische Erziehungswissenschaft interessiert sich nicht für die Fixierung von Normen «richtigen» pädagogischen Handelns. Nach dem Tod des Subjekts, welches solche «richtigen» Handlungen vollziehen könnte, ist eine derartige Frage nicht mehr sinnvoll. Das bedeutet indessen nicht, pädagogisches Handeln wäre beliebig. Das Arrangement von Lernsituationen kann vielmehr geeignet, aber auch ungeeignet sein, je nachdem, ob es dem lernenden Bewußtsein den Vorgang seiner Ausdifferenzierung erleichtert oder nicht. Die Annahme eines Subjekts benötigt man dafür nicht, weil solche Vorgänge nicht nur für Menschen, sondern auch für andere Organismen gelten. Auch die poststrukturalistische Position interessiert sich nicht für Normen richtigen pädagogischen Handelns; sie versucht ja gerade herauszustellen, daß es ein solches Handeln gar nicht gibt, sondern daß die Erziehungswirklichkeit das Produkt machtvoller Strukturen ist. Gegenüber dieser Wirklichkeit selbst nimmt sowohl die strukturalistische als auch die poststrukturalistische Position eine analytische Haltung ein, darin durchaus Empirischer Erziehungswissenschaft verwandt. Die Annahme von latenten Tiefenstrukturen darf allerdings nicht substantialistisch so verstanden werden, als ob diese Strukturen von irgendeiner höheren Macht in die Welt gesetzt worden wären. Es ist vielmehr so, daß Strukturannahmen einen hypothetischen Charakter haben. Ihre auch mathematische Beschreibung erleichtert den Rekonstruktions- und Analysevorgang. Wissenschaftlich fruchtbar sind strukturale Analysen dann, wenn kognitionspsychologische Evidenzen dafür existieren, daß Lern- und Lehrvorgänge durch bestimmte Strukturbeschreibungen angemessen erfaßt werden.

Für die poststrukturalistischen Analysen gelten solche experi-

mentellen Maßstäbe nicht. Sie konzentrieren sich auf die Aufdek-
kung von Makrostrukturen des historischen Prozesses, die im
strengen Sinn ohnedies nicht empirisch bewertet werden können,
weil der historische Prozeß als vergangener ja nicht experimentell
wiederholt werden kann. Dieses ist ein Problem historischer Forschung überhaupt. Soweit sie sich nämlich nicht auf die bloße Ent-
deckung und Datierung von Quellen beschränkt, ist historische
Forschung immer auf die «Fingierung» von geschichtlichen Strukturen und Abläufen angewiesen.

Literatur

Drei wichtige Quellentexte des französischen Strukturalismus:
Althusser, L. / Balibar, E.: Das Kapital lesen, 2 Bde, Reinbek b. Hamburg
    1972.
Barthes, R.: Mythen des Alltags. 18. Aufl., Frankfurt a. M. 1998.
Lévi-Strauss, C.: Die elementaren Strukturen der Verwandtschaft
    (1949), Frankfurt a. M. 1993.
*Ein wichtiger Ausgangstext für den Poststrukturalismus in der Erzie-
hungswissenschaft:*
Foucault, M.: Überwachen und Strafen. 11. Aufl., Frankfurt a. M. 1995.
Strukturalistische Erziehungswissenschaft:
Lenzen, D.: Didaktik und Kommunikation, Frankfurt a. M. 1973.
Poststrukturalismus in der Erziehungswissenschaft:
Pongratz, L. A.: Pädagogik im Prozeß der Moderne, Weinheim 1989.

4.6 Erziehungswirklichkeit konstruieren: Systemtheoretische und Konstruktivistische Erziehungswissenschaft

Die Zweifel an der Möglichkeit, pädagogisches Handeln als Tätigkeit frei entscheidender Subjekte zu denken, hat nicht nur den Blick
auf eine Strukturalistische Erziehungswissenschaft, sondern auch
auf eine systemtheoretische Orientierung eröffnet. Die Systemtheorie, ursprünglich begründet von dem amerikanischen Soziologen
Talcott Parsons, wurde in Europa von Niklas Luhmann weiterent-
wickelt zu einer umfassenden Theorie der Gesellschaft. Dabei versteht Luhmann Gesellschaft als ein System von Kommunikationen. Im Prozeß der Moderne hat sich das gesellschaftliche

System in Teilsysteme ausdifferenziert. Dieser Prozeß wird als funktionale Differenzierung bezeichnet. Das bedeutet, daß ein wachsender Bedarf an immer neuen gesellschaftlichen Funktionen (z. B. Rechtsprechung, Gesundheitsfürsorge, Seelsorge usw.) immer neue gesellschaftliche Teilsysteme hervorbringt. Dazu gehören das Rechtssystem, das Gesundheitssystem, das System der Kunst, das religiöse System und eben auch das Erziehungssystem. Luhmann, nicht selten in gemeinsamen Publikationen mit dem Erziehungswissenschaftler Karl Eberhard Schorr, hat sich als Soziologe gefragt, wieso das Erziehungssystem möglich ist und wie es funktioniert.

Die Systemtheorie ist die derzeit anspruchsvollste und komplexeste wissenschaftliche Theorie in den Geistes- und Sozialwissenschaften. Es ist unmöglich, dieses Gebäude hier kurz zu erläutern, ohne es im wesentlichen zu verfehlen. Dennoch ist es wichtig zu wissen, daß Luhmann eine bestimmte Funktionsweise von sozialen Systemen unterstellt, nach der er in einer ganzen Reihe von sozialen Subsystemen gesucht hat und in denen er auch fündig geworden ist. Sehr verkürzt gesagt, besteht die Funktionsweise darin, daß ein gesellschaftliches Subsystem sich dadurch fortlaufend festigt, daß es sich paradoxerweise Destabilisierungsversuchen im Umgang mit der Umwelt aussetzt. Deren Komplexität veranlaßt das soziale System dazu, die eigene Vielfalt zu steigern, um einen Systemkollaps zu vermeiden. Moderne Gesellschaften haben Systemmechanismen herausgebildet, durch deren Wirkung die gesellschaftlichen Subsysteme ultrastabil geworden sind. Diese stabilisieren sich selbst dann, wenn sie scheinbar überflüssig geworden sind. Zu den zahlreichen Mechanismen dieser stabilisierenden Ausdifferenzierung gehört es, daß ein gesellschaftliches System einen binären Kommunikationscode herausbildet. Dieser Kommunikationscode ist eine Art Meßkriterium dafür, ob eine Kommunikation zu dem fraglichen System gehört oder nicht. Die Binarität besteht häufig in einer Art Gegensätzlichkeit, die man an einem Beispiel erläutern kann:

Das Wissenschaftssystem operiert mit dem Code wahr/unwahr. Jede Kommunikation, die nicht unter diesem Gesichtspunkt betrachtet werden kann, gehört nicht zum Wissenschaftssystem. Eine Äußerung also, über die nur gesagt werden könnte, ob sie etwa schön oder unschön ist, nicht ob sie zutrifft oder nicht, wäre für das Wissenschaftssystem systemfremd.

Im Entwicklungsprozeß funktional differenzierter Gesellschaften können sich Kommunikationscodes allerdings ändern und neuen Gegebenheiten anpassen. Ein solcher Fall scheint im Erziehungssystem gegeben zu sein. Während klassischerweise das Kind im Erziehungssystem als Medium der Kommunikation diente, scheint sich dieses mittlerweile zu ändern. Ursprünglich konnte man sagen, daß nur solche Kommunikationen zum Erziehungssystem gehören, die sich auf das Kind beziehen. Das ist inzwischen nicht mehr der Fall. Die Erziehungswissenschaft hat, wie an verschiedenen Stellen gezeigt, einen einzigartigen Expansionsprozeß hinter sich gebracht, in dem praktisch jede Phase eines Lebens von erziehenden oder doch zumindest bildenden Maßnahmen begleitet zu sein scheint. Gleichzeitig entwickelt sich jedes Individuum im Zusammenhang dieser Maßnahmen weiter. Es ist deshalb wahrscheinlich anzunehmen, daß das Erziehungssystem inzwischen das Verhältnis von Lebenslauf und Humanontogenese (ein anderer Begriff für Entwicklung des Individuums) als Kommunikationsmedium gewählt hat. Diese Frage ist, auch wenn es nicht so erscheinen mag, von außerordentlicher Bedeutung, weil eine Verschiebung des Kommunikationsmediums in die Richtung des gesamten Lebenslaufs wie der gesamten Persönlichkeitsentwicklung bedeutet, daß das Erziehungssystem seine Grenzen wesentlich erweitert hat, ja daß in gewisser Weise fast jeder soziale und individuelle Aspekt von Welt Bestandteil des Erziehungssystems sein kann.

Es wird deutlich, daß eine systemtheoretische Befassung mit dem Erziehungssystem vom Boden der Soziologie aus veranstaltet wird. Der Soziologe interessiert sich für das Funktionieren der Gesellschaft und ihre Subsysteme. Insofern kann man nicht davon sprechen, daß systemtheoretische Ansätze auch dann, wenn sie von Erziehungswissenschaftlern verfolgt werden, zur Erziehungswissenschaft gehören. Es handelt sich vielmehr um Erklärungsversuche für die Existenz eines Erziehungssystems innerhalb der Gesellschaft. In diesem Zusammenhang sind zahlreiche Detailfragen systemtheoretisch-soziologisch wieder aufgegriffen worden, die ursprünglich innerhalb der Erziehungswissenschaft diskutiert worden sind, um ihren Stellenwert bei der Erklärung der Existenz und

Funktionsweise des Erziehungssystems einschätzen zu können. Dabei ist auch der Begriff Bildung, das Zentrum der klassischen Pädagogik, zum Gegenstand systemtheoretischer Analysen geworden. So wurde z. B. gefragt, warum dieser völlig unspezifische Begriff über den sehr langen Zeitraum von 200 Jahren systemstabilisierend wirken konnte. Die Antwort besteht darin, daß gerade die Unbestimmtheit, verbunden mit der scheinbaren Bestimmtheit des Bildungsbegriffs, einen wesentlichen Beitrag für den Erhalt des Begriffs «Bildung» geleistet hat. Auch gegensätzliche Positionen können sich in der Verständigung über Bildung scheinbar schnell einigen und stabilitätsbedrohende Einwände gegen das Erziehungssystem mit dem Hinweis auf die Notwendigkeit von Bildung abwehren.

An diesem Beispiel wird deutlich, daß Systemtheorie sich nicht für die Frage interessiert, ob Bildung sein soll, ja nicht einmal dafür, ob Bildung überhaupt möglich ist. Vielmehr geht es darum, wie ein Kommunikationselement namens Bildung innerhalb des Erziehungssystems so funktioniert, daß dieses stabil bleibt und sich ausdifferenzieren kann. Für die Systemtheorie gilt wie für den Strukturalismus, daß nicht mehr subjektives Handeln Gegenstand der Forschung sein kann, sondern Strukturen und Mechanismen.

Durch einen bedeutsamen Entwicklungsschritt in der Luhmannschen Systemtheorie ist seit Mitte der 80er Jahre allerdings eine Möglichkeit deutlich geworden, systemtheoretische Grundlagen durchaus für eine systemtheoretische Erziehungswissenschaft aufzunehmen. Die Erweiterung der Luhmannschen Systemtheorie besteht im wesentlichen in der Annahme, soziale Systeme seien autopoietische, d. h. in sich geschlossene Systeme. Diese Grundkonstruktion kann auch auf Bewußtseinssysteme übertragen werden. Ein Schüler, ein Lehrer, ein Erzieher, ein Kind sind demnach keine handelnden Subjekte, sondern Bewußtseinssysteme, die im Prinzip nach denselben Stabilisierungs- und Ausdifferenzierungsmechanismen funktionieren wie soziale Teilsysteme. Nimmt man diesen Gedanken auf, dann bietet sich eine Verbindung zu der früheren Konzeption Strukturalistischer Erziehungswissenschaft an, die mangels empirischer Bestätigungen nicht weiterverfolgt werden konnte. Bringt man nämlich heute kognitionswissenschaftliche Forschungsresultate mit der in der Systemtheorie enthaltenen konstruktivistischen Grundannahme in Verbindung, dann zeigt sich, daß eine systemtheoretische Auffassung von Bewußtsein sehr sinnvoll sein kann.

Doch was bedeutet diese komplizierte Überlegung? – Der Grundgedanke besteht darin, daß ein Bewußtseinssystem eine vorhandene Wirklichkeit nicht wahrnimmt und irgendwie verarbeitet, sondern daß das, was wir für Wirklichkeit halten, nur eine Konstruktion (eine Gestaltung) unseres Bewußtseins darstellt. Wir können nichts darüber sagen, ob es Wirklichkeit «wirklich» gibt. Diese Frage ist auch irrelevant. Das, worüber wir reden, wenn wir über Wirklichkeit reden, sind Konstruktionen unseres Bewußtseins. Noch einmal: Wirklichkeit ist, dies ist die Grundthese des mit der Systemtheorie Luhmanns inzwischen verknüpften radikalen Konstruktivismus, eine Konstruktion des Gehirns. Bei der psychologischen und vor allem biologischen Überprüfung dieser Hypothese hat sich herausgestellt, daß jedes Gehirn die «Wirklichkeit» anders konstruiert, d. h. in gewisser Weise erfindet. Jedes Gehirn konstruiert seine individuelle Wirklichkeit.

Wenn das, was wir normalerweise als «Wahrnehmung» der Wirklichkeit bezeichnen, also eher als Konstruktion dieser Wirklichkeit angesehen werden muß, dann heißt das, daß auch Lernen, das mit Wahrnehmen ja verwandt ist, als eine Konstruktion von Wirklichkeit begriffen werden muß. Wenn wir lernen, entwerfen wir Wirklichkeit. Unser Bewußtseinssystem stabilisiert sich angesichts einer vielschichtigen Wirklichkeit dadurch, daß es selber Komplexität durch Ausdifferenzierung herausbildet. Für diesen Vorgang gibt es eine Reihe von recht genau beschreibbaren Mechanismen, die psychologisch-empirischen Bewährungsproben zu unterziehen sind. Das hat für Erziehung und Unterricht weitreichende Folgen. Wenn nämlich jedes individuelle Gehirn seine Wirklichkeit auf individuelle Weise konstruiert, dann ist der Glaube, man könne Kinder beispielsweise in Jahrgangsklassen mit ein und derselben Methode unterrichten, ein fataler Irrtum. Und in der Tat wissen wir ja, daß Kinder im Einzelunterricht sehr viel schneller und effektiver lernen als im Klassenverband. Es gibt sogar die These, daß der gesamte Stoff einer 13jährigen Schulkarriere im wesentlichen in einem Jahr vermittelt werden könnte, wenn der Vermittlungsprozeß sich auf die individuellen Konstruktionsmechanismen des Gehirns einlassen würde. Man mag sich fragen, warum Schule so nicht verfährt. Dafür gibt es im wesentlichen zwei Gründe: Schule hat eben nicht nur eine Ausbildungsfunktion, sondern, wie gezeigt, auch eine Aufbewahrungsfunktion, um Eltern nicht zuletzt von der Betreuungsarbeit ihrer Kinder zu entlasten. Darüber hinaus wäre eine so extrem effektivierte Unterrichtung vermutlich auch viel zu teuer und von uns gegenwärtig nicht bekannten Nebenwirkungen begleitet, z. B. im Feld des sozialen Verhaltens, der psychischen Befindlichkeit usw.

Entscheidend ist aber etwas anderes. Im einzelnen sind uns die Ausdifferenzierungsmechanismen der neuronalen Netzwerke eines Gehirns noch so unbekannt, daß eine optimale Form der Gestaltung von Lernumwelt noch nicht erreicht werden kann. Immerhin lassen sich allgemeine Sätze wie diese formulieren: Die Annahmen, Wissen müsse im Unterricht «vereinfacht» werden, es sei anzupassen an kindgemäße Möglichkeiten, es sei didaktisch zu reduzieren, sind falsch. Es ist sehr wahrscheinlich, daß gerade ein in seiner Komplexität nicht reduziertes Wissen die beste Grundlage für eine neuronale Ausdifferenzierung des Bewußtseinssystems liefert. Das gilt auch dann, wenn dieses System am Ende nicht genau das gelernt hat, was die Lehrenden und der Unterricht intendieren.

Dieser Gesichtspunkt ist eigentlich der revolutionärste einer konstruktivistischen Erziehungswissenschaft: daß man sich von dem Gedanken freimachen muß, es sei möglich, mit Hilfe von Unterricht bestimmte Lernziele beim Lernenden durchzusetzen. Auch dann, wenn nach einem Unterrichtsvorgang die Schüler die gewünschten Mathematikaufgaben lösen können, wenn sie ein gewünschtes Gedicht auswendig aufsagen oder die Vokabeln der letzten Englischstunde wiedergeben, ist es eine Selbsttäuschung zu glauben, daß alle Schüler das gleiche Lernziel erreicht hätten. Sie reproduzieren – unter dem Druck der Verhältnisse – vielmehr bestimmte Erwartungen. Das, was das Gelernte für sie bedeutet, ist indessen völlig unterschiedlich. Für den Erwerb kognitiver Kenntnisse vom Typus der Mathematik oder für den Erwerb von Fertigkeiten und Fähigkeiten reproduktiver Art ist das unerheblich. Wenn es allerdings um Vorgänge wie moralische oder ästhetische Erziehung geht, dann muß von der Vorstellung Abschied genommen werden, hier ließen sich Ziele realisieren. Zu einer bestimmten

Moral kann man nicht erziehen. Moralerziehung kann also allenfalls Wissen über Moralität vermitteln. Die neuronalen Strukturen, die später handlungsbegleitend sein werden, sind bei jedem Menschen unterschiedlich. Es ist zu erwarten, daß eine Anwendung der ursprünglich soziologischen Systemtheorie auf psychische Systeme für die Erziehungswissenschaft revolutionäre Folgen haben wird. Erste Versuche der Umsetzung sind in der Fachdidaktik des naturwissenschaftlichen Unterrichts erkennbar.

Betrachten wir den Zugriff einer strukturalistisch-systemtheoretisch-konstruktivistischen Erziehungswissenschaft auf Wirklichkeit im Vergleich zu den anderen Konstruktionen, dann läßt sich sagen: Sie nimmt Abschied von der Vorstellung, Erziehung und Unterricht könnten zielgeleitete, von Normen bestimmte Vorgänge sein, mit deren Hilfe man Menschen erziehen oder gar manipulieren kann. Diese Tatsache hat dem Konstruktivismus, aber auch schon der Systemtheorie viel Gegnerschaft eingebracht, besonders in den 70er Jahren, als die Erziehungswissenschaft sich mehrheitlich noch in der Rolle sah, eine konservative Gesellschaft verändern zu wollen auf dem Weg über eine andere Erziehung der nachwachsenden Generation. Das setzte die Annahme voraus, man könne Menschen so beeinflussen, daß sie ihr Verhalten verändern. Diese Annahme läßt sich heute nicht mehr halten. «Im strengen Sinne», so schreibt z. B. Lynn Hoffman aus systemisch-therapeutischer Sicht, «kann man keine Menschen beeinflussen – man beeinflußt nur den Kontext, und von diesem kann man vielleicht auch nur den eigenen beeinflussen» (1987, S. 90). Wegen der realistischen Einschätzung solcher Beeinflussungsmöglichkeiten haben die Vertreter anderer Positionen geglaubt, Systemtheoretiker seien nicht an gesellschaftlicher Veränderung interessiert und nicht an der Emanzipation des Menschen. Dieses ist allerdings ein Irrglaube, der nicht untypisch für solche Zeitgenossen ist, die das Ärmelaufkrempeln dem Nachdenken vorziehen und den Nachdenklichen dann auch noch Konservatismus vorwerfen, weil diese die Träume der «Menschenmacher» als das bezeichnen, was sie sind: Selbsttäuschungen über die Wirksamkeit von Erziehung und Unterricht. Insofern ist die Einnahme eines konstruktivistischen Standpunkts (statt eines phänomenologischen oder kritischen oder, oder ...) keine Frage *irgendeiner* Entscheidung, die auch anders verlaufen könnte, sondern es ist die Entscheidung für eine realitätsangemessene und deshalb komplexe Analyse, zu der es keine Alternative gibt.

Ein solcher methodischer Zugriff nimmt auch die Tatsache ernst, daß es in sozialen Zusammenhängen keine Kausalitäten gibt und daß die Eigendynamik von sozialen wie von psychischen Systemen so hoch ist, daß die Beeinflussungsversuche an einzelnen Stellen in der Regel nicht die erwünschten, sondern andere Effekte zeitigen.

Ein kleines Beispiel aus der Schulwirklichkeit mag das belegen: An einer Grundschule mit sog. Integrationskindern, d. h. behinderten Schülern, die im Normalschulwesen unterrichtet werden, steht am Ende des letzten Schuljahrs die Frage, an welche weiterführende Schule diese Kinder überwiesen werden. Die weiterführenden Schulen nehmen sich dieser Kinder dann besonders ungern an, wenn sie nicht körperbehindert sind, sondern lernbehindert oder gar geistig behindert, weil der Notendurchschnitt sich in dieser Schule dadurch verschlechtert und sie im Vergleich mit anderen Schulen negativer abschneidet in der Schulqualitätsmessung. In diesem konkreten Fall wehrte die nahegelegene Gesamtschule die Aufnahme eines lernbehinderten Kindes mit der Begründung ab, dieses könne nur aufgenommen werden, wenn die Grundschule ihr gleichzeitig mindestens fünf Kinder mit einer sog. Realschul- oder einer Gymnasialempfehlung liefere, die die schlechten Leistungen des lernbehinderten Kindes kompensieren. Der Leiter der Grundschule, der sich vehement für das lernbehinderte Kind einsetzte, verabredete daraufhin mit der Klassenlehrerin, fünf weiteren Kindern eine Realschul- bzw. Gymnasialempfehlung zu geben und den Eltern damit nahezulegen, ihre Kinder gleichfalls auf die Gesamtschule zu schicken.

Auf den ersten Blick könnte man meinen, dieses sei doch ein Beleg für die Beeinflussung von Menschen, in diesem Fall durch die Vertreter der Grundschule. Tatsächlich hat aber die Gesetzmäßigkeit eines Systems, in diesem Fall dominiert durch die staatliche Drohung vergleichender Schulqualitätsmessung, eine gutgemeinte Tätigkeit von Pädagogen hervorgerufen, die jedoch eine Reihe gar nicht beabsichtigter Nebenfolgen hat: Fünf Kinder erhalten eine Empfehlung, die sie unter anderen Bedingungen nicht erhalten hätten, einige dieser bekommen mit Sicherheit Probleme, wenn ihre

Leistungen auf der weiterführenden Schule nicht den Erwartungen entsprechen, die die Empfehlung ausgelöst hatte. Die Gesamtschule muß wegen der Schulqualitätsmessung dann unter Umständen die Noten nach oben korrigieren. Im nächsten Schuljahr wird die Gesamtschule die Empfehlungen der Grundschule weniger ernst nehmen und eigene Leistungsmessungen vornehmen. Der Staat wird bei häufigerem Vorkommen solcher Fälle auf einer Zweitbewertung aller Grundschulkinder bestehen usw.

Wir sehen: Eine menschlich hoch zu lobende Absicht löst erhebliche Vorgänge innerhalb des Systems aus, die genaugenommen nicht Folge der Entscheidung des Grundschulleiters, sondern der Systemdynamik sind, der zufolge eine vergleichende Schulqualitätsmessung durchgeführt wird. Es sind also nicht erzieherische Intentionen, keine pädagogischen Normen oder Prinzipien pädagogischen Handelns, die in diesem Fall z. B. das Schicksal der sechs beteiligten Kinder mitbestimmen, sondern systemische Gesetzmäßigkeiten.

Die Frage nach Normen oder Prinzipien pädagogischen Handelns als Frage nach den richtigen Weisen des Handelns erübrigt sich darum bis auf einen kleinen Rest: Der Erziehungsprozeß erfährt seinen Sinn darin, daß er Bewußtseinssystemen die Möglichkeit gibt, sich durch Komplexitätssteigerung zu stabilisieren, d. h., überhaupt am Leben zu erhalten. Daß Leben in diesem Sinn sein soll, ist also durchaus, allerdings die einzige Ausgangsnorm jeder Handlung, die lernenden Bewußtseinssystemen eine komplexe Lernumwelt bereitstellt. Zur erfahrungsgeleiteten Erforschung von Wirklichkeit hat eine solche Erziehungswissenschaft insofern ein völlig ungebrochenes Verhältnis, als daß sie daran interessiert sein muß, Transformationsregeln, Ausdifferenzierungsmechanismen und Konstruktionsweisen des Bewußtseinssystems zu kennen, um im Lehrprozeß ein optimales Komplexitätsmaß bereitzustellen. Dabei wird die eigentliche Aufgabe empirischer Forschung in einer solchen Konzeption die Erforschung der Grundlagen des Konstruierens von Wirklichkeit durch Lernende wie durch Lehrende sein.

Literatur

Ihren Ausgang nahm soziologische Systemtheorie bei:

Parsons, T.: Gesellschaften. Evolutionäre und komparative Perspektiven, Frankfurt a. M. 1975.

In ihrer umfassendsten Form ist die Weiterentwicklung der Systemtheorie niedergelegt in:

Luhmann, N.: Soziale Systeme. Grundriß einer allgemeinen Soziologie (1984). 6. Aufl., Frankfurt a. M. 1996.

Den Ausgangspunkt der Rezeption der Systemtheorie in der Erziehungswissenschaft bildet:

Luhmann, N./Schorr, K. E.: Reflexionsprobleme im Erziehungssystem, Frankfurt a. M. 1988.

Die Beschreibung der Expansion des Erziehungssystems in Richtung Lebenslauf und Humanontogenese findet sich in:

Lenzen, D./Luhmann, N. (Hg.): Bildung und Weiterbildung im Erziehungssystem, Frankfurt a. M. 1997.

Eine Darstellung des Konstruktivismus bietet:

Glasersfeld, E. v.: Radikaler Konstruktivismus. Ideen, Ergebnisse, Probleme, Frankfurt a. M. 1996.

Eine Abklärung der Frage, inwieweit Bewußtsein konstruktivistisch begriffen werden kann, enthält:

Roth, G.: Das Gehirn und seine Wirklichkeit, Frankfurt a. M. 1997.

Dieser Aufsatz versucht, die Möglichkeit zu prüfen, ob Bildungsvorgänge als Konstruktionen des Bewußtseins gedacht werden können:

Lenzen, D.: Lösen die Begriffe Selbstorganisation, Autopoiesis und Emergenz den Bildungsbegriff ab? In: Zeitschrift für Pädagogik 43 (1997), H. 6, S. 949–968.

Konstruktivistische Ansätze für den naturwissenschaftlichen Unterricht enthält:

Matthews, M. R. (Hg.): Constructivism in Science education. A philosophical examination, Dordrecht/Boston/London 1998.

4.7 Reflexive Erziehungswissenschaft

Für den Studienanfänger ist die Beschäftigung mit erziehungswissenschaftlichen Konzeptionen schwierig, vielleicht sogar abschreckend und unter Umständen eher desorientierend als aufbauend. Die Folgen der einzelnen Ansätze werden nicht unmittelbar greifbar. Man ist verunsichert. Muß man das wirklich alles wissen? Kann man sich nicht auf die *eine* Hauptströmung konzentrieren?

Leider ist es so einfach nicht. Die dargestellten Positionen stellen unter der Vielfalt der historisch entstandenen nur eine kleine Auswahl derjenigen Konzeptionen dar, die Bestand gehabt haben und die für die Geschichte des Erziehungs- und Bildungsdenkens wie für die Erforschung der Erziehungswirklichkeit von Bedeutung gewesen sind und vermutlich auch bleiben werden. Dabei mußten Positionen ausgespart werden, die gleichfalls hoch interessant gewesen sind wie die Phänomenologische Pädagogik oder der interaktionistische Ansatz. Dies läßt sich nur rechtfertigen, wenn man darauf hinweist, daß solche Ansätze nicht so verbreitet sind, daß sie jedem Studierenden mit Sicherheit begegnen werden. Sich über sie zu orientieren kann dennoch sinnvoll sein. Eine gute Übersicht bietet dafür die Einführung in Theorien und Methoden der Erziehungswissenschaft von Heinz-Hermann Krüger (1997).

Daß trotz dieser Selektion so viele Positionen dargestellt werden mußten, hängt mit ihrer Bedeutsamkeit wie auch damit zusammen, daß in den letzten 15 Jahren eine Theorienvielfalt nicht nur in der Erziehungswissenschaft Platz gegriffen hat. Die Provokation der Postmoderne hat es mit sich gebracht, daß theoretische Ansätze pluralisiert worden sind, daß viele theoretische Blumen blühen, ohne daß noch das Bedürfnis besteht, diese auf eine Linie bringen zu wollen. Für die Erforschung der Erziehungswirklichkeit und für das Studium der Erziehungswissenschaft zumal hat das indessen einen Nachteil. Natürlich sind all diese, zum Teil noch sehr jungen Ansätze in ihrer Reichweite nicht gleichwertig. Wenn man genau hinschaut, sieht man vielmehr, daß in der Theorieentwicklung über nicht mehr als 50 Jahre durchaus ein Ablösungs- und eine Art Aufschichtungsprozeß stattgefunden hat. So sind die jüngeren Konzeptionen durchaus Antworten und Ablösungen älterer Fehler, indem sie versuchen, auch solche Irrtümer zu kompensieren. Und man kann sagen, daß die Geisteswissenschaftliche Pädagogik gewissermaßen eine intelligentere Antwort auf die normative Pädagogik gab. Die Empirische Erziehungswissenschaft versuchte das Empiriedefizit der Geisteswissenschaftlichen Pädagogik zu überwinden. Die Kritische Erziehungswissenschaft vereinte in sich normative und empirische Tendenzen vorangegangener Modelle. Die strukturalistischen, poststrukturalistischen, systemtheoretischen und konstruktivistischen Zugehensweisen ziehen sodann aus dem notwendigen Abschied von der Vorstellung eines freien Subjekts wissenschaftliche Konsequenzen, ohne den erreichten Stand empirischer Forschung hinter sich zu lassen.

Wohl aber versuchen sie durch ein differenzierteres Theoriesystem, der Komplexität ihres Gegenstandes gerecht zu werden. Damit konzentrieren sie sich vornehmlich auf einen Entwurf von Grundlagenforschung und entfernen sich notwendigerweise weit von den Nöten alltäglichen pädagogischen Handelns. Für dieses Handeln Hilfen zu stiften ist allerdings auch nicht Aufgabe der Wissenschaft. Erziehungswissenschaft ist keine technische Lehre, sondern ist entweder Grundlagenforschung oder nicht einmal Wissenschaft. Diese notwendige Abstraktion bietet allerdings eine Gefahr. Der erzieherische und unterrichtliche Alltag kann sich so weit von dem erreichten Stand wissenschaftlichen Wissens entfernen, daß er hinter seinen Möglichkeiten zurückbleibt. Noch schlimmer: Erziehung und Unterricht im Alltag können sich unerkannt und unter der Hand gegen die Menschen richten, sei es absichtlich oder nicht. Der alltägliche bildungspolitische Diskurs ist voll von Forderungen und Zumutungen gegenüber der nachwachsenden Generation, ja gegenüber der gesamten Bevölkerung, gegen die sie sich kaum wehren kann. Aus diesen Gründen scheint es notwendig, neben der Grundlagenforschung und neben dem pädagogischen Alltag eine Instanz zu wissen, die sich zu beiden reflexiv verhält.

Reflexiv heißt, daß diese Einrichtung solches Wissen ermöglicht, welches man benötigt, um einerseits nicht hinter dem Stand des Erreichten zurückzubleiben, andererseits nicht etwas hervorzubringen, was man eigentlich gar nicht beabsichtigt. So darf man sich ja keine Illusionen darüber machen, daß sowohl Erziehung und Unterricht als auch Erziehungswissenschaft und Pädagogik Folgen für die Erziehungswirklichkeit haben.

Im Rahmen einer Reflexiven Erziehungswissenschaft scheint es deshalb angemessen zu sein, Pädagogik- und Erziehungsfolgenabschätzung zu betreiben. Dieser Begriff ist durchaus in Analogie zur Technikfolgenabschätzung gedacht. Erziehung ist tendenziell nicht minder gefährlich als ein Atomkraftwerk. Das will heißen: Wie eine hochkomplexe Technologie unvorhergesehene Störfälle hinnehmen muß, gibt es solche Fälle auch im Erziehungssystem. So kann das Auftreten massenhafter Gewaltbereitschaft unter Jugendlichen durchaus als eine Erziehungsfolge angesehen werden, die der wissenschaftlichen Untersuchung bedarf.

Neben solchem unmittelbar erkennbarem Versagen existiert eine zweite Dimension: Unser pädagogischer Alltag ist durchsetzt von unerkannten normativen Forderungen von Alltagstheorien über Tatsachen, die zumeist falsch sind, und von mythischen Orientierungen, die eine lange Geschichte haben, deswegen aber trotzdem nicht zutreffend sind: «Was Hänschen nicht lernt, lernt Hans nimmermehr» – das ist eine ebenso unsinnige volkspädagogische Vorstellung, wie der Glaube volksmedizinisch verbreitet und falsch ist, daß Spinat besonders viel Eisen enthalte. Es gibt keine empirische Studie, die die Richtigkeit dieser Volksweisheit bestätigt. Im Gegenteil, vor dem Hintergrund zahlloser Untersuchungen über das Lernverhalten Erwachsener müßte der Satz eigentlich heißen: «Wenn Hänschen lernt, lernt auch Hans.» Reflexive Erziehungswissenschaft klärt über die historischen Bedingungen auf, unter denen solche Vorstellungen entstanden sind und vielleicht sogar einmal zugetroffen haben.

Schließlich gilt es, Konsequenzen zu ziehen aus dem, was konstruktivistische Theoreme nahelegen: Danach ist es ein Irrtum anzunehmen, daß nur und am besten in eigens dazu hergestellten Institutionen, genannt Schulen, gelernt werde. So wissen wir, daß auch ein mittelmäßig begabter Lerner eine Fremdsprache bei einem Aufenthalt in dem entsprechenden Land erfolgreich binnen eines halben Jahres so lernen kann, wie er sie bei einem vierstündigen Unterricht über zehn Schuljahre kaum erwerben könnte. Das Geheimnis besteht schlicht darin, daß für ihn kein Lernarrangement bereitgestellt wird, sondern daß die tendenziell destabilisierenden Herausforderungen seiner Umwelt (er muß sich im fremden Land Brötchen kaufen, einen Arzt finden, einen Arbeitsplatz und vieles andere) ihn dazu zwingen, diese Sprache funktional zu erwerben. Insofern ist es als ein dritter Bestandteil Reflexiver Erziehungswissenschaft zu betrachten, nicht ausschließlich, aber doch auch, die Teilhabe am wirklichen Leben gegenüber der künstlichen Exilsituation einer Schule, eines Heims, einer wie auch immer gearteten pädagogischen Einrichtung stark zu machen.

Vielleicht besteht die eigentliche Leistung künftiger Erziehungswissenschaftler darin, diese naturwüchsigen Lernbedingungen so zu erforschen, daß ihre Stärke in die Institutionen eindringt, wenn denn schon Institutionen sein müssen, weil Eltern sich nicht für ihre Kinder interessieren und Politiker die Arbeitslosenziffern schönen möchten, indem sie die nachwachsende Generation möglichst lange in Bildungseinrichtungen kasernieren. Es wäre vermutlich viel gewonnen, wenn diese Einrichtungen sich gegenüber dem «wirklichen Leben» endlich öffnen und ihren Insassen wenigstens eine partielle Teilhabe ermöglichen, eine «*Méthexis*», wie es bei Platon heißt.

Literatur

Über das breite Spektrum weiterer erziehungswissenschaftlicher Konzeptionen informiert ausführlich:

Krüger, H.-H.: Einführung in Theorien und Methoden der Erziehungswissenschaft, 2. überarb. Aufl., Opladen 1999.

Ein Konzept Reflexiver Erziehungswissenschaft ist entwickelt worden in:

Lenzen, D.: Handlung und Reflexion. Vom pädagogischen Theoriedefizit zur Reflexiven Erziehungswissenschaft, Weinheim/Basel 1996.

5. Pädagogische Grundvorgänge

5.1 Erziehung

Was ist Erziehung? – Auf diese Frage gibt es keine einfache, von allen geteilte Antwort. Uneinigkeit in den Auffassungen ist allerdings nicht auf die Erziehungswissenschaft beschränkt. In anderen Disziplinen verhält es sich ähnlich. Fragt man Mediziner danach, was Heilen bedeutet, dann werden manche nur die «Reparatur» offenkundig beschädigter Körper darunter zählen, andere hingegen den ganzen Umfang sozialmedizinischer Prophylaxe. Ähnliches gilt für Politik und für andere Gebiete, die man als Handlungswissenschaften bezeichnet. Uneinigkeit besteht also nicht nur darin, in welche Richtung erzogen werden soll, sondern auch, was Erziehung überhaupt ist.

Wovon hängt denn nun die Antwort auf diese Frage ab? – Es kommt darauf an, wer spricht. So wird ein pädagogischer Praktiker etwas anderes unter Erziehung verstehen als ein Bildungspolitiker, dieser wieder etwas anderes als eine Mutter, und alle zusammen haben einen anderen Begriff davon als Erziehungswissenschaftler. Doch auch die sind sich nicht einig. Hier ist der Erziehungsbegriff abhängig von der Position desjenigen, der ihn verwendet. Es kommt also darauf an, welcher erziehungswissenschaftlichen Konzeption jemand nahesteht, wenn er Erziehung definiert.

Anhand der im weiteren vorgestellten erziehungswissenschaftlichen Konzeptionen kann man das recht gut erläutern. Zwar gibt es auch innerhalb dieser Entwürfe Unterschiede; doch idealtypisch formuliert käme etwa folgendes dabei heraus:

Erziehung aus der Sicht Prinzipienwissenschaftlicher Pädagogik.

> Erziehung ist «das Ganze der möglichen Hilfen an der Menschwerdung der Jugend, (...) beginnt bei der Geburt und dauert so lange fort, bis der Zögling in seine Mündigkeit entlassen werden kann». (Groothoff 1964, S. 74 f.)

An dieser Definition fällt auf, daß sie sehr umfassend ist. Unter Erziehung fallen danach nicht nur belehrende Maßnahmen, sondern jede Form von Hilfe. Erziehung hat ein doppeltes Ziel in dieser Vorstellung. Sie besteht in der Menschwerdung und dem Erreichen der Mündigkeit. Das bedeutet, daß der zu erziehende Mensch noch nicht als Mensch betrachtet wird. Sein Menschsein scheint sich erst in seiner Mündigkeit zu erfüllen. Implizit enthält dieser Begriff also eine anthropologische Annahme, die darin besteht, daß der Mensch grundsätzlich erziehungsbedürftig im umfassenden Sinn ist, weil er mit seiner Geburt noch kein «richtiger» Mensch sei. Die anthropologische Voraussetzung hat demnach einen normativen Kern, der darin besteht, daß ein Mensch nur ab einem bestimmten Zustand, nämlich dem der Mündigkeit, sich als Mensch auszeichnet.

Der Mündigkeitsbegriff ist philosophischen Ursprungs und geht auf eine bestimmte Vorstellung der Freiheit des Menschen zurück. Danach hat der Mensch nicht nur im Zustand der Mündigkeit die Möglichkeit, sondern auch die sittliche Verpflichtung, selbständig zu urteilen und selbstverantwortlich zu handeln. Dieser Erziehungsbegriff verdankt sich also nicht der Beobachtung von Erziehungsvorgängen, sondern er legt erzieherisch Handelnde auf ein bestimmtes Ziel fest, das selbst einer normativen Anthropologie entstammt. Als Mensch soll danach eben nur benannt werden können, der seine Freiheit sittlich verantwortlich benutzt. Diese anthropologische Spur folgt letztlich theologischen Vorstellungen der christlichen Tradition.

Tatsächlich ist ein solcher Erziehungsbegriff nicht haltbar. Aus einer philosophischen Rekonstruktion menschlicher Freiheit können keine verbindlichen Normen für pädagogisches Handeln im Sinne von Erziehung gewonnen werden. Sie sind historisch zufällig und nur für eine bestimmte Epoche, in diesem Fall die Moderne, gültig gewesen. Ein Konzept, das Menschen auf eine bestimmte Form von «Menschlichkeit» festlegt, läßt sich heute in einer globalisierten Welt nicht mehr rechtfertigen. Erziehungsbedürftig ist der Mensch deshalb aus dieser Sicht auch nur dann, wenn man eine bestimmte Vorstellung von Menschsein unterlegt. Sie wurde im Gefolge der Philosophie Kants dadurch gewonnen, indem man annahm, der Mensch sei im Gegensatz zum Tier eine Besonderheit, weil er durch seine Vernunfttätigkeit eine zweite Natur herausgebildet habe, eben Kultur.

Ebensowenig taugt der Begriff der Mündigkeit zur konkreten Beschreibung des Ziels von Erziehungsvorgängen. Vor dem Hintergrund der Tatsache, daß ein Mensch lebenslang lernt, sein Bewußtseinssystem sich also immer weiter ausdifferenziert, ist Mündigkeit im Sinne eines Endpunkts dieser Entwicklung nicht erreichbar. Aber auch im Sinne der philosophischen Mündigkeitsdefinition handelt es sich dabei nicht um einen beobachtbaren Effekt. Ob ein zur Mündigkeit Erzogener im Einzelfall sittlich verantwortlich gehandelt hat, ist generell nicht zu entscheiden. Daraus wird deutlich, daß der Mündigkeitsbegriff eher eine idealisierte Leitvorstellung darstellt. Mit jungen Menschen unter dieser Maxime umzugehen muß aber nicht auf Erziehung beschränkt sein. Wenn ein Politiker in einer Rede dazu aufruft, ist dieses auch der Versuch einer Hinführung zur Mündigkeit, aber wohl kaum Erziehung.

Erziehung aus der Sicht Geisteswissenschaftlicher Pädagogik. Während Erziehung prinzipienwissenschaftlich gesehen von einer Sollvorstellung ausgeht («Mündigkeit»), ist die geisteswissenschaftliche Definition viel nüchterner. Wilhelm Dilthey, der «Vater» dieser Position, definierte 1888 dann auch ganz klar:

> «Unter Erziehung verstehen wir die planmäßige Tätigkeit, durch welche die Erwachsenen das Seelenleben von Heranwachsenden bilden.» (Dilthey 1924, S. 69)

Die geisteswissenschaftliche Position der Pädagogik dachte nicht in Kategorien des Sollens, sondern des Seins. Ihr geht es darum, Erziehungswirklichkeit zu beschreiben, wie sie ist, und vor allem, diese zu interpretieren. Wie eine solche Interpretation aussieht, läßt sich bei Wilhelm Dilthey nachlesen:

> Der soziale Erneuerungsprozeß, vermöge dessen stets neue Individuen als Elemente der Gesellschaft in sie eintreten, verlangt, daß diese Individuen zu dem Punkte entwickelt werden, an welchem sie die Personen der gegenwärtigen Generation ersetzen können. So wird dem Wechsel der Individuen zum Trotz der Ertrag der Arbeit in der Gesellschaft erhalten und übertragen. Schon die Natur wirkt in dieser Richtung durch die Vererbung der erworbenen Eigenschaften. Dann wirkt dahin die Rechtsordnung durch die Gütervererbung, wie das Erbrecht sie regelt. Aber die Gesellschaft erwirbt durch ihre Arbeit auch immaterielle Güter. Auch diese müssen erhalten werden; als Güter, d. h. als durch Arbeit erworbene Werte. Dies geschieht zunächst bis zu einem gewissen Grade absichtslos durch die in Familie und Gesellschaft sich herstellende Assimilation der Jungen an die Alten, Annäherung des Zustandes der Jungen an die Alten vermittels der Wirkung ihres Vorbildes, der Nachbildung ihrer Leistungen, der Benutzung bei ihren Leistungen usw. Aber dieser Vorgang bedarf der Ergänzung in einer absichtlichen und planvollen Tätigkeit, welche wir als Erziehung bezeichnen. Für diese Erziehung werden dann alle anderen auf die Bildung wirkenden Kräfte zu Bedingungen, zu mitwirkenden Erziehern gleichsam, Miterziehern. Diese Erziehung, sofern sie die Heranwachsenden den Bedürfnissen der Gesellschaft anpaßt, ist also ein Bedürfnis der Gesellschaft. (Dilthey 1960, S. 192 f.)

Das kurze Textbeispiel zeigt, daß Erziehung auch unter Verzicht von Wertungen erfaßt werden kann. Hier stehen die Beschreibung und die Deutung der Funktionen von Erziehung im Vordergrund. In der Substanz können wir für die geisteswissenschaftliche Position festhalten, daß der Erziehungsbegriff noch auf das Verhältnis von Erwachsenen und Heranwachsenden begrenzt bleibt, daß die Tätigkeit als eine planmäßige angesehen wird, also nicht als zufällige, wenngleich die «Miterzieher» im Sinne empirischer Randbedingungen nicht übersehen werden. Hier finden wir bereits eine frühe Fassung des Sozialisationsbegriffs, wenngleich in einer anderen Terminologie.

Erziehung aus der Sicht Empirischer Erziehungswissenschaft – Kritischer Rationalismus. Der Versuch, Erziehung beschreibend-analytisch und nicht prinzipienwissenschaftlich vorgeformt zu fassen, kennzeichnet auch, wenngleich radikaler, die Position des Kritischen Rationalismus:

> «Unter Erziehung werden soziale Handlungen verstanden, durch die Menschen versuchen, das Gefüge der psychischen Dispositionen anderer Menschen mit psychischen und (oder) sozialkulturellen Mitteln dauerhaft zu verbessern oder seine als wertvoll beurteilten Komponenten zu erhalten oder die Entstehung von Dispositionen, die als schlecht bewertet werden, zu verhüten.» (Brezinka 1978, S. 45)

Obgleich es sich bei dieser Definition ebenso wie bei der Kernstelle Diltheys um eine Deskription, d. h. eine Beschreibung, handelt, gibt es doch einen deutlichen Unterschied: Dilthey versucht, die Funktion von Erziehung für eine Kultur, für eine Gesellschaft herauszustellen. Sein Interesse liegt also nicht darin, den Charakter der Handlungen so zu beschreiben, daß sie als erzieherische erkennbar sind. Bei dem Kritischen Rationalisten Brezinka ist das anders. Er möchte Erziehung als Handlung von anderen Handlungen unterscheidbar machen. Deswegen geht er nicht von der Aufgabe der Erziehung aus, sondern von den Personen, die an einem Erziehungsvorgang beteiligt sind. Mit erzieherischen Handlungen versuchen Menschen, einen Zweck zu verfolgen. Dieser Zweck besteht in einer Veränderung psychischer Dispositionen, d. h. Einstellungen. Ob Menschen aufgrund dieser veränderten Dispositionen anders handeln, ob sie sich anders verhalten, ist eine Frage, die mit dieser Definition von Erziehung durch Brezinka nicht erfaßt wird. Psychische Dispositionen sind Fähigkeiten, Fertigkeiten, Kenntnisse, Einstellungen, Haltungen, Gesinnungen oder Überzeugungen. Diese Definition des Erziehungsbegriffs drückt, im Vergleich zu den beiden bisher kennengelernten, also ein anderes Interesse aus. Während der prinzipienwissenschaftliche Erziehungsbegriff eine philosophische Absicht verfolgt, nämlich Erziehung nur dann als solche zu bezeichnen, wenn sie auf Sittlichkeit des Handelns hinauswill, während der geisteswissenschaftliche Erziehungsbegriff die Funktion von Erziehung für eine Gesellschaft erfassen will, geht es dem kritisch-rationalistischen Erziehungsbegriff um einen Zweck-Mittel-Zusammenhang. Danach darf als Erziehung nur bezeichnet werden, was bestimmten Zwecken folgt. Absichtslose Erziehung gibt es nicht. Erziehung ist immer intentional. Ein pädagogisch Handelnder könnte also als ein solcher entdeckt werden, wenn er auf Befragen erklärt, daß seine Handlungen dem Zweck dienen, psychische Dispositionen zu verändern.

Diese Begriffsfassung ist nicht unproblematisch. Psychische Dispositionen werden auch von Pfarrern, Fernsehmoderatoren und diktatorischen Gehirnwäschern verändert. Wollen wir das aber als Erziehung bezeichnen? Brezinkas Definition erlaubt keine Differenzierung zwischen Erziehung, Indoktrination, Beeinflussung und anderen Formen der gezielten Veränderung psychischer Dispositionen. Insofern wäre es klüger, auf einen Erziehungsbegriff zu verzichten und gleich von Dispositionsmodifikation zu sprechen, die in der Psychologie auch selbstverständlich ist.

Ungeachtet dieses Einwandes wird deutlich, worauf ein empirisch-analytisch brauchbarer Erziehungsbegriff hinauswill: Handlungen, die mit «Erziehung» zusammenhängen, als solche erkennbar zu machen. Die Schwierigkeit, Erziehung von einem empirisch-analytischen Standpunkt aus zu definieren, besteht darin, daß man Intentionen nicht sinnlich wahrnehmen kann.

Erziehung aus der Sicht Kritischer Erziehungswissenschaft. Es gibt nicht *den* Begriff der Kritischen Erziehungswissenschaft, aber in verkürzter Form läßt er sich vielleicht so fassen:

> Erziehung ist Repression, und diese Erziehung muß in dem Maße kritisiert werden, in dem sie unnötige Repression ist.

Hier begegnen sich offensichtlich zwei Tendenzen, die wir in den vorangegangenen Definitionen kennengelernt haben. Auf der einen Seite enthält der Satzteil «Erziehung ist Repression» eine beschreibende Komponente. Überspitzt könnte man sagen: Erziehung ist daran zu erkennen, daß sie Repression ausübt. Repression bedeutet Unterdrückung von Menschen. Dies ließe sich als eine notwendige, aber nicht hinreichende Definition betrachten. Menschen werden auch in Verhältnissen unterdrückt, die unabhängig von Erziehung walten.

Dieser Erziehungsbegriff hat also ein ähnliches Problem wie der der kritisch-rationalen Erziehungswissenschaft. Er unterscheidet nicht scharf genug zwischen Erziehung und anderen Formen, für die ähnliches gilt, ohne daß wir sie als Erziehung bezeichnen würden. Aber der beschreibende Anteil dieser Definition ist nur auf den ersten Blick wertneutral. Denn was eine Unterdrückung ist, läßt sich nicht in einer beobachtbaren Weise definieren. Ob jemand unterdrückt wird, ist nicht allein ein objektiver Tatbestand, sondern auch eine Frage seiner Wahrnehmung, seines Gefühls dazu. Für gewöhnlich betrachten wir etwas als eine Unterdrückung, das geeignet ist, die freie Entscheidung eines Menschen einzuschränken. Niemand wird dann unterdrückt, wenn er etwas tun oder unterlassen muß, was er nicht selbst entschieden hat. Gott, die Natur oder das ewige Schicksal haben uns dazu verurteilt, sterben zu müssen. Werden wir deshalb von Gott unterdrückt?

Wir sehen, daß Repression sich nur auf soziale Verhältnisse zwischen Menschen beziehen kann. Aber ganz so einfach ist das nicht: Der Staat verbietet mir, meinen Nachbarn umzubringen, weil die Zweige seines Apfelbaums über die Grundstücksgrenze ragen. Werde ich deshalb unterdrückt? – Ganz eindeutig: nein. Ich vielmehr wäre es, der den Nachbarn unterdrückte, wenn ich ihn mit dem Tod bedrohen würde für den Fall, daß er seine Apfelbaumäste nicht abschneidet. Dieses etwas absurde Beispiel zeigt, daß wir mit dem Begriff der Repression als solchem nicht weiterkommen. Wir müssen zwischen notwendigen und nicht notwendigen Repressionen unterscheiden. Genau dieses zitiert die Definition in ihrem zweiten Teil. Kritikwürdig, so legt sie nahe, ist nur unnötige Repression. Und bezogen auf Erziehung heißt das: Erziehung ist dann kritikbedürftig, wenn sie unnötige Repressionen vornimmt. Das Kind, das von seinem Vater daran gehindert wird, unachtsam eine belebte Straße zu betreten, erfährt gewiß eine Repression. Aber diese ist nötig, um sein Leben zu schützen. Leider sind die Verhältnisse nicht immer so eindeutig. Der Vater kann sein Kind nicht jahrelang auf die Straße begleiten, um es vor den

Autos zu schützen. Also wird er versuchen, prophylaktisch einen Unfall zu verhindern. Er könnte beispielsweise dem Kind verbieten, die Wohnung zu verlassen oder das Grundstück oder den Bürgersteig. Er könnte verlangen, daß das Kind die Straße nur an einer Signalanlage überschreitet. Um seinen Anweisungen den notwendigen Nachdruck zu verleihen, oder im Falle von Verletzungen dieser Anweisungen könnte er Strafen androhen und auch vollziehen: Schimpfen, Hausarrest, Taschengeldkürzung usw. Alles das sind Repressionen, die dem Zweck dienen sollen, das Leben des Kindes auf der Straße zu schützen. Sind sie nötig oder unnötig? – Dieses, so die Auffassung der Kritischen Erziehungswissenschaft, herauszufinden sei eben Aufgabe der Kritik repressiver Erziehung. Es müsse im Einzelfall durch Selbstreflexion, Ideologiekritik oder Mythenanalyse herausgefunden werden, ob eine konkrete erzieherische Maßnahme unnötig repressiv ist oder nicht. So könnte der von unserem fiktiven Vater vorgetragene Satz «Du hast deinem Vater zu gehorchen» Gegenstand der Ideologiekritik sein. Dabei käme heraus, daß ein Gehorsamsverhältnis zwischen Vätern und Kindern historisch überholt ist und nicht grundsätzlich gilt. Oder eine Selbstreflexion des Vaters könnte dazu führen, daß der vielleicht aufgrund traumatischer Erfahrungen zu Overprotection neigt und auch dort zu schützenden, repressiven Maßnahmen greift, wo sie gar nicht erforderlich sind, etwa wenn das Kind längst gelernt hat, achtsam die Straße zu überqueren.

Dem Erziehungsbegriff der Kritischen Erziehungswissenschaft geht es insgesamt nicht darum, positiv zu bestimmen, was Erziehung ist oder was sie sein soll, sondern das entscheidende Merkmal ist die negative Definition. Erziehung wird hier unter dem Gesichtspunkt von Unterdrückung in den Blick genommen. Vom Standpunkt der Kritischen Erziehungswissenschaft aus wird nicht definiert, was Erziehung ist, sondern was sie nicht sein soll. Insofern läßt sie sich als eine negative Fassung eines prinzipienwissenschaftlichen Begriffs bezeichnen.

Erziehung aus der Sicht Strukturalistischer Erziehungswissenschaft.

> Erziehung ist die strukturale Tätigkeit, durch die Menschen Weltstrukturen so transformieren, daß lernende Menschen einen Aufbau ihrer kognitiven Strukturen in optimaler Weise vornehmen können.

Diese strukturalistische Version des Erziehungsbegriffs sieht die lebenslange Entwicklung eines Menschen als den Aufbau kognitiver Strukturen. Diese Strukturen verhalten sich zueinander hierarchisch, das heißt, daß der Erwerb einfacher Strukturen zum Erwerb weiterer differenzierterer Strukturen befähigt und gleichzeitig Voraussetzung ist. Der Strukturaufbau vollzieht sich durch eine transformierende Tätigkeit des Lerners, die bestimmten Regeln folgt. Transformiert werden Strukturen der (Um-)Welt in kognitive Strukturen. Die Umweltstrukturen können so geordnet werden, daß sie den Aufbau der kognitiven Strukturen erleichtern. Erziehung gibt den Umweltstrukturen eine Ordnung, die diese Erleichterungsleistung liefert.

Dieses Verständnis sieht von sog. Inhalten ab. Die Aufmerksamkeit richtet sich auf das lernende Individuum, das selbst bestimmt (egal, was andere von ihm verlangen), wie es lernt. Dieses folgt nämlich den bei ihm bereits aufgebauten Strukturen. Insofern kann man auch sagen, daß Erziehung nichts anderes als Selbsterziehung ist, wenn man damit die Transformationen meint, die das lernende Individuum vornimmt. Das Arrangement der Lernumwelt ist die eigentliche Tätigkeit des Pädagogen. Erziehung unterscheidet sich in diesem Arrangement nicht von Bildung, Unterricht und anderen intentionalen Einflußnahmen auf das lernende Individuum. Dieser Erziehungsbegriff sieht ab von Hoffnungen und Absichten, den Menschen moralisch zurichten zu wollen. Er zieht vielmehr aus der Einsicht der Selbsttätigkeit des Individuums die Konsequenz, sich auf eine strukturale Tätigkeit zu beschränken, die diese Selbstorganisation erleichtert. Insofern nimmt er Abschied von dem Glauben an eine normative Beeinflussungsmöglichkeit. Dieses nicht, weil Normativität nicht sein solle, sondern weil sie in einem erfolgversprechenden Sinn gar nicht sein kann. Der strukturalistische Erziehungsbegriff setzt mit der Betonung der Selbstorganisation gewissermaßen auf eine empirische Freiheitsvorstellung. Im Rahmen seiner jeweils vorhandenen kognitiven Strukturen ist der Mensch «frei», Welt zu transformieren, aber eben nur im Rahmen seiner Bewußtseinsstrukturen. Der Erziehungsbegriff der Kritischen Rationalisten wird insofern vereinfacht, als zwar eine Intention, ein Zweck erzieherischer Handlungen nicht geleugnet wird. Dieser ist aber einzig darin gegeben, die Selbstorganisationstätigkeit des Lernenden zu optimieren.

Erziehung aus der Sicht Systemtheoretischer Erziehungswissenschaft. Vom Standpunkt dieser Position aus besteht kein Interesse daran, Erziehung in einer nachahmbaren Weise zu beschreiben oder gar normativ vorschreiben zu wollen, was Erziehung ausmacht. Diese Position hat vielmehr eine Verwandtschaft mit den funktionalistischen Beschreibungen der Geisteswissenschaftlichen Pädagogik, nur daß hier nicht an die Funktion von Erziehung in einer Kultur, sondern in einer Gesellschaft, genauer in gesellschaftlichen Teilsystemen gedacht wird:

> «Erziehung ist, und darin liegt der Unterschied zu Sozialisation, intentionalisiertes und auf Intention zurechenbares Handeln.
>
> Es kann sein Ziel (von Möglichkeiten indirekter und unbemerkter Manipulation wollen wir einmal absehen) nur durch Kommunikation erreichen. Als Kommunikation sozialisiert dann auch Erziehung. Aber nicht unbedingt so, wie intendiert. Vielmehr gewinnt der, dem Erzogenwerden zugemutet wird, durch die Kommunikation dieser Absicht die Freiheit, auf Distanz zu gehen oder gar die ‹andere Möglichkeit› zu suchen und zu finden. (...) Beachtet man all dies, ist es kaum noch möglich, Erziehung als erfolgswirksames Handeln zu begreifen.» (Luhmann 1988, S. 330 f.)

Die systemtheoretische Fassung des Erziehungsbegriffs leugnet im Zusammenhang des Erziehungsprozesses nicht die Existenz von Absichten. Aber: Der soziologische Blick interessiert sich nicht dafür, welche Intentionen Erziehende haben, also nicht für Normen und auch nicht dafür, ob sie sie wirklich haben. Deshalb ist von «intentionalisiertem und auf Intention zurechenbarem Handeln» die Rede. Intentionen sind nicht «wirklich» existent, sondern wir können nur aus der Position des Beobachters Handeln so interpretieren, daß wir es Absichten zurechnen. Aus diesem Grund muß man sich aus systemtheoretischer Sicht auch von der Vorstellung verabschieden, Erziehung erreiche die angestrebten Ziele. Im Gegenteil: Erziehung ist vielmehr durch ein derartiges Technologiedefizit gekennzeichnet, daß sie im Grunde überhaupt nicht erfolgswirksam ist. Ihre eigentliche Funktion besteht deshalb darin, so der beobachtende Systemtheoretiker, eine Absicht mitzuteilen. Der in diesem Sinn kommunizierende Pädagoge teilt dem zu Erziehenden die Absicht mit, ihn in eine bestimmte Richtung bringen zu wollen. Die Mitteilung dieser Absicht ist dann geeignet, für denjenigen, dem Erzogenwerden zugemutet wird, einen Ausweg zu finden. Zugespitzt formuliert: Erziehung besteht eigentlich in der Paradoxie, durch ihre Mitteilung vermeidbar zu sein.

Die systemtheoretische und die strukturalistische Fassung des Erziehungsbegriffs widersprechen einander nicht. Sie nehmen lediglich verschiedene Standpunkte ein. Wenn systemtheoretisch Erziehung als ein Kommunikationsvorgang beschrieben wird, der dem zu Erziehenden ermöglicht, sich selbst zu organisieren, d. h., den Zumutungen nicht zu folgen, dann nimmt dieser systemtheoretische Erziehungsbegriff die empirische Tatsache ernst, daß Humanontogenese, die Entwicklung des Einzelwesens, ein selbstorganisierter Vorgang des Menschen ist. Das bedeutet allerdings nicht, daß es beliebig wäre, in welcher Welt ein Mensch aufwächst. Diese Tatsache nimmt der strukturalistische Begriff ernst und sieht deshalb die Aufgabe des Pädagogen darin, eine geeignete Lernumwelt zu konstruieren. Während kognitionspsychologisch Vorgänge des Unterrichtens, des Belehrens, des Erziehens, des Helfens, des Bildens in ihrer Wirkung voneinander überhaupt nicht unterschieden werden können und diese Unterscheidung auch nicht sinnvoll ist, können all diese Vorgänge als Aufbau kognitiver Strukturen begriffen werden. Im Blick auf die normativ ausgerichteten Erziehungsbegriffe bleibt allerdings eine Frage offen: Kann man es den Selbstorganisationsprozessen der Individuen überlassen, in welche

Richtung sie sich entwickeln? Oder etwas anders gefragt: Wenn Selbstorganisation immer mit einer Ausweitung des Individuums gegenüber anderen Individuen verbunden ist, benötigen wir dann nicht ein Instrument, mit dessen Hilfe erreicht werden kann, daß Expansionsprozesse sich entfaltender Individuen an den Grenzen der anderen Individuen, an ihren «Rechten» enden?

Erziehung aus der Sicht Reflexiver Erziehungswissenschaft. Diesem Gedanken ist im Rahmen Reflexiver Erziehungswissenschaft nachgegangen worden. Eine mögliche Lösung dieser Frage wird darin gesehen, den lernenden Individuen in ihrem Selbstorganisationsprozeß die Möglichkeit zu verschaffen, sich selbst dort zu begrenzen, wo die Aura des anderen beginnt.

In jüngerer Zeit ist die Aufmerksamkeit für die lange vernachlässigte ästhetische Erziehung gewachsen. Es gibt einige Hinweise, diese könne in der Lage sein, Menschen in ihren Selbstorganisationsprozessen die Fähigkeit zu eröffnen, sich selbst zu begrenzen. Der Grundgedanke ist dabei der, durch die Darstellung des Leidens anderer die Fähigkeit zu vermitteln, zu sehen, an welcher Stelle durch das eigene Handeln anderen unberechtigterweise Leid zugefügt wird (vgl. dazu Lenzen 1996 b, S. 151 ff.). Wenn es gelänge, in einem solchen Konzept Reflexiver Erziehungswissenschaft mehreren Aspekten gerecht zu werden – dem Gedanken an die Selbstorganisationskraft der Individuen aus der Strukturalistischen Erziehungswissenschaft, dem Gedanken der Intentionalität erzieherischen Handelns im Sinne der Herstellung optimaler Lernumwelten aus dem Zusammenhang des Kritischen Rationalismus, dem Gedanken der Selbstbegrenzung des sich organisierenden Individuums als Neufassung des Kritikbegriffs der Kritischen Erziehungswissenschaft –, dann besteht vielleicht durch ein solches integratives Konzept die Möglichkeit, Erziehung rational und nicht egoistisch, empirisch gesättigt und nicht prinzipienillusionistisch zu gestalten.

Literatur

Heid, H.: Erziehung. In: Lenzen, D. (Hg.): Erziehungswissenschaft. Ein Grundkurs. 3. Aufl., Reinbek b. Hamburg 1997, S. 43–68.

Schwenk, B.: Erziehung. In: Lenzen, D. (Hg.): Pädagogische Grundbegriffe. Bd. 1, Reinbek b. Hamburg 1989, S. 429–439.

5.2 Bildung

Bildung ist wie Erziehung einer der beiden Grundbegriffe der Erziehungswissenschaft. Er kommt in seiner Bedeutungsstruktur nur in der deutschen Sprache vor und ist kaum in andere Sprachen übersetzbar. Der Grund dafür liegt in der Bedeutung des Wortfeldes «Bild». In ihm sind Erinnerungen an das Wort «Zeichen», «Wesen», «Abbildung», «Nachbildung» enthalten. Die Bedeutungen des Begriffs speisen sich aus zwei europäischen Traditionen:
– der griechisch-hellenistischen. So finden wir bei Platon den Bildbegriff im Wort «plattein» im Sinne von «gestalten» als Ausdruck der Möglichkeit, die Seele in derselben Weise zu bilden wie den Leib. In der römischen Antike ist von «cultura animae» die Rede, von einer Art «Kultivierung der Seele».
– der christlichen. Das Alte wie das Neue Testament bieten zahlreiche Quellen in der Luther-Übersetzung, in denen die religiöse Spur des Bildungsbegriffs deutlich wird, so in der Vorstellung, daß Gott den Menschen «nach seinem Bilde» erschaffen hat (1. Mose 1, 26 – 27), oder bei Paulus, 2. Korinther 3, 18: «Wir alle aber spiegeln mit aufgedecktem Angesicht die Herrlichkeit des Herrn wider und werden in dasselbe Bild verwandelt von Herrlichkeit zu Herrlichkeit, wie von dem Herrn aus, welcher Geist ist.»

Diese Konfiguration ist im Gefolge der Aufklärung in säkularer Form im pädagogischen, aber auch außerpädagogischen Bildungsbegriff wieder aufgenommen worden. Man muß diese Tatsache berücksichtigen, wenn man die besondere Bedeutung des Bildungsbegriffs im deutschsprachigen Raum richtig einschätzen will. Bildung ist eben mehr als die Beschreibung einer professionellen Tätigkeit von Pädagogen. Bildung hat einen hohen emotional-religiösen Wert. Da es im 18. und 19. Jahrhundert gelang, diese Wertschätzung des Begriffs und vor allem der Bildung selbst durchzusetzen, geschah es, daß gebildet zu sein im allgemeinen Sprachverständnis den Charakter einer Weihe umfaßte. Aufgrund dessen konnte, sozial gesehen, ein «Bildungsbürgertum» entstehen, welches seinen besonderen Status gegenüber dem Adel dadurch herausstellte, daß es diesen eben nicht durch Geburt, sondern durch die eigene Leistung des Sichbildens erworben hatte. In der Bildungsvorstellung steckt also nicht nur der Gedanke, daß jemand gebildet wird, sondern eigentlich eher die Idee, daß der Mensch sich selbst bildet. Gebildet zu sein ist also die Leistung des Gebildeten und nicht der ihn bildenden Institutionen.

Wir sehen, daß hier eine gewichtige Bedeutung mitschwingt, die wir in unserem heutigen alltäglichen Sprachgebrauch nicht immer präsent haben. Dennoch wird im deutschsprachigen Raum der Bildung als Aufgabe der Formung des Menschen eine besondere Rolle beigemessen. Sie ist mehr als bloße Ausbildung, auch wenn Bildung und Ausbildung häufig nicht unterschieden werden.

Unser Sprachgebrauch enthält bei genauerer Betrachtung des Bildungsbegriffs mehrere Dimensionen:

Bildung als individueller Bestand. Dieses Verständnis wird umgangssprachlich am häufigsten mit «Bildung» verknüpft. Demzufolge gilt jemand als gebildet, der bestimmte Dinge weiß oder kennt: jemand, der «seinen», wie es bildungsbürgerlich hieß, Homer, Platon, Cicero, Sallust, Goethe, Schiller und ein paar andere kennt. Die Wahl der Namen ist nicht zufällig. Sie stehen nämlich für einen Bildungsbegriff, der eng mit der Geschichte des humanistischen bzw. genauer des neuhumanistischen Gymnasiums verknüpft ist und der darüber hinaus zurückverweist auf die Antike. Es war die «enkyklios paideia», ein Kreis von Lerninhalten, zu der die Logik, die Physik, Musik, Geometrie, Astronomie gehörten, deren Besitz im Griechenland des 4. vorchristlichen Jahrhunderts die allgemeine Bildung ausmachte, ohne daß das so genannt worden wäre. Denn der Begriff «Bildung» ist eigentlich, wie bereits angedeutet, ein solcher des 18./19. Jahrhunderts. Diese «enkyklios paideia», deren Inhalte übrigens nie endgültig festgelegt waren, wurde von den Römern in den «septem artes liberales» verbindlich gemacht, d. h. in den sieben freien Künsten: Grammatik, Rhetorik, Dialektik, Arithmetik, Geometrie, Musik, Astronomie. Dabei darf das Adjektiv «liberales» nicht zu dem Gedanken verleiten, daß von einer freien Fächerwahl ausgegangen wurde, sondern dieses Wort bezog sich darauf, daß es sich dabei um eine Bildung für den freien, männlichen Menschen, also nicht für Sklaven handelte. Da sich der jugendliche Mensch des antiken Rom aber im Erwerb dieser Künste als freier Mensch erweisen mußte, da sein Geist sich zu sich selber befreien sollte, steckte in den «septem artes» auch ein weiterreichender Sinn, an den das Bildungsdenken des Humanismus im 15./16. Jahrhundert anknüpfte. Begünstigt durch die Erfindung der Buchdruckerkunst, die es erlaubte, die alten Texte allen zugänglich zu machen, entsteht eine Lesekultur, in der Bildung synonym wird mit sprachlich-kritischer Bildung. Der Gebildete ist dort bereits jemand, der sich über die Beschäftigung mit den Alten zu sich selbst verhalten kann. Er ist das Werk seiner selbst. Seine Bildung ist seine Aufgabe.

Die Neuhumanisten nehmen den Gedanken sprachlich-kritischer Bildung durch die Beschäftigung mit den alten Schriften wieder auf. Nur durch die Auffassung, daß sich darin Bildung vollziehen könnte, ist erklärbar, daß der Fächerkanon des neuhumanistischen Gymnasiums, wie Wilhelm von Humboldt es konzipierte, keine Naturwissenschaften enthielt, sondern lediglich Griechisch, Latein, Deutsch und Mathematik sowie – als Nebenfächer – Geschichte, Physik und Religion. In der Bezeichnung des am Anfang des 19. Jahrhunderts entstehenden Gymnasiallehrerstandes als die «Philologen» («die Wortfreunde») läßt sich die Bedeutung der alten Sprachen ein weiteres Mal ablesen.

Wer also diese vier Fächer «besaß», galt im neuhumanistischen Sinn als gebildet, wozu natürlich noch die inhaltliche Ausfüllung dieser Fächer mit den klassischen Namen gehörte. Mit diesem, dem *materialen* Begriff von Bildung war allerdings die Gefahr einer Verballhornung unmittelbar gegeben. Denn zum einen drängten mit der Industrialisierung im 19. Jahrhundert andere, besonders naturwissenschaftliche, später auch sozialwissenschaftliche Fächer in den Gymnasialkanon, so daß der Begriff sich ausweitete: Bald galt der als gebildet, der dem Ideal des Alleswissers folgte und damit kritiklos alle an den Gymnasialkanon heranstürmenden Ansprüche aufnahm. Dieses ist die Theorie des Enzyklopädismus. Oder es war das Bildungsideal des Szientismus, welches alle jene Inhalte als Bildungsgüter klassifizierte, die als wissenschaftlich galten. Oder es waren die Anhänger des Bildungsideals des Klassischen, die sich daranmachten, all jene Literatur z. B. dem Deutschunterricht einzuverleiben, die sich mit der Antike befaßte, womit natürlich ein neues Problem der Stofffülle entstand.

Es wurde deutlich, daß diese Form allumfassender Bildung bald niemand mehr würde erfüllen können, und aus diesem Dilemma ist die jämmerliche Figur des Halbgebildeten entstanden, der von allem etwas weiß bzw. von allem nichts. Adorno hat diesen Typus in der «Theorie der Halbbildung» (vgl. 1972) beschrieben. Er illustrierte ihn mit Beispielen aus einem irgendwann einmal bildungsbeflissenen Amerika, dessen Bürger sich die Benennung der 5. Symphonie von Beethoven, der sogenannten Schicksalssymphonie, dadurch merken, daß sie Verse sangen, wie: «I am your fate, come let me in.»

In dem Maß, in dem angesichts des exponentiell wachsenden Wissens keinesfalls mehr alles gewußt werden kann, ist eine enzyklopädische oder szientifische Bildung nicht mehr denkbar. Eine klassische wäre es schon, wenn sie nicht konkurrieren müßte mit den nichtklassischen Ansprüchen und denen, die sich als klassisch geben, es aber gar nicht sind. Sich in diesem Sinn vorwerfen zu lassen, ungebildet zu sein, kann man getrost hinnehmen, es kann gar nicht ehrenrührig sein.

Bildung als individuelles Vermögen. Das Scheitern materialer Bildungsauffassungen hat in der Geschichte der Erziehungswissenschaft gleichsam automatisch zu der Bevorzugung eines anderen Typs geführt, die *formale* Bildung genannt wird. Wenn es schon unmöglich ist, die bildenden Inhalte eindeutig festzulegen, dann müßte es zumindest möglich sein zu beschreiben, welche Fähigkeiten, welche Kompetenzen jemand haben müßte, der als gebildet zu bezeichnen ist. Wenn sich der materiale Bildungsbegriff auf die Formel bringen ließ, daß ihm zufolge bestimmte Inhalte Bestandteil eines Menschen geworden sein müssen, und wenn Halbbildung dementsprechend bedeutet, von allem ein bißchen zu wissen, dann läßt sich Bildung als individuelles Vermögen, als das charakterisieren, was übrigbleibt, wenn man alles Gelernte vergessen hat.

Was könnte dann übrigbleiben? – Der junge Mensch könnte z. B. vergessen haben, wie man den Satz «Kraft gleich Masse mal Beschleunigung» experimentell beweist, aber er müßte ihn selbst noch wissen, damit er ihn auf andere Fälle übertragen kann. Das wäre ein Beispiel für funktionale Bildung im Rahmen formaler Bildung. Der jüngere Mensch könnte dann die gewonnenen Kräfte sinngemäß auf andere Inhalte anwenden. Wer gelernt hat, über einen Kasten zu springen, kann im Prinzip auch über einen Bock springen. Oder er erwirbt Methoden. Wer anhand der «Leiden des jungen Werthers» gelernt hat zu interpretieren, kann dieses im Prinzip auch an Musils «Mann ohne Eigenschaften» vollziehen, denn er besitzt *methodische* Bildung. Oder, ganz allgemein, als Rückzugsposition formaler Bildung: Wer das Lernen gelernt hat, kann Neues hinzulernen, irgendwann einmal.

Wir sehen aber schon die Einwände: Die Übertragbarkeit der Kräfte und Methoden ist begrenzt. Der Bock ist eben nicht der Kasten, Musil nicht Goethe, und etwas anderes ist kritisch zu vermerken: Die Inhalte allein zum Zweck der formalen Bildung zu wählen wirft Probleme auf, weil diese Inhalte Nebenwirkungen haben. Wenn wir Goethe und Musil durch Texte von NS-Autoren ersetzen würden, von denen man natürlich auch das Interpretieren lernen kann, wird das unmittelbar einsehbar. Auch ist die Frage, welche Methoden beherrscht werden sollen und welche nicht, damit natürlich keineswegs gelöst. Andererseits ist der Vorwurf, in diesem formalen Sinn ungebildet zu sein, schon gravierend, besonders wenn er die Fähigkeit des Lernens betrifft.

Bildung als individueller Prozeß. Das Fehlen sprachlicher Kompetenz könnte in einem dritten Begriff von Bildung thematisch werden. Man kann nämlich fragen, wodurch sich ein vierjähriger Junge von einem zehnjährigen unterscheidet, außer durch Größe und Gewicht, oder ein zehnjähriger von einem neunzehnjährigen. Es ist etwas mit ihm geschehen in diesen sechs oder neun Jahren, er hat sich entwickelt. Er spricht mit 19 anders als mit zehn. Neben «Entwicklung» gibt es für diesen Vorgang andere Wörter, ältere wie «Entfaltung», die davon ausgehen, daß in dem Menschen schon etwas steckt, das sich, wie bei einer Blume die Blüte, entfaltet. Oder auch «Genese», in dem ein ähnliches Denken steckt, oder «Gewinnung von Ich-Identität», ein Begriff, der eher an ein Gewinnen von außen erinnert, dafür aber den Vorteil bietet, daß er den Unterschied zwischen einem Vier- und einem 19jährigen deutlich macht: Irgendwie ist der 19jährige zu einem Menschen geworden, der er vorher nicht war, jedenfalls nicht erkennbar. Er hat einen Charakter erhalten. All diese Facetten finden wir in keinem der angebotenen Begriffe, auch dem der Sozialisation nicht, der eher an Beutezüge der Gesellschaft gegenüber den Subjekten erinnert.

Allein der Bildungsbegriff umfaßt alle diese Aspekte, weil er mit seiner Geschichte dieses schon tausendmal Gedachte mit sich trägt. Bildung als individueller Prozeß bezeichnet also den vom Menschen selbst getragenen Vorgang der Menschwerdung, der Entfaltung von etwas Vorhandenem, das ihn zu einem Individuum, einem Unteilbaren, Einmaligen macht. Der so gebildete Mensch ist als dieses Individuum erkennbar. – Wenn wir also sagen, der Mensch vermöge sich nicht so auszudrücken, daß man ihn versteht, ihn, das Subjektive, nur von ihm Gewollte, an dem, was er sagt, dann ist er noch nicht ganz Mensch geworden, noch kein Individuum, noch nicht er selbst.

Ebensowenig wie er noch nicht einzelner Mensch ist, ist er auch noch nicht Mensch in dem Sinn, daß er bestimmte Kriterien erfüllt, die eine derartige Bildungstheorie dem Menschsein beigibt. Dazu mag es gehören, daß er einen bestimmten Stand der Moralentwicklung erreicht hat. Ein kleines Kind ist noch nicht Mensch. Im Spiel schwindelt es, es bricht die Spielregeln, es ist egozentrisch, wie Piaget das nennt. Wenn es 30 sein wird, hat es vielleicht eine Stufe «postkonventioneller Moral» erreicht, es besitzt Urteil und Kritik, um sich begründet an gesellschaftliche Normen zu halten oder sie auch zu brechen. Der Ton liegt auf *begründet*. Es kann sein, daß auch das Kind findet, es solle sich nicht «in die Zucht begeben». Dieses wäre aber nur hinnehmbar, wenn es nicht bloß keine Lust hat, sondern aus Gründen eine bestimmte Form der Betätigung ablehnt. Ein gebildeter Mensch bestimmt über sich selbst mit Gründen.

Bildung als Aktivität bildender Institutionen. Man könnte sich auf den Standpunkt stellen und vom Staat, der Universität, der Schule verlangen, sie sollten angesichts einer immer wieder beklagten Misere endlich den Entschluß fassen, statt bloßer Ausbildung an der Bildung der jüngeren Menschen mitzuwirken, etwas von ihnen zu verlangen, sie aktiv zu bilden. Das sind Gedanken von Verbandsfunktionären, die Klagen über die mangelnde Bildung der jüngeren Generation begierig aufnehmen, um dann sofort Stellenforderungen für den öffentlichen Dienst daran zu heften. Dieses ist das verbreitetste und zugleich absurdeste Verständnis von Bildung. Wenn man ein Lexikon aufschlägt, findet man darin eine Unzahl von Komposita, die mit Bildung beginnen, wie:

Bildungsberatung – Bildungsforschung – Bildungsökonomie – Bildungsplanung – Bildungsreform – Bildungsrecht – Bildungssoziologie – Bildungsverwaltung – Bildungspolitik – Bildungswesen.

Diese Allgemeinbegriffe verraten, daß in den Institutionen, die mit der Organisation von Bildung beauftragt sind, das grundlegende Verständnis davon verlorengegangen ist, was mit Bildung einmal gemeint war. Doch die Wirklichkeit selbst der Studienordnungen erziehungswissenschaftlicher Studiengänge ist zum überwiegenden Teil von solchen Bezeichnungen durchsetzt. Sie nähren die Illusion, daß das damit Gemeinte mit Bildung im emphatischen Sinn zu tun hätte. Tatsächlich ist hier nicht Bildung, sondern Ausbildung gemeint. In einer Bildungsinstitution wird man in der Regel nicht gebildet, sondern ausgebildet, und zwar zum Dreher, Schweißer, Lehrer, Metzger, Arzt, Dompteur oder Tänzer – gebildet wird man dort nicht. Diesen Anspruch hatte indessen einmal die Universität, wenn man über den engen Rahmen der Schule hinausdenkt. Aus der Tatsache, daß Jugendliche in der Berufsschule im Gegensatz zu den Studierenden keine allgemeine Bildung erfuhren, ist die Konsequenz gezogen worden, auch im Berufsschulsektor erhebliche allgemeinbildende Anteile (z. B. Deutsch, Politik, Mathematik) zu verankern. Diese gutgemeinte Maßnahme hat jedoch verkannt, daß eine Institution nicht bildet, sondern daß der Mensch es selbst ist, der sich bildet. In welchem institutionellen Zusammenhang dieses passiert, ist dabei vergleichsweise zweitrangig.

Bildung als Höherbildung der Menschheit. Neben einem Bildungsverständnis, das sich auf die Bildung des einzelnen richtet, existiert ein weiteres, das damit jedoch zusammenhängt: Durch die Bildung der Individuen sei eine Höherbildung nicht nur der Gesellschaft, sondern der Menschheit als Gattung möglich. Die Kultivierung, Bändigung oder Zivilisation des Menschen, so wird von diesem Standpunkt aus argumentiert, weise Merkmale auf, die genaugenommen ein Fortschritt der Bildung seien. Allein der Umgang mit Kindern könne das belegen. Daß Erwachsene sich nicht mehr an wehrlosen Kindern vergreifen dürfen, sei eine Folge der Höherbildung der Menschheit insgesamt, die sich aus der zunehmenden Bildung jedes einzelnen ergibt.

Mit dem Verlust des Glaubens an eine gerechtere Gesellschaft ist die Hoffnung auf eine solche Höherbildung des Menschen allerdings ins Wanken geraten. Es gibt kein gemeinsames Ziel mehr, auf das hin eine Höherbildung denkbar wäre. Das, was dafür stand, Wissenschaft, Technik und wissenschaftlich-technische Zivilisation, gilt vielen heute als Inbegriff mißlungener Bildung. Adorno und Horkheimer haben das vor über einem halben Jahrhundert bereits diagnostiziert. Sie argumentierten allerdings differenzierter und sprachen von einer «Dialektik der Aufklärung», der zufolge der Aufklärungsgedanke in seinem gesellschaftlichen Vollzug in sein Gegenteil umgeschlagen sei. Das muß nicht gegen den Gedanken der Höherbildung sprechen, allerdings fehlte offenkundig etwas an dieser Fortschrittsidee. Sie war einäugig, zu technisch und eben nicht vernünftig. Es habe an Bildung gefehlt, könnte man sagen.

Das historische Scheitern einer Höherbildung des Menschen wird von den Vertretern dieses Gedankens nicht als prinzipieller Einwand akzeptiert. Gerade dieser Gedanke, der einen Anspruch an die Menschen und ihre Erziehung enthalte und bewahre, sei ein nicht eingelöster Wechsel der Aufklärung. Insofern sei aus jeder Bildungsmisere eben nicht die Konsequenz zu ziehen, den Bildungsanspruch aufzugeben, sondern zu überlegen, was denn geschehen müsse, damit der Fortschrittsgedanke reaktiviert werden kann. Dies wird heute sogar global gefordert, um Bildung im Gattungsmaßstab wie für das Individuum Wirklichkeit werden zu lassen.

Trotz der vielen Facetten des Bildungsbegriffs fragt sich der Betrachter, worin denn nun genau Bildung bestehe. Die erziehungswissenschaftliche Antwort darauf klingt wie eine Verlegenheit: Das ist unbestimmt. Diese Ausflucht ist unbefriedigend, weil sie es nicht erlaubt nachzuprüfen, ob jemand ein «Bildungsziel» erreicht hat. Doch dieser Begriff ist schon falsch. Es gibt keine Bildungsziele, die man vorgeben und erreichen könnte. Der Mensch bildet sich selbst in dem Maß, was immer schon in ihm ist. Goethe hat es in der knappen Formel gefaßt: «Werde, der Du bist!» Insofern muß jeder Bildungsbegriff unbestimmt bleiben. Seine Stärke besteht gerade darin, daß er nicht substantiell gefüllt wird, sondern daß der sich Bildende ihn selber füllt. Damit ist er allerdings für den wissenschaftlichen Gebrauch eher ungeeignet; denn gleich, welcher erziehungswissenschaftlichen Konzeption man folgt, es bleibt nur die prinzipienwissenschaftliche, die auf eine deskriptive Bestimmungssprache des Begriffs verzichtet. Dies ist auch der Grund dafür, daß sich im wissenschaftlichen Sprachgebrauch eher die Bedeutung von «Ausbildung» durchgesetzt hat.

Literatur

Pleines, J.-E.: Bildungstheorien. Probleme und Positionen, Freiburg/Basel/Wien 1978.

Vierhaus, R.: Bildung. In: Brunner, O./Conze, R./Kosellek, R. (Hg.): Geschichtliche Grundbegriffe. Historisches Lexikon zur politisch-sozialen Sprache in Deutschland. Bd. 1, Stuttgart 1994, S. 508–551.

5.3 Sozialisation

Sozialisation ist ursprünglich kein Begriff der Erziehungswissenschaft. Er stammt vielmehr aus der Soziologie des beginnenden 20. Jahrhunderts. Émile Durkheim (1858–1917), der von «Socialisation méthodique» sprach, meinte damit etwas, was dem deutschen Erziehungsbegriff durchaus nahestand, nämlich die Prozesse, in denen Erwachsene die Angehörigen der neuen Generation «gesellschaftsfähig» machen. Die heutige Begriffsverwendung hat sich von diesem Verständnis weit entfernt. Im Vordergrund stehen nicht mehr die Intentionalität der handelnden Pädagogen und nicht mehr die Vorbereitung auf Gesellschaft. Vielmehr wird die Gesellschaft selbst als der entscheidende Faktor für die Entwicklung des Menschen gesehen. Mit Sozialisation wird deshalb oft die Gesamtheit der gesellschaftlichen Einflüsse auf die Persönlichkeitsentwicklung eines Menschen bezeichnet. Dieses Verständnis hat sich mit dem Siegeszug des Sozialisationsbegriffs seit den 70er Jahren nochmals erweitert zu dieser heute üblichen Definition:

Sozialisation ist der «Prozeß der Entstehung und Entwicklung der Persönlichkeit in wechselseitiger Abhängigkeit von der gesellschaftlich vermittelten sozialen und materiellen Umwelt». (Geulen/Hurrelmann 1980, S. 51)

Wenn wir diese Begrifflichkeit mit den beiden erziehungswissenschaftlichen Grundbegriffen «Erziehung» und «Bildung» vergleichen, sehen wir deutliche Unterschiede. Der Erziehungsbegriff geht davon aus, daß das Werden der menschlichen Persönlichkeit im wesentlichen das Produkt von Erziehungsmaßnahmen sei. Zumindest gibt das handlungswissenschaftliche Verständnis von Erziehungswissenschaft diesem Aspekt den Vorrang. Der Bildungsbegriff demgegenüber betrachtet den sich entwickelnden Menschen selbst als den entscheidenden Motor der *Humanontogenese*. Bildung ist in diesem Verständnis Selbstbildung. Der Sozialisationsbegriff bricht mit beiden Perspektiven. Erziehung ist hier ein Faktor der Humanontogenese unter anderen und Bildung eher ein Verständnis, das seitens der Sozialisationstheorie abgelehnt würde. Der Grund liegt darin, daß nicht der Mensch selbst, sondern die gesellschaftliche Konstellation als entscheidender Faktor für seine Entwicklung gesehen wird.

Das hat historische Gründe. Seit den 60er Jahren machte sich die Auffassung breit, daß letztlich das gesamte Handeln des Menschen «gesellschaftlich vermittelt» sei. Für diese Sichtweise wirkte sich insbesondere die kurze Renaissance marxistischer und neomarxistischer Gesellschaftstheorien begünstigend aus. Sie brach mit der als «idealistisch» verrufenen Tradition, daß es die individuelle Reifungskraft des Menschen sei und die sich darauf einstellende Erziehung, welche das Erwachsenwerden der Menschen bestimmt. Das bedeutete nicht, daß der Stellenwert von Erziehung geleugnet worden wäre. Vom Standpunkt der Sozialisationstheorie versuchte man vielmehr darauf aufmerksam zu machen, daß die Erziehung selbst, ihre Art und ihre Ziele eine Funktion der gesellschaftlichen Verhältnisse sei.

Am Beispiel früher Studien der 60er Jahre läßt sich zeigen, was damit gemeint war. Diese waren gekennzeichnet durch den Aufweis von Zusammenhängen zwischen Schichtzugehörigkeit und Sprachverwendung, die bis in linguistische Details gingen. Sie konnten verstanden werden als Erklärungsversuche für das Schulversagen von Kindern bestimmter sozialer Schichten. Ihre Hypothese bestand darin, daß es einen grundlegenden Zusammenhang zwischen Sprechen und Denken gibt und eine geringe Sprachkompetenz von Kindern der sog. Unterschicht als Erklärung für deren Lernschwierigkeiten herangezogen werden kann, weil Schule auf Verbalität beruhe. Zu den bekannten Veröffentlichungen der 60er Jahre, die sich dem schichtspezifischen Spracherwerb und dessen Folgen für den Schulerfolg der Kinder verschiedener sozialer Schichten widmeten, gehörten Untersuchungen über die soziokulturellen Determinanten des Lernens (vgl. Bernstein 1959), Arbeiten zum Sozialstatus und Schulerfolg (vgl. Roeder u. a. 1965) und zum Zusammenhang zwischen Sprache und sozialer Herkunft (vgl. Oevermann 1972).

Es wurde versucht, ähnliche Zusammenhänge zwischen Schichtzugehörigkeit und weiteren Bereichen des schulischen Lernens, aber auch der familialen Erziehung aufzuzeigen. Noch das 1970 erschienene «Funkkolleg Erziehungswissenschaft» verwendete zur Demonstration dieser Zusammenhänge unter anderem Beispiele wie diese:

«In einer Unterschichtfamilie nimmt ein älteres Kind einem jüngeren – ohne ersichtlichen Anlaß und offenbar auch ohne Recht – ein Spielzeug weg, das dem jüngeren gehört. Das jüngere Kind bricht daraufhin in ein Wutgeheul aus, stampft mit den Füßen und wirft sich schreiend auf den Boden. Daraufhin wird das ältere Kind bestraft.» (Erziehungswissenschaft 1, 1970, S. 286)

Dieses sei, so die sozialisationstheoretische Sicht, in einer Familie der Mittelschicht nicht denkbar gewesen. Dort wäre auch das jüngere Kind bestraft worden, weil es seine Selbstbeherrschung verloren habe. – In zahlreichen anderen Beispielen wird gezeigt, daß beim Verhalten der Eltern in der Unterschicht Bestrafung von negativen Effekten (z. B. Schädigung eines Kindes) üblich sei, während in der Mittelschicht Absichten bestraft würden. Ebenso würden in der Mittelschicht positive Absichten (etwa das Helfen beim Geschirrspülen) belohnt, auch wenn dabei Geschirr zu Bruch gehe, also selbst dann, wenn die kindlichen Handlungen negative Auswirkungen haben.

Die unterschiedlichen Disziplinierungspraktiken, die verschiedenen Wertorientierungen und die weit auseinander liegenden Formen des Sprachverhaltens zwischen Unter- und Mittelschicht seien von besonderer Bedeutung für die Leistungsmotivation, von der wiederum Schulerfolg und sozialer Aufstieg abhingen. Dieser Zirkel müsse, so lautete die logische Folge, durch schulische Ausgleichsmaßnahmen durchbrochen werden, damit auch die Kinder aus schlechter gestellten Familien überhaupt eine strukturelle Chance eines Aufstiegs haben.

Die eigentliche Leistung dieser frühen Phase der Sozialisationsforschung war eine doppelte. Sie machte gegenüber normativer Pädagogik deutlich, daß das bloße Nachdenken über Normen und Werte selbst fortschrittliche Erziehungsstile nicht durchsetzt, weil es gesellschaftliche Faktoren der «Sozialisation» gibt, die alles in ihr Gegenteil wenden. Darüber hinaus zeigte diese empirisch gestützte Sozialisationsforschung gegenüber Geisteswissenschaftlicher Pädagogik, daß es erfahrungsgestützter Analysen bedarf, um den Gründen für den schulischen Mißerfolg bestimmter Schülergruppen nachzugehen, wenn man diese Ursachen beseitigen will.

Leider läßt sich aus heutiger Sicht nicht bestätigen, daß die im Anschluß an diese Erkenntnisse durchgesetzten bildungspolitischen Veränderungen, die in den 70er Jahren in einem nie gekannten Ausmaß stattfanden, zu nennenswerten Veränderungen hinsichtlich des entscheidenden Ziels geführt hätten. Dieses bestand nämlich darin, die Bildungsbeteiligung der sozial benachteiligten Schichten zu verbessern.

Diese Tatsache wurde von einem radikaleren gesellschaftstheoretischen Standpunkt aus als Anlaß dafür gewertet, Chancengleichheit nicht durch Förderung benachteiligter Schüler herzustellen, sondern gleich die Ursachen der Ungleichheit in der sog. kapitalistischen Gesellschaft zu bekämpfen durch die Beseitigung der «Klassengegensätze», durch eine Vergesellschaftung der Produktionsmittel und durch andere Maßnahmen, die in den Staaten des «real existierenden Sozialismus» beobachtbar waren. Da aus heutiger Sicht erwiesen ist, daß auch diese Maßnahmen Ungleichheit unter den Menschen nicht beseitigen, sondern andere Formen von Ungleichheit herstellen, ist am Ausgang unseres Jahrhunderts die Bereitschaft wieder erwacht, neben den Sozialisationsfaktoren auch den biologischen Faktoren und denen der intentionalen Beeinflussung der nachwachsenden Generation erneute Aufmerksamkeit zu widmen. Aus diesem Grund wird man Humanontogenese heute verstehen als das Ergebnis nicht nur sozialer, sondern auch biologischer, psychologischer und pädagogischer Faktoren. Damit hat der Sozialisationsbegriff seine übergreifende Funktion verloren.

> Humanontogenese ist ein Prozeß der Selbstorganisation eines menschlichen Organismus in Konfrontation mit einer Umwelt, die aus natürlichen, gesellschaftlichen Faktoren besteht.

Gegenüber der Definition von Sozialisation als der «Entwicklung der Persönlichkeit» besteht der entscheidende Unterschied in dem Austausch des Entwicklungsbegriffs gegen den Selbstorganisationsbegriff. Dieser knüpft deutlich an die bildungstheoretische Tradition insofern an, als auch der Bildungsbegriff eben von einer Selbsttätigkeit des Individuums ausging wie der Begriff der Selbstorganisation.

Der Sozialisationsbegriff ist durch diese theoretische Entwicklung aber keineswegs «erledigt». Denn tatsächlich lassen sich Zusammenhänge zwischen der Struktur und den Bedingungen einer Gesellschaft und dem Aufwachsen von (nicht nur) jungen Menschen nicht leugnen. Dafür muß man sich nicht auf komplexe Sozialisationstheorien beziehen, sondern bereits der Alltagsverstand vermittelt, daß das Aufwachsen eines Kindes in einer Pappkartonhütte in den Slums von Brasilia zu anderen Effekten führt als das Großwerden eines amerikanischen Rechtsanwaltssprößlings in den sicheren Mauern der väterlichen Villa an der kalifornischen Pazifikküste. Doch was heißt «Zusammenhang»? – Die Sozialisationsforschung ging davon aus, daß ein «Kausal»-Zusammenhang besteht, wonach die Bedingungen des Aufwachsens einen bestimmten Sozialisationseffekt «bewirken». Diese wissenschaftstheoretische – und, wie wir heute wissen, irrige – Auffassung eines Wirkzusammenhangs führte dazu, daß nach Mechanismen wie der Sprache und den Disziplinierungstechniken gesucht wurde, die gewissermaßen als Wirkfaktoren, als wirkende Vermittler zwischen sozialen Bedingungen und individuellen Entwicklungen isoliert werden könnten. Dieses Kausalitätskonzept gilt wissenschaftstheoretisch heute als überholt. In den Sozialwissenschaften (und auch in weiten Teilen der Naturwissenschaften) ist inzwischen deutlich geworden, daß soziale Vorgänge und soziales Handeln nicht kausal auf Handeln, Ereignisse oder Strukturen zurückgeführt werden können. Sozialisationsprozesse können deshalb nur im Zusammenhang der Humanontogenese betrachtet werden. Eine solche Gesamtbetrachtung wird, wie gezeigt, durch Strukturalismus und Systemtheorie nahegelegt. Dort ist es nämlich möglich, die Persönlichkeitsentwicklung als Ausdifferenzierung eines Bewußtseinssystems in Konfrontation mit anderen (auch sozialen) Systemen zu analysieren und verständlich zu machen.

Bedeutet das nun, daß die Resultate der breiten Sozialisationsforschung der zurückliegenden 40 bis 50 Jahre Makulatur sind? – Ja und nein. Sozialisationsforschung hat, das ist ihre wesentliche Leistung, Beschreibungen von Zusammenhängen geliefert, die dem Alltagsbeobachter wegen ihrer Komplexität nicht auffallen würden. Diese Deskriptionen werden künftig in systematischen Gesamtbetrachtungen eine unverzichtbare Basis für die Deutung der hochkomplexen Systemdynamik bei der Entwicklung von Bewußtseins- und sozialen Systemen sein. Die in Verbindung mit diesen Sozialisationsforschungen gemachten Kausalannahmen indessen wird man in vielen Fällen korrigieren müssen. Dieses gebietet bereits die Tatsache, daß die aus den Kausalannahmen abgeleiteten bildungspolitischen und pädagogischen Maßnahmen gegen negative Sozialisationseffekte niemals die erwünschte Wirkung brachten.

Für Studierende der Erziehungswissenschaft (wie im übrigen auch der Psychologie und der Soziologie) hat das einen anstrengenden Nebeneffekt: Sie kommen nicht umhin, sich mit empirischen Ergebnissen der Sozialisationsforschung zu befassen und sich über Sozialisationsinstanzen zu informieren. Die unterstellten Kausalzusammenhänge finden sich demgegenüber in Sozialisationstheorien. Dieses sind hypothetische Gebilde, die erklären sollen, warum bestimmte Sozialisationseffekte entstehen. Für das Studium der Sozialisationstheorien ist es wichtig, sich ständig klarzumachen, daß es sich bei diesen Theorien um «Konstrukte», nicht um eine wahre Beschreibung der Wirklichkeit handelt. Deswegen ist es insbesondere für das professionelle pädagogische Handeln bedeutsamer, einen Überblick über Sozialisationsinstanzen zu haben. Dazu gehören die Familie, die Gleichaltrigen, die Bildungseinrichtungen und der Beruf.

Sozialisation in der Familie. Die Familie ist die erste Umwelt für den sich organisierenden Organismus, für das menschliche Bewußtseinsystem. Für die Beschreibung der dort stattfindenden Prozesse werden auch künftig Ergebnisse der Sozialisationsforschung relevant sein, die sich mit der Mutter-Kind-Beziehung befassen, z. B. mit den Folgen von Mutterabwesenheit, von Mutter-Kind-Bindung, von übermäßigem Schutzverhalten (Overprotection). Für zunehmend bedeutsam gehalten werden die erst in den 80er Jahren unternommenen Untersuchungen zu der Rolle des Vaters in der familialen Sozialisation. Im Rahmen der Scheidungsfolgenforschung sind hier wichtige Ergebnisse zutage gefördert worden, so daß heute weitgehend Einigkeit darüber besteht, daß keiner der beiden Elternteile ohne schädliche Folgen für das Aufwachsen des Kindes verzichtbar ist.

Sozialisation in der Gleichaltrigengruppe (Peers). Im Verlauf der Entwicklung eines Kindes wächst der Zeitanteil eines Tages, an dem Kinder und Jugendliche mit Gleichaltrigen oder nahezu Gleichaltrigen zusammen sind. Die Forschung hat sich auch mit den Implikationen beschäftigt, die diese Gruppen für die Sozialisation besitzen. Dabei spielen der Erwerb und die Stabilisierung von Akzeptanz in der Gruppe eine Rolle. Der Beitrag zur Herausbildung von Gruppenführern oder das Streben nach eigener Dominanz ist beobachtet worden. Zu den Sozialisationselementen gehören des weiteren das Phänomen der Freundschaft zwischen Kindern und Jugendlichen und die Frage, welche Rolle Freundschaft beispielsweise für die Entwicklung von Konkurrenzdenken spielt. Die Erforschung der Peers hat im übrigen verdeutlicht, daß verschiedene Typen von Gleichaltrigengruppen unterschieden werden müssen wie Freundesgruppen, Spielgruppen, «Gangs» usw.

Sozialisation in Bildungseinrichtungen. Besonders der Schule als Sozialisationsinstanz ist, schon aufgrund der Untersuchungen zu den schichtspezifischen Chancenungleichheiten, in den zurückliegenden 30 Jahren eine hohe Aufmerksamkeit zuteil geworden. Dabei hat sich herausgestellt, daß zahlreiche Elemente der Schule für die Persönlichkeitsentwicklung wichtig sind. So ist es zunächst die Person der Lehrerin bzw. des Lehrers, deren Einfluß auf die Persönlichkeitsentwicklung von Kindern gar nicht überschätzt werden kann. Eine kleine, dramatische Episode mag das verdeutlichen:

> Ein kleines Mädchen an einer Grundschule fixierte sich im Kontext einer weitgehenden Abwesenheit der berufstätigen Mutter in extrem hohem Maß auf die Klassenlehrerin. Als diese nach zwei Jahren eine neue Klasse erhielt, zeigte das Kind schwerste somatische Erscheinungen bis hin zu Ohnmachtsabsencen, so daß das Vorhandensein einer Epilepsie medizinisch abgeklärt werden mußte. Der Befund war negativ. Der behandelnde Arzt entdeckte in Gesprächen mit dem Kind die Bedeutung der Klassenlehrerin für das Kind und riet den Eltern, auf einen Gymnasialbesuch zu verzichten, weil das Kind dort mit wechselnden Lehrern konfrontiert sei. Erst als die ehemalige Klassenlehrerin von dem Fall erfuhr und sich bereit erklärte, mit dem Kind vor und nach der Schulzeit zusammenzusein und sich von ihm bei der Unterrichtsvorbereitung helfen zu lassen, verschwanden die Beschwerden, das Kind konnte zum Gymnasium wechseln und absolvierte eine ansehnliche Hochschulkarriere.

Das Beispiel zeigt, daß «schulische Sozialisation» über Lebensfähigkeit entscheiden kann. Wollte man jetzt allerdings hergehen und, wie ein Ingenieur, nach den einzelnen Faktoren der Bedeutung der Klassenlehrerin für das Mädchen suchen, so würde sich das Ganze dieser Persönlichkeit, dasjenige, was in der Geisteswissenschaftlichen Pädagogik als «pädagogischer Takt» bezeichnet wurde, im Nichts auflösen. Es ist unwahrscheinlich, daß man die «Ursachen» in der Persönlichkeit der Lehrerin findet, die zu der engen Bindung des Mädchens gerade zu ihr geführt haben. Es ist auch gar nicht sinnvoll, dieses herausfinden zu wollen. Entscheidend ist vielmehr, daß professionelle Pädagogen sich darüber klarwerden, welche Bedeutung sie für die ihnen Anbefohlenen haben, damit sie in adäquater Weise damit umgehen können. Daß in dem gegebenen Beispiel das schwerwiegende Problem gelöst werden konnte, ist nicht das Resultat hochdifferenzierter Ergebnisse der Sozialisationsforschung, sondern der Menschlichkeit einer Lehrerin, die ihre persönlichen Interessen den Bedürfnissen des Kindes untergeordnet hat. Man kann das auch einfacher und pathetischer sagen: Sie gab ihm ein bißchen von der Liebe, die das Mädchen offenbar entbehrte.

In der Staatsschule sind solche Ereignisse eher unwahrscheinlich. Das hängt mit ihrer Funktion als Selektions- und Allokationsinstanz zusammen, die die Unterbringung im Berufsleben betrifft. Diese Funktion verschiebt die Interaktion zwischen Lehrern und Schülern auf eine Sachebene, auf der allein Leistungsbeurteilung, Auswahl und Disziplinierung legitimiert werden können. Dieses führt nicht zuletzt dazu, daß Lehrer dazu neigen, leistungsstarke Schüler auch in ihrer Persönlichkeit besser zu beurteilen und zu bevorzugen. Diese Schüler stürzen die Lehrer nämlich nicht in einen Beziehungskonflikt, in dem sie sich sofort befinden, wenn sie sich vor Augen führen, daß sie mit ihren Entscheidungen einen erheblichen Beitrag über das Gelingen eines Lebens leisten. Insofern hat die Funktion der Schule sozialisatorische Folgen. Je nachdem, für wie bedeutsam eine Schule die einzelnen abstrakten Aufgaben hält, die sie zu erfüllen hat, wird das Klima dieser Schule verschieden ausfallen. Der Vergleich von einzelnen Schulen selbst in unmittelbarer Nähe zeigt, daß dort ganz unterschiedliche Schulstile vorherrschen können. Eltern, die in Unkenntnis dieser Unterschiedlichkeit eine Schule auswählen, in bester Absicht, aber informationslos, treffen damit implizit eine Entscheidung über die sozialisatorischen Implikationen dieser Schulwahl für ihr Kind.

Wenn man den Weg von der Mikroebene der Lehrer-Schüler-Beziehung bis hin zur Makroebene des gesamten Schulsystems weiterverfolgt, dann zeigt sich, daß nicht nur einzelne Schulen, sondern das gesamte Schulsystem eines Landes sozialisatorische Implikationen hat. So ist es unmittelbar einleuchtend, daß ein Schulsystem, welches zwischen staatlichen Schulen für die mittellose Bevölkerungsmehrheit und Privatschulen für eine Funktionselite unterscheidet, andere Sozialisationseffekte erzielt als ein Schulsystem, das eine Einheitsschule für alle Kinder vorsieht, oder als ein Schulsystem, das im wesentlichen zwischen drei Schultypen unterscheidet – wie dasjenige in der Bundesrepublik Deutschland.

Das für die Schule Gesagte gilt – in großen Teilen – auch für Hochschulen. Wer in seinem Studium eine größere Zahl von Lehrenden, unterschiedliche Universitäten und vielleicht unterschiedliche Systeme in verschiedenen Ländern kennengelernt hat, der weiß das. Bis hin zum «Klima» innerhalb verschiedener Fächer («Fachkulturen») sind die Sozialisationsbedingungen an der Hochschule sehr unterschiedlich. So kann die Besonderheit einer Fachkultur über Erfolg oder Mißerfolg eines Studiums entscheiden.

Berufliche und betriebliche Sozialisation. In Betrieben wird ausgebildet und gearbeitet. Insoweit dort beispielsweise Lehrlinge ausgebildet werden, findet auch eine betriebliche Sozialisation statt, die strukturell – nicht inhaltlich – derjenigen in der Schule vergleichbar ist. Die Persönlichkeiten der Ausbilder, das Klima im Betrieb, das Verhältnis des Betriebs zur Ausbildung in der Pflichtberufsschule und vieles andere sind sozialisierend.

Dabei kann es zu Reibungen zwischen den Sozialisationsbedingungen der Hauptschule oder der Gesamtschule und dem Ausbildungsbetrieb kommen. Große Betriebe erwarten von ihren Lehrlingen heute Sozialisationserfahrungen, die die Schule gar nicht vermittelt, z. B. in Teams eigenverantwortlich für den gemeinsamen Erfolg entscheiden und handeln zu können. Die Schule vermittelt in der Regel das Gegenteil dadurch, daß sie sich als Belehrungsinstitution begreift, deren Ziele sich nicht am Arbeitsprozeß, sondern an unterstellten Interessen gesellschaftlicher Mächte orientieren.

Sozialisierend ist auch die berufliche Tätigkeit nach der Ausbildung. Denn der Sozialisationsprozeß eines Menschen ist nicht auf die Zeit des Aufwachsens und die Ausbildung beschränkt, sondern er dauert ein Leben lang. Wer beispielsweise den Betrieb wechselt, kann dies leidvoll erfahren, wenn die Persönlichkeiten von Vorgesetzten und Kollegen, das Betriebsklima und die Anforderungs- und Prozeßstruktur der Arbeitsabläufe sich voneinander deutlich unterscheiden. Die Sozialisation am Arbeitsplatz kann sich in alle Bereiche auch des nichtberuflichen Lebens verlängern. Im Befehlsempfänger am Arbeitsplatz, der abends in der Familie als Haustyrann auftrumpft, ist diese Karikatur auch im Alltagswissen längst präsent.

Literatur

Geulen, D.: Sozialisation. In: Lenzen, D. (Hg.): Erziehungswissenschaft. Ein Grundkurs. 3. Aufl., Reinbek b. Hamburg 1997, S. 99–132.

Hurrelmann, K./Ulich, E. (Hg.): Neues Handbuch der Sozialisationsforschung, Weinheim 1991.

Tillmann, K.-J.: Sozialisationstheorien. Eine Einführung in den Zusammenhang von Gesellschaft, Institution und Subjektwerdung. 8. Aufl., Reinbek b. Hamburg 1997.

5.4 Unterricht

Auf den ersten Blick erscheint es so, daß jeder nach 13 Jahren Schulerfahrung weiß, was Unterricht ist. Das ist sicher richtig. Jeder hat Erfahrungen mit gutem und schlechtem Unterricht gehabt, mit gut und schlecht vorbereiteten, mit begabten und unbegabten Lehrern, mit gerechten und ungerechten, mit Faszination wie mit Langeweile und Überdruß. Welche Erfahrungen man auch immer gemacht hat, sie sind die Folge der Entscheidungen und Handlungen von Lehrenden, aber nicht nur von ihnen. Wir erwarten, daß diese Handlungen und Entscheidungen nicht beliebig, naturwüchsig und intuitiv vollzogen werden, sondern daß ein professioneller Lehrer bzw. eine professionelle Lehrerin strukturell das gleiche tut wie ein Chirurg: zielorientiert planen, durchführen und überprüfen. Kurz:

> Unterricht ist die zielorientierte Planung, Durchführung und Überprüfung von Lehr-Lern-Prozessen.

Wer sein unterrichtliches Handeln so versteht, hat sich an Zielen zu orientieren. Das wirft die Frage auf, woher denn die Ziele des Unterrichts kommen. Wer darf bestimmen, welche Ziele für das Lernen und Lehren die richtigen sind? Allein der Lehrer? Wir sehen sofort, daß schon das Formulieren von Zielen Legitimationsprobleme mit sich bringt. Das gilt auch für den nächsten Schritt, die Planung. Planung setzt voraus, Ziele in optimaler Weise realisieren zu wollen. Gleichzeitig erwarten wir, daß die Planung keine Handlungen vorsieht, die illegitim sind oder gar illegal. Planung muß auf dem neuesten Stand der Erkenntnisse über Lehr-Lern-Prozesse ablaufen. Für die Durchführung des Unterrichts gilt nichts anderes, und deshalb ist sowohl das Lehren wie das Lernen zu überprüfen. Üblicherweise überprüfen Lehrer nur das Gelernte in Form von unablässigen Leistungsüberprüfungen bei den Schülern, ohne sich selbst nur ein einziges Mal die Frage zu stellen, ob womöglich mangelhafte Leistungen der Schüler auf unzureichende Leistungsfähigkeit von Lehrern zurückzuführen ist.

Überprüfung muß also immer beides umfassen, das Lernen wie das Lehren. Daran schließen sich natürlich weitere Probleme an: Wer überprüft? Was sind die Maßnahmen, wenn die Überprüfung zu negativen Ergebnissen führt? – Wir betreten vermintes Gelände.

Nach der versuchsweisen Definition von Unterricht und der Betrachtung der Folgeprobleme stellen wir fest, daß unterrichtliches Handeln offenbar verschiedene Dimensionen hat und nicht nur aus verschiedenen Bestandteilen wie Planung, Durchführung und Überprüfung besteht. Diese Dimensionen lauten:

– *Optimierung.* Sie ist notwendig, damit der Lehr-Lern-Prozeß möglichst zeit- und kraftökonomisch abläuft.
– *Legitimation.* Sie ist notwendig, damit sich nicht einseitige Interessen gegen den Willen anderer berechtigter Interessen durchsetzen.
– *Evaluation.* Sie ist notwendig, damit man Gewißheit über die Ergebnisse des Lehrens und Lernens gewinnt.

Optimierung. Die Optimierung bezieht sich auf alle drei Elemente unterrichtlichen Handelns. Ressourcen für die Durchführung des Unterrichts sind grundsätzlich knapp. Es muß also mit ihnen gehaushaltet werden, um ein optimales Zweck-Mittel-Verhältnis zu erzielen.

Was kann das für die Planung von Unterricht bedeuten? In seinem Alltag ist der Lehrer mit dieser Situation täglich und stündlich konfrontiert. Die Biologielehrerin überlegt, ob sie bei der Behandlung der Mikroben die Kinder mit diesen possierlichen Tierchen dadurch bekannt machen soll, daß sie eine Mikroskopierstunde durchführt. Das bedeutet einen Heuaufguß ansetzen, Mikroskope bereitstellen, sicherstellen, daß in dem Heuaufguß auch die gesuchten Mikroben vorhanden sind, die Unruhe in der Mikroskopierstunde bekämpfen und vieles andere. Die streßfreiere Alternative wäre das Anschauen eines Lehrfilms über Mikroben, Einzeller und Pantoffeltierchen. Das setzt voraus, den Film bei der Landesbildstelle zu besorgen, das verlangt die Reservierung des Filmvorführraums, Durchführung von Disziplinarmaßnahmen im verdunkelten Vorführraum usw. Dann doch vielleicht nur eine Betrachtung im Biologiebuch? Das Buch haben alle, man kann sich eine ruhige Stunde machen, wenn man die Kinder auffordert, die Form der Mikroben abzuzeichnen, und dem Lehrplan ist so oder so Genüge getan.

Wir sehen, daß der Mittelaufwand für die Durchführung von Unterricht fast ausschließlich zu Lasten des Lehrers geht, zumindest bei der Planung. Kein Wunder, daß nicht selten die langweiligere, aber weniger aufwendige Form gewählt wird. Wann aber wäre, nur an diesem kleinen Beispiel illustriert, eine optimale Entscheidung getroffen worden? – Das wäre dann der Fall, wenn der Lerneffekt, den man noch im einzelnen beschreiben müßte, so groß wie möglich ist und der Aufwand so gering wie möglich. Dazu benötigt man Informationen. Es ist dem Lehrer leicht möglich, seinen Input zu bewerten. Weniger Informationen gibt es darüber, ob Gestalt, Lebensweise, Bewegung von Mikroben am besten «gelernt» werden können, wenn man sie aus dem Biologiebuch abzeichnet, wenn man einen Film über sie sieht oder wenn man sie selbst vor Augen mit Hilfe des Mikroskops hat.

Ein professioneller Lehrer sollte wissen, daß es Unterschiede gibt, die abhängig sind vom Ausmaß der Anschaulichkeit. Dieses wiederum ist abhängig vom Lebens- und Lernalter der Kinder. Ebenso wird man unterscheiden zwischen den Lernzielen: Wenn es nur darum geht, die Existenz von Mikroben glaubhaft zu machen, dann mag ein entsprechender Nachweis im Biologiebuch genügen. Geht es allerdings darum, selbst entdeckend zu lernen und dabei vielleicht sogar etwas Neues zutage zu fördern, d. h., eine Situation von Naturforschung zu erleben, dann ist das Mikroskopieren die Methode der Wahl. Von Lehrenden, die ihren Unterricht planen und vorbereiten, müssen wir also erwarten, daß sie wissen, welches unterrichtliche Verfahren optimal ist. Dazu gehört im übrigen nicht nur die Wahl des Mediums wie eines Mikroskops, sondern darüber hinausgehend die Wahl von *Sozialformen* (Frontalunterricht, Gruppenunterricht usw.), von Methodenkonzeptionen (wird den Kindern der Heuaufguß wortlos präsentiert – und sie finden zufällig Pantoffeltierchen –, oder bekommen sie die Aufforderung, danach zu suchen?). Das Geflecht der schon in der Planung zu treffenden Entscheidungen ist breit. Für die Unterrichtsplanung gibt es optimierende Planungsmodelle, die in der *Didaktik* herausgearbeitet worden sind. Eines davon stammt von Heimann, Otto und Schulz, das die Vielfalt der zu treffenden Entscheidungen demonstriert, ohne allerdings vollständig zu sein (vgl. Abb. 20).

Abbildung 20
Strukturanalyse des Unterrichts nach Heimann / Otto / Schulz

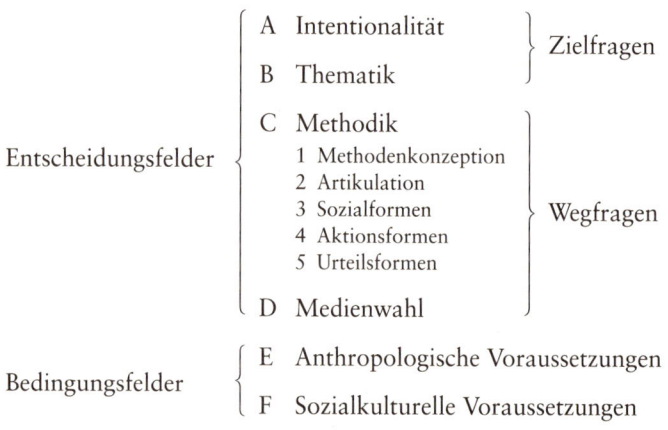

In der Literatur gibt es eine Vielzahl von Planungsmodellen für den Unterricht, die teilweise ganz unterschiedlichen Vorstellungen von Unterricht folgen. Das muß man wissen, weil das Planungsmodell häufig selbst eine Theorie des Unterrichts voraussetzt. Es ist also nicht gleichgültig, welchem Planungsmodell man folgt. Während Abbildung 20 eher die zu treffenden Entscheidungen wertneutral auflistet, enthält das Modell in Abbildung 21 eher Fragen, die mehr auf die Bedeutung der Inhalte des Unterrichts abheben und von dem Lehrer verlangen, daß er die Inhaltsauswahl vor verschiedenen Hintergründen legitimiert (z.B. Gegenwartsbedeutung, Zu-

198

kunftsbedeutung, exemplarische Bedeutung). In der Geschichte der Didaktik hat dieser Unterschied eine große Rolle gespielt. Das Modell der Abbildung 20 gilt eher als wertneutral-positivistisch, während das in der Abbildung 21 dargestellte Modell aus dem Umfeld der Geisteswissenschaftlichen Pädagogik kommt und sich für die bildungstheoretische Seite der Inhaltsauswahl interessiert.

Legitimation. Wir sehen an den beiden Analyseschemata für den Unterricht, daß bei der Unterrichtsplanung (und -durchführung) nicht nur der Mitteleinsatz optimiert werden muß, sondern auch die Zielsetzung zu legitimieren ist. Genau das geschieht in der Bedingungsanalyse in Abbildung 21. Die Zwecke, die dem Lernprozeß gesetzt werden, sind legitimationsbedürftig. Es ist nicht gleichgültig, wer diese Lernzwecke oder Lernziele formuliert, weil jeder, der dieses tut, bestimmten Interessen folgt.

Wissenschaftler haben vielleicht ein Interesse, daß schon die Schüler wissenschaftlich vorbereitet werden, wenn sie ein späteres Studium anstreben. Eltern verfolgen vielleicht eher das Interesse, daß ihre Kinder angemessen für ein Berufsleben vorbereitet werden. Schüler orientieren sich vielleicht an der Beurteilung der Mittel selbst sowie an dem Arbeitsaufwand und dem Lustgewinn, den der Unterricht mit sich bringt. Das ist natürlich eine Vereinfachung, zeigt aber bereits in der Schule abweichende Interessen. Jenseits der Schule haben die gesellschaftlichen Gruppierungen Ansprüche an Schule, seien es die Gewerkschaften, Arbeitgeberverbände, Kirchen, Bürgerbewegungen und andere, die in der demokratisch verfaßten Gesellschaft über den Staat in einem geregelten Verfahren Einfluß auf die *Curricula*, d.h. auf die Lehrpläne, zu nehmen versuchen. Eine solche Legitimation findet sowohl für die Festlegung der Lehrpläne statt als auch unterhalb dieser Ebene für die Entscheidungen, die in der Schule, in der einzelnen Klasse getroffen werden.

Die weitgehende Verrechtlichung aller Lebensbezüge hat auch vor der Schule nicht haltgemacht. Dabei spielt besonders der Gleichheitsgrundsatz eine Rolle. Der Staat hat die Pflicht, die Interessen der «gesellschaftlichen Mächte» gegeneinander auszugleichen, Minderheiten zu schützen und dafür zu sorgen, daß die gesellschaftlichen Interessen nicht auf Kosten der Individuen gehen,

Abbildung 21
Bedingungsanalyse des Unterrichts nach Klafki

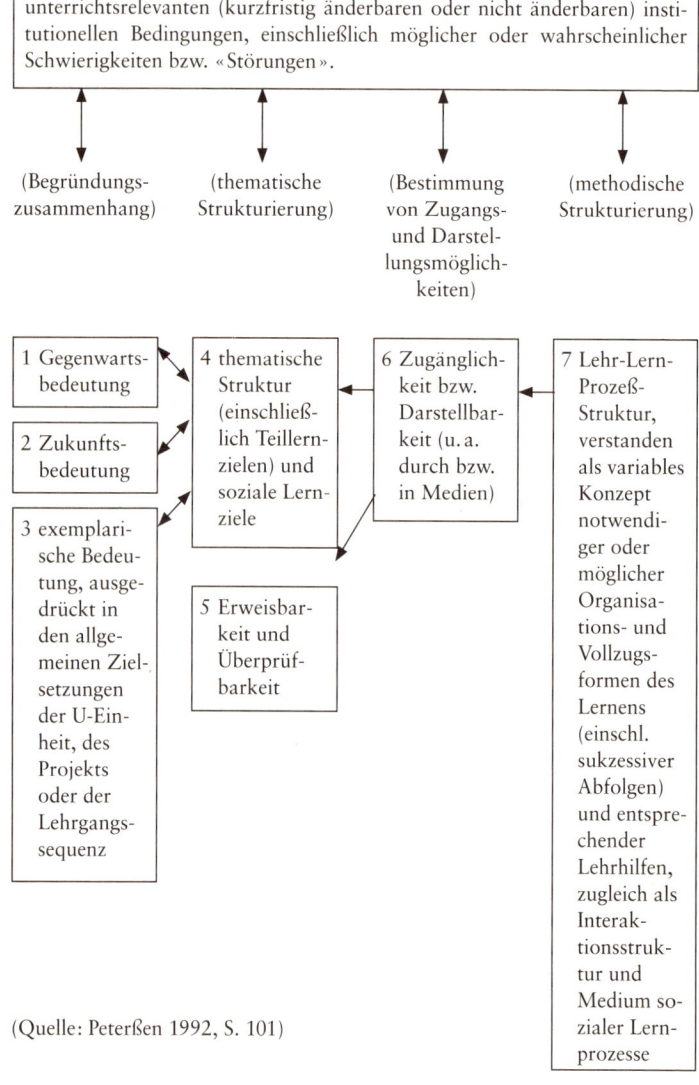

Bedingungsanalyse: Analyse der konkreten, soziokulturell vermittelten Ausgangsbedingungen einer Lerngruppe (Klasse), des/der Lehrenden sowie der unterrichtsrelevanten (kurzfristig änderbaren oder nicht änderbaren) institutionellen Bedingungen, einschließlich möglicher oder wahrscheinlicher Schwierigkeiten bzw. «Störungen».

(Begründungs-
zusammenhang)

(thematische
Strukturierung)

(Bestimmung
von Zugangs-
und Darstel-
lungsmöglich-
keiten)

(methodische
Strukturierung)

1 Gegenwarts-
bedeutung

2 Zukunfts-
bedeutung

3 exemplari-
sche Bedeu-
tung, ausge-
drückt in
den allge-
meinen Ziel-
setzungen
der U-Ein-
heit, des
Projekts
oder der
Lehrgangs-
sequenz

4 thematische
Struktur
(einschließ-
lich Teillern-
zielen) und
soziale Lern-
ziele

5 Erweisbar-
keit und
Überprüf-
barkeit

6 Zugänglich-
keit bzw.
Darstellbar-
keit (u. a.
durch bzw.
in Medien)

7 Lehr-Lern-
Prozeß-
Struktur,
verstanden
als variables
Konzept
notwendi-
ger oder
möglicher
Organisa-
tions- und
Vollzugs-
formen des
Lernens
(einschl.
sukzessiver
Abfolgen)
und entspre-
chender
Lehrhilfen,
zugleich als
Interak-
tionsstruk-
tur und
Medium so-
zialer Lern-
prozesse

(Quelle: Peterßen 1992, S. 101)

ohne daß umgekehrt individuelle Interessen am Lernprozeß vorherrschen. Insofern ist die Legitimation von allen Entscheidungen im Zusammenhang des Unterrichts so zu definieren:

> Legitimation ist der Prozeß der Erzeugung von Legalität und Legitimität durch Rechtfertigung und Begründung didaktischer Entscheidungen.

Legal ist eine Entscheidung dann, wenn sie durch Anwendung positiven Rechts zustande gekommen ist (z. B. die Entwicklung eines Lehrplans). Legalität wird in einem Legitimationsverfahren gewonnen (z. B. die Schulbuchauswahl in einer Schule nach dem Schulmitwirkungsgesetz). Legitim ist eine Entscheidung dann, wenn eine Übereinstimmung zwischen kollektiven Interessenlagen und der konkreten Verwendungsweise hoheitlicher Gewalt besteht. Das bedeutet, daß eine legale Entscheidung nicht unbedingt auch legitim sein muß. Es ist gut möglich, daß trotz eines legalen Verfahrens Entscheidungen getroffen werden, die sich gegen die Betroffenen richten, also insbesondere gegen Schüler und Eltern. In einem solchen Fall wären sie nicht legitim.

Der Gegensatz zwischen gesellschaftlichen und individuellen Interessen stellt in diesem Zusammenhang das größte Problem dar. Bei zahlreichen curricularen, aber auch unterrichtlichen Entscheidungen gibt es eine krasse Divergenz zwischen gesellschaftlichen und individuellen Interessen. Diese Kluft ist im ausgehenden 20. Jahrhundert besonders tief geworden, weil den individuellen Interessen sukzessive mehr Rechte eingeräumt wurden. An einem Beispiel kann man das Problem leicht erläutern:

Der staatliche Fächerkanon der Schulen enthält bis hin zur Berufsschule das Fach Sport. Die Einführung dieses Fachs folgte im 19. Jahrhundert dem Gedanken, daß Leibesübungen, wie es damals hieß, der Volksgesundheit dienlich seien. Hinter der Volksgesundheit verbarg sich zumindest für die Leibesübungen der Knaben kaum verhohlen das staatliche Interesse an künftigen leistungsfähigen Soldaten. Ein individuelles Interesse an der Sicherung einer im übrigen umstrittenen Gesundheit durch Sport gab es damals noch nicht, weil Bewegungsmangel und ähnliche

Zivilisationsprobleme des Körpers nicht auf der Tagesordnung standen. Am Ende des 20. Jahrhunderts besteht das Fach Sport trotz veränderter staatlicher Interessen weiter fort und wird heute u. a. über eine Qualifikation zum Leistungssport zu legitimieren versucht. Demnach entspricht es einem staatlichen Interesse, in internationalen Wettbewerben einen qualifizierten sportlichen Nachwuchs zu haben, den man in den eigenen Schulen heranziehen kann. In den Staaten der ehemals sozialistischen Länder gehörte dies sogar zum Staatserziehungsprogramm. Angesichts der unbestreitbaren Nebenfolgen von Leistungssport kann es für die Großzahl der Individuen kein selbstverständliches Interesse an einem schulischen Sportunterricht geben, zumal wenn dieser auf Kosten vielleicht wichtigerer anderer Fächer geht. Wie immer man das im einzelnen beurteilen mag, die Divergenz zwischen staatlichen und individuellen Interessen wird leicht sinnfällig, wenngleich seitens des Staates und der Gesellschaft natürlich sofort Legitimationsstrategien entwickelt werden, um das beliebte Fach zu retten. Heute gehört dazu neben der Qualifikation für den Leistungssport die Fiktion, durch einen zweistündigen Sportunterricht in der Woche sei eine körperliche Ertüchtigung im Sinne des Breitensports gewährleistet.

Aber nicht nur wegen der wachsenden Berücksichtigung individueller Interessen ist die öffentliche Legitimation von Schulcurricula und Unterricht heute sehr schwierig geworden. Die Formulierung von Erziehungs- und Bildungszielen geht ja von der Vorstellung aus, solche Ziele seien durch Unterricht tatsächlich erreichbar. Wenn in den Präambeln staatlicher Lehrpläne formuliert wird, daß es dem Schüler ermöglicht werden solle, durch Politikunterricht ein mündiger, verantwortungsvoller Staatsbürger zu werden, der die freiheitlich demokratische Grundordnung beachtet, dann ist dies sicher ein Ziel, auf das man sich schnell einigen kann. Nur: Kein Politikunterricht der Welt kann einen mündigen Staatsbürger garantieren. Hier spielen viel komplexere Faktoren eine Rolle als ein wie auch immer durchgeführter Politikunterricht.

Die legitimierte Formulierung von Lehrplanzielen tendiert demnach dazu, eine Scheinlegitimation zu werden. Die politischen Auseinandersetzungen finden auf der obersten Ebene von Zielformulierungen statt, werden durch Kompromißformeln beigelegt und bleiben für die Entwicklung der Kinder folgenlos. Das kann auch gar nicht anders sein. Würde nämlich der Staat versuchen, auf der untersten Ebene, der Unterrichtsplanung durch den Lehrer, gesellschaftliche Interessen durchzusetzen, würde der Protest der so entmündigten Schulkinder und ihrer Eltern sofort anschwellen. In den 70er Jahren hat es eine Reihe von Auseinandersetzungen, z. B. bei der Einführung von Schulbüchern, gegeben, die diese Tendenz gezeigt haben. Für die Lehrer ist dies eine Chance und ein Risiko zugleich: Sie haben einen viel größeren Entscheidungsspielraum, als die Lehrpläne es nahelegen. Ihre Verantwortung wird damit allerdings auch größer. Denn das Legitimationsproblem ist ja keineswegs dadurch gelöst, daß auf der obersten Ebene gestanzte Leerformeln als Ziele formuliert werden. Die eigentliche Verantwortung gegenüber den Schülerinnen und Schülern zeigt sich in der einzelnen Unterrichtsstunde, auch wenn sie dort nicht immer bewußt von den Lehrern wahrgenommen wird.

Legitimationsbedürftig sind aber nicht nur die allgemeinen Ziele von Lehrplänen, sondern auch die *Inhalte*. Es gibt eine langwierige Auseinandersetzung darüber, nach welchen Kriterien Inhalte des Unterrichts auszuwählen seien. Denn schon am Beginn des 18. Jahrhunderts war klar: Es gibt einfach viel zu viele Inhalte, als daß man alle «alles» lehren könnte, wie man es noch in den Jahrhunderten zuvor glaubte. In der Geschichte der Bildungstheorie, d. h. in der Geschichte der Diskussion über die richtigen Auswahlkriterien für Unterrichtsinhalte, hat es sehr unterschiedliche Vorschläge gegeben:

Die Theorie einer «materialen Allgemeinbildung» ging davon aus, daß im Unterricht «alle objektiven Inhalte der Kultur» zu vermitteln sind. Es wurde sehr schnell deutlich, daß zusätzliche Kriterien notwendig waren, weil die Zahl dieser Kulturinhalte binnen kürzester Zeit so groß wurde, daß die alten Maßstäbe nicht hinreichend selektiv wirkten.

Die «Theorie des Szientismus» ging davon aus, daß in den Schulen alle Inhalte der Wissenschaften zu vermitteln sind. Der Einwand gegen diese Theorie war im wesentlichen derselbe wie gegen die erste. Da auch hier der Stand der Wissenschaften sich schnell und kontinuierlich änderte, würde sich eine ständige Revisionsbedürftigkeit für die Inhalte ergeben.

Eine weitere Selektionstheorie war die «Theorie des Klassischen». Sie ging davon aus, alle Inhalte zum Gegenstand des Unterrichts zu machen, in denen sich das ideale Selbstverständnis einer Kultur widerspiegelte. Auch hier ergab sich sehr schnell ein Einwand. Zwar würde dieses Kriterium das Problem der Stoffülle lösen, nicht jedoch das des Wandels. Welche Dichter, welche Philosophen, welche Bauwerke oder gar welche physikalischen Entdekkungen als klassisch zu bezeichnen sind, darüber kann trefflich gestritten werden. Das Kriterium würde nicht trennscharf sein.

Das Problem der letztlich nicht einzuengenden Stoffülle war dann Anlaß dafür, anders anzusetzen. Es sollten nicht mehr Klassen von Inhalten benannt werden, die in Betracht kommen, sondern die Auswahl der Inhalte sollte sich orientieren an dem, was die Vermittlung dieser Inhalte eigentlich leistet. Eine solche Theorie war die der funktionalen Bildung. Ihr zufolge sollten all die Inhalte ausgewählt werden, die «transferfähige Fähigkeiten» vermitteln. Der Gedanke war sicher nicht falsch; jedoch erwies sich auch dieses Kriterium als unzureichend, weil das Legitimationsproblem verschoben wird. Bevor man dieses Kriterium einsetzen kann, muß Einigkeit darüber bestehen, welche Kräfte Kinder denn besitzen sollen, welche Fähigkeiten, Fertigkeiten usw.

Dieser Einwand galt auch gegen eine andere Variante, die methodische Bildung. Diese Theorie ging davon aus, daß die Vermittlung all jener Inhalte sinnvoll sein könnte, die den Erwerb von Erkenntnismethoden begünstigen. Auf diese Weise könnten die Lernenden mit Hilfe solcher Erkenntnismethoden sich alles Weitere selbst erschließen.

Angesichts der vielen Verlegenheiten bei diesen Kriterien ist schon in den 50er Jahren vorgeschlagen worden, eine Theorie «kategorialer Bildung» zu entwickeln (vgl. Klafki 1958), die von einer Vermittlung zwischen materialen und formalen Selektionskriterien ausgeht. Dies wurde in die Formel gefaßt, alle Inhalte auszuwählen, «die das Erschlossensein der Wirklichkeit für den Menschen und des Menschen für die Wirklichkeit gewährleisten». Es liegt auf der Hand, daß dieses Kriterium nicht besonders trennscharf ist und eher nach einem Kompromiß aussieht. Und in der Tat hat diese Selektionstheorie kaum je das bewirkt, was sie beabsichtigte.

Dennoch wurde deutlich, daß die Auswahl der Inhalte ein gewichtiges gesellschaftliches und individuelles Problem ist. Sie muß verantwortungsvoll getroffen werden. Anfang der 70er Jahre machte sich deshalb das Max-Planck-Institut für Bildungsforschung in Berlin auf, eine Curriculum-Entwicklungsstrategie auszuarbeiten. Um die Zukunft der heutigen Lernenden zu antizipieren, sollte überlegt werden, in welchen Lebenssituationen sich die Menschen in den nächsten Jahrzehnten befinden würden. Aus diesen erwartbaren Bedingungen seien die erforderlichen Lernziele abzuleiten. Daraufhin sollten solche Inhalte ausgewählt werden, die zur Erreichung der Lernziele erforderlich sind, welche die Bewältigung künftiger Lebenssituationen versprechen. Letztlich seien Unterrichtsmethoden und -arrangements zu entwickeln, die zur Vermittlung der Inhalte geeignet sind.

Der aufmerksame Leser wird bemerken, daß sich hinter dieser scheinbar wissenschaftlich-rationalen Curriculum-Entwicklungsstrategie nichts anderes als das überholte Modell normativer Pädagogik versteckte. Es wurde denn auch, nach einem erheblichen Verbrauch öffentlicher Mittel, eingestellt. Man kann deshalb heute sagen, daß die Inhaltsselektion in nie gekannter Weise auf den Schultern von Lehrerinnen und Lehrern ruht. Die Verantwortung für die Auswahl der Inhalte liegt bei ihnen und muß deshalb mit Rationalität und unter Beteiligung von Schülern und Eltern getroffen werden, auch wenn viele Lehrer sich dieser «Zumutung» gern entziehen möchten. Wer eine gewisse Zeit lang unterrichtet hat, verfügt über ein Repertoire an Inhalten und Vermittlungsmethoden, dessen Erweiterung nur unnötige Arbeit zu machen scheint. Wer sich als Lehrer(in) vornimmt, diesem schon im 19. Jahrhundert sprichwörtlichen «Schlendrian» nicht zu verfallen und für Innovationen offen zu bleiben, der/die hat vielleicht die Chance, während eines 30jährigen Berufslebens in den ersten Jahrzehnten des 21. Jahrhunderts einen Unterricht zu veranstalten, der zeitgemäß sein wird. Denn eines scheint sicher zu sein: Die Zeiten, in denen Unterricht als zielorientierte Belehrung durch Lehrende verstanden wird, sind sehr bald vorbei.

Evaluation. Zu dem künftigen Unterricht wird verstärkt eine Überprüfung von Lern- und Lehrvorgängen gehören. Auf die Methoden der Leistungsüberprüfung ist in der zweiten Hälfte des 20. Jahrhunderts viel Energie gerichtet worden. Es gibt inzwischen Testmaterialien, Diagnosemethoden und Überprüfungsmittel für die Leistung von Schülern bis hin zu internationalen Vergleichen. Der Gedanke, die Leistungsfähigkeit der Schüler sei eine Funktion der Schulqualität, ist allerdings recht neu. Erst langsam setzen sich Verfahren der Schulqualitätsmessung durch, die den Output der Schulen unter dem Gesichtspunkt analysieren, ob die Leistung der Institution und der in ihr tätigen Lehrenden qualitativ ausreichend ist. Gegen eine solche Evaluation wehren sich Lehrerinnen, Lehrer und Schulbehörden in Deutschland vehement, obgleich sie in zahlreichen europäischen Ländern längst selbstverständlich ist. Das hängt damit zusammen, daß deutsche Lehrerinnen und Lehrer in der Regel von der Geschichte des deutschen Berufsbeamtentums profitieren, in der eine Kritik an der Tätigkeit eines Staatsdieners sakrosankt war. Erst wenn langsam auch in das Schulwesen marktwirtschaftliche Modelle eindringen und der Output mit dem Input verglichen wird, besteht die Chance, daß unterrichtliche Tätigkeit nicht mehr als hoheitlicher Gnadenerweis gegenüber lernbegierigen Volksmassen begriffen wird, sondern als eine Serviceleistung, die entweder ihr Geld wert ist oder verbessert oder liquidiert werden muß.

Zusammenfassend läßt sich sagen, daß Unterricht als Grundvorgang zur Zeit einem nie gekannten Wandel unterworfen ist. Künftige Lehrerinnen und Lehrer werden sich deshalb darauf einstellen müssen, daß ihre Leistungen ebenso einer dauernden Kontrolle unterworfen werden wie die Leistungen von Menschen, die auf allen Ebenen der Wirtschaft tätig sind.

Literatur

Gage, N. L.: Unterrichten – Kunst oder Wissenschaft?, München 1979.
Terhart, E.: Lehr-Lern-Methoden. Eine Einführung in Probleme der methodischen Organisation von Lehren und Lernen, Weinheim/München 1989.

5.5 Hilfe, Beratung und mehr

Der Handlanger, der dem Maurer auf der Baustelle Steine herbeiträgt, hilft. Die Anwaltsgehilfin hilft. Der Schreinergeselle hilft. Der Arzt hilft. Das Kind hilft beim Kuchenbacken. – Der Begriff der Hilfe unterscheidet sich nachhaltig von den anderen geschilderten Grundvorgängen, deren Bestimmtheitsgrad zwar unterschiedlich ist, die aber kaum in außerpädagogischen Feldern existieren. Man kann deshalb mit Recht fragen, ob Hilfe überhaupt ein pädagogischer Grundvorgang ist. Andererseits stellt sich genauso dringend die Frage, was denn Sozialpädagogen tun, wenn sie nicht bilden, erziehen oder unterrichten. Es ist evident, daß zumindest Unterricht nie ein Grundvorgang gewesen ist, der typisch für die Sozialpädagogik gewesen wäre. Mit Bildung und insbesondere Erziehung ist es etwas anderes. In der Geschichte der Sozialpädagogik hat der erzieherische Gedanke, bezogen auf die verwahrloste Jugend, ursprünglich im Vordergrund gestanden. Sozialpädagogischen Maßnahmen unterzogen zu werden hieß, in Ersatz der Eltern von Dritten erzogen zu werden, nämlich von Sozialpädagogen.

Diese Situation hat sich in der zweiten Hälfte des 20. Jahrhunderts gründlich geändert. Zum einen ist, abgesehen von einer kurzen Phase der Prosperität zwischen 1955 und 1965, keine Entwicklung zu verzeichnen, die nachhaltig dazu geführt hätte, daß soziale Hilfe unnötig sei. Zum anderen versagte das ursprünglich naturwüchsige Netz des Helfens (innerhalb der Familie, der Verwandtschaft, der Nachbarschaft) zusehends unter dem Eindruck von Individualisierung, Anonymisierung und der Vermarktung von Dienstleistungen. So war es nicht erstaunlich, daß auch im pädagogischen Feld Dienstleistungen entstanden, die mit Erziehung, Bildung und Unterricht allenfalls noch vermittelt zu tun haben. Dazu gehört z. B. die Beratung oder Personalentwicklung (in großen Firmen). Diese Tendenz hängt des weiteren damit zusammen, daß eine soziale Hilfebedürftigkeit nicht auf Jugendliche beschränkt blieb. Da es aber gleichzeitig ein Kennzeichen des 20. Jahrhunderts ist, daß auch erwachsene Menschen in der nachlassenden Verantwortung für sich selbst bestätigt wurden, entstand und wuchs ein Markt für soziale Hilfeleistungen auch jenseits der Jugend. Daß diese vom Boden der Sozialpädagogik angeboten wurden, verdankt sich allein der Tatsache, daß sie ursprünglich aus dem Kontext der Jugendhilfe kam.

Soziologisch gesehen wird inzwischen die Auffassung vertreten, daß soziale Hilfe gar nicht mehr Bestandteil des Erziehungssystems sei, sondern ein eigenes System repräsentiere. Auch innerhalb der

Erziehungswissenschaft wird darum gestritten, ob Sozialpädagogik überhaupt noch als Bestandteil des Fachs gewertet werden kann oder ob es sich dabei nicht zunehmend um eine «Sozialarbeitswissenschaft» handelt, der das Interesse an Erziehung verlorengegangen sei. Und nicht zuletzt innerhalb der Berufsrolleninhaber der Sozialpädagogik gibt es die Tendenz, sich aus der Erziehungswissenschaft zurückzuziehen und eine Sozialarbeitswissenschaft zu etablieren.

Für den Studienanfänger sind diese institutionellen Streitigkeiten vergleichsweise bedeutungslos. Für die Erziehungswissenschaft selbst aber, vor allem für die hilfebedürftige Klientel, ist das nicht der Fall. Von der Frage, ob Hilfe auf dem Boden der Erziehungswissenschaft auch weiterhin erforscht und ob zu ihr ausgebildet werden wird, wird es abhängen, welchen Stellenwert Hilfeleistungen im sozialen Feld bekommen. Man kann diese These leicht nachvollziehen, wenn man sich den Charakter von Hilfe einmal systematisch vor Augen führt.

Gleichgültig, welchen Fall von Hilfe man wählt, Hilfe ist immer die Tätigkeit eines oder mehrerer Menschen, die bestimmte Defizite anderer Menschen auszugleichen versucht.

Genauer betrachtet ist Hilfe ein Beitrag zum Ressourcenausgleich. Der Bedürftige benötigt Hilfe, weil es ihm an Eigenmitteln fehlt. Das können finanzielle Ressourcen sein oder Zeitressourcen, Kraftressourcen, moralische Ressourcen, affektive Ressourcen, Qualifikationsressourcen u. v. a. Im Feld der sozialen Hilfe haben wir es, wenn wir die Differenz zwischen Jugendlichen und Erwachsenen vernachlässigen, in der Regel mit bestimmten Ressourcendefiziten zu tun. Normalerweise unterliegen diese einer Hierarchie. Fehlende Finanzmittel können die Folge von Arbeitslosigkeit sein, diese wiederum die Folge minderer oder falscher Qualifikation, welche selbst die Folge eines Begabungsdefizits sein kann.

Oder nehmen wir das Beispiel einer Suchtabhängigkeit. Sie kann eine Hilfebedürftigkeit voraussetzen, die aus einem emotionalen Ressourcendefizit folgt. Diese kann gepaart sein mit einem Kraftdefizit, welches selbst wiederum einer defizitären Erziehung zur Selbstkontrolle, zu einer positiven Weltsicht geschuldet sein kann. Keineswegs in allen Fällen, aber doch in vielen stellen wir fest, daß Ressourcendefizite zurückführbar sind auf solche, die im Zusammenhang einer mißlungenen Humanontogenese entstanden sind. In der abstraktesten Form ist Unterstützung der Humanontogenese aber eine Aufgabe erzieherischer und unterrichtlicher Tätigkeit. Insofern ist es konsequent, die meisten Arten sozialer Hilfe im Zusammenhang mit der Sozialpädagogik zu sehen. In dem Augenblick, wo dies nicht mehr geschieht, besteht die Gefahr, daß Ressourcendefizite lediglich an der Oberfläche ausgeglichen werden, z. B. durch Hilfe bei der Beantragung von Arbeitslosengeld, Sozialunterstützung oder bei der Findung eines Therapieplatzes usw. Diese Maßnahmen sind wichtig und nicht geringzuschätzen; sie sind aber nicht geeignet, das eigentliche Defizit auszugleichen. Dieses besteht häufig in einer Art Reifungsrückstand, in einem humanontogenetischen Verlangsamungs- oder Abbruchprozeß, der hilfebedürftige Menschen als Menschen erscheinen läßt, deren Lebenslauf gewissermaßen zum Anhalten gebracht worden ist.

Insofern ist es konsequent, dieses pädagogische Basisdefizit auszugleichen, um den Bedürftigen nicht für den Rest seines Lebens von Hilfe abhängig zu machen. Solche Maßnahmen werden auch als *Hilfe zur Selbsthilfe* bezeichnet und gehen auf die bereits dargestellte Kategorie der Mündigkeit zurück. Wem zur Selbsthilfe geholfen wurde, der ist (wieder) mündig und deshalb nicht abhängig von Helfern, die zudem nicht selten einem sog. *Helfersyndrom* unterliegen. Dieses kann darin bestehen, daß sie der Hilfebedürftigen benötigen, um sich über ihre eigene Hilfebedürftigkeit (ihre «Helfersucht») hinwegzutäuschen. Es kann aber auch ganz platt daraus entstehen, daß Hilfe zur Selbsthilfe tendenziell Arbeitsplätze von Helfern wegrationalisiert. Sozialhilfe deshalb als Charakteristikum eines eigenen gesellschaftlichen Subsystems außerhalb des Erziehungssystems zu betrachten hat eine gefährliche normative Implikation: Es konserviert oder drängt immer wachsende Teile der Bevölkerung in einen Zustand der Abhängigkeit von professionalisierten Helfern, deren Zahl in Deutschland im übrigen bereits so groß ist, daß hinter je 20 Bürgern ein sozialer Helfer steht. Bezieht man freiwillige, ehrenamtliche und halbprofessionelle Helfer ein, dann ist das Verhältnis noch dramatischer. Es ist deshalb nicht unproblematisch, Helfen wie übrigens auch Beraten zu eigenen Grundvorgängen zu erklären und sie aus dem Zusammenhang der Erziehung zu entlassen. Das gilt im übrigen in ähnlicher Weise auch für Personalentwicklung, wenn man diese aus dem Zusammenhang der Weiterbildung nehmen würde. Beim Betriebspersonal handelt es sich zwar in der Regel nicht um hilfebedürftige Menschen, aber doch um solche, die tendenziell ihre Anpassungsdefizite an neue technologische Entwicklungen auch dadurch bewältigen könnten, daß sie von sich aus und nicht erst durch Fremdmaßnahmen an ihrem Bildungsprozeß weiterarbeiten.

Das Beispiel der Hilfe und verwandter im Erziehungssystem vorkommender Tätigkeiten, die nicht Bildung, Erziehung oder Unterricht sind, zeigt, daß die gesamte Erziehungswissenschaft sich in einer Umbruchphase befindet, an deren Ende entschieden sein wird, ob das erzieherische Moment noch tragfähig ist oder ob die Expansion des Pädagogischen, die Pädagogisierung aller Lebensbereiche, zu Veränderungen geführt haben wird, denen sich auch die Erziehungswissenschaft anpassen muß. Einen Blick auf diese Entwicklungen eröffnet das letzte Kapitel dieses Buchs.

Literatur

Niemeyer, Chr.: Hilfe. In: Lenzen, D. (Hg.): Erziehungswissenschaft. Ein Grundkurs. 3. Aufl., Reinbek b. Hamburg 1997, S. 159–184.

Schmidbauer, W.: Helfen als Beruf. Überarb. u. erw. Neuausgabe, Reinbek b. Hamburg 1992.

6. Erziehungswissenschaft gestern – heute – morgen

Viele Wissenschaften unterhalten ein Gebiet, in dem sie sich mit ihrer eigenen Geschichte beschäftigen. Ausnahmen bilden die Naturwissenschaften, und auch in den Philologien spielt die historische Betrachtung des eigenen Fachs keine nennenswerte Rolle.

Anders ist es in den Sozialwissenschaften und besonders in der Erziehungswissenschaft. Hier gibt es nicht nur Professuren für die Geschichte des Fachs, sondern an größeren Instituten ganze Abteilungen, an manchen Fachbereichen sogar Institute für die Geschichte der Pädagogik. Das mag damit zusammenhängen, daß dieses relativ junge Fach die historische Selbstbetrachtung zu seiner eigenen Stabilisierung benötigt. Doch die Erziehungswissenschaft ist 200 Jahre nach ihrem Beginn inzwischen so etabliert und expansiv, daß ein Zusammenbruch dieses Teilsystems äußerst unwahrscheinlich wäre. Allenfalls spiegelt sich in der extensiven Selbstbetrachtung ein Souveränitätsdefizit einiger Fachvertreter. Aufgrund der Einsicht, daß ein gutfunktionierendes Bildungswesen unabdingbare Voraussetzung für eine prosperierende Nation ist, gibt es freilich nur wenige, die eine Notwendigkeit erziehungswissenschaftlicher Forschung und Lehre für professionalisierte pädagogische Berufe bezweifeln. Streit gibt es allenfalls über die Frage, ob dieses für jeden pädagogischen Beruf auf der Ebene von Universitäten geschehen muß oder ob in Einzelfällen nicht ein Fachhochschulstudium genügen würde.

Eine Geschichte der Pädagogik muß im übrigen unterschieden werden von einer Geschichte der Erziehung und Bildung. Letztere ist nämlich keine historische Selbstvergewisserung des Fachs, sondern eine Analyse der Geschichte ihres Gegenstandes. Sie zu kennen ist für den Absolventen eines Hauptfachstudienganges selbstverständlich. Die Geschichte des Gegenstandes umschließt natürlich auch eine Geschichte der Ideen, etwa in Gestalt der «Klassiker der Pädagogik». Da Erziehungs- und Bildungsvorgänge in Europa auf eine drei- bis viertausendjährige Geschichte zurückblicken können, ist eine Kurzdarstellung völlig unmöglich. Es gibt aber zahlreiche historische Darstellungen von Erziehung und Bildung, die diese Aufgabe erfüllen. Für eine Orientierung ist es vielleicht wichtiger, etwas über die «Regelhaftigkeit» zu erfahren, durch die die Geschichte von Erziehung und Bildung gekennzeichnet ist. Natürlich ist es sehr umstritten, ob es überhaupt so etwas wie ein «Gesetz» der Geschichte gibt. Derjenige, der Geschichte betreibt, gibt der Geschichte, gleich welchen Gegenstandes, durch seine Betrachtung eine Struktur. Insofern «erfindet» er Gesetze. Die Schilderung historischer Epochen zum Beispiel, die sich nicht selten an der Bezeichnung von Baustilen orientieren, ist die «Entscheidung» von Historikern, die beobachtet haben, daß bestimmte zeitliche Phasen durch markante Veränderungen gekennzeichnet zu sein scheinen und daß diese Veränderungen auch sichtbar sind in Baustilen wie dem «Barock». Und in der Tat gibt es in vielen Epochen enge geistesgeschichtliche Korrespondenzen zwischen den herrschenden philosophischen Strömungen und dem künstlerischen Schaffen, zu dem auch die Architektur gehört.

Nun ist aber keineswegs selbstverständlich, daß solche Epochen jeweils durch entsprechende Erziehungs- oder Bildungstheorien gekennzeichnet sind. Dennoch wird das häufig so gesehen, und in manchen Fällen ist das auch eine richtige Beobachtung. So kann sich die Wiederbelebung der Antike eben nicht nur in klassizistischen Bauwerken, in einem Rekurs auf antike Philosophie, sondern durchaus auch auf die Vermittlung der humanistischen Wertvorstellungen beziehen, die man in der Antike entdeckt zu haben glaubt. Das ist am Übergang vom 18. zum 19. Jahrhundert der Fall gewesen.

Vieles spricht aber dafür, die Entstehung neuer Entwicklungsstufen des Erziehungssystems als Folgen gesellschaftlicher Krisen zu deuten. Dieses ist ein Grundgedanke der Systemtheorie. Demzufolge reagiert eine Gesellschaft (das gesellschaftliche Gesamtsystem) auf Krisen, auf immer komplexer werdende Herausforderungen der Umwelt durch «funktionale Differenzierung». Der Gedanke geht dahin, daß die Entstehung von gesellschaftlichen Teilsystemen wie etwa dem Gesundheitssystem darauf zurückgeht, daß die Gesellschaft als ganze z. B. mit einer Erkrankungsbelastung wie den Seuchen oder mit gestiegenen sozialen Erwartungen an Gesundheit nicht mehr fertig wird. Deshalb werden Teilsysteme herausgebildet, deren Funktion es ist, sich auf ein Teilproblem der Umweltprobleme zu konzentrieren.

In diesem Sinn kann man sagen, daß auch das Erziehungssystem und mit ihm die Erziehungswissenschaft eine Konsequenz gewachsenen Umweltdrucks gewesen sind. Wenn man 200 Jahre zurückschaut, wird dieses plausibel: Dem Erziehungssystem und der damaligen Pädagogik wurden nämlich Aufgaben zugewiesen, die in anderen Bereichen nicht ohne weiteres lösbar schienen. Ein Beispiel dafür ist die fehlende nationale Einheit Deutschlands am Beginn des 19. Jahrhunderts nach den verlorenen Kriegen gegen das Napoleonische Frankreich. Damals wurde der deutschen Sprache und der für alle verbindlichen Erziehung zu ihr ein hoher einigender Wert beigemessen. Die entstehende Schulpflicht und die besondere Bedeutung des muttersprachlichen Unterrichts haben hier eine wichtige Wurzel. Ähnliches gilt für andere Teilbereiche des Erziehungssystems wie die Sozialfürsorge. So verdankt sich die Entstehung der Sozialpädagogik als eine Disziplin für Methoden der Bearbeitung jugendlicher Verwahrlosung dem sozialen Desaster der Industrialisierung im ausgehenden 19. Jahrhundert.

Wenn man auf diese Weise die europäische Geschichte absucht nach Herausforderungen einer komplexer werdenden Umwelt, dann fällt es leichter, die wechselnden Akzentuierungen auch von Erziehungs- und Bildungstheorien zu verstehen und im Gedächtnis zu behalten.

Das wirft die Frage auf, ob denn um die Wende zum 21. Jahrhundert ebenso eine Krise identifiziert werden kann, die uns die heutige Situation des Erziehungssystems und der Erziehungswissenschaft verständlicher macht. Diese Frage läßt sich eindeutig bejahen. Das ausgehende 20. Jahrhundert kann durch zwei einander widerstrebende Tendenzen gekennzeichnet werden, die sich zueinander fast paradox verhalten: durch eine Amplifikationstendenz bei gleichzeitiger Imminutionstendenz.

Die Amplifikationstendenz, also die Tendenz zur Erweiterung, beobachten wir, wenn wir unseren Blick auf die Sozialität, auf das gesellschaftliche Zusammenleben richten. So erleben wir eine Globalisierung als Erweiterung unserer Horizonte in fast allen Lebens-

bereichen, sei es der Wirtschaft, der Reise, der Informationsverviel-
fältigung (wir sind über fast jeden Winkel der Erde durch die Medien informiert). Zu dieser Ausweitung in Richtung auf die vielen
Mitglieder einer Gesellschaft gehört freilich auch der Verlust von
Intimität. Es gibt kaum noch etwas im Leben eines Menschen, was
nicht prinzipiell öffentlich ist, also vielen oder gar allen Mitglie-
dern einer Gesellschaft zugänglich. Ferner hat die beträchtliche
Verlängerung der Lebenserwartung dazu geführt, daß zu gleicher
Zeit mehrere, bis zu vier oder fünf Generationen nebeneinander leben; auch dies ist eine Amplifikation. Die Bewegung in Richtung
Öffentlichkeit hat im übrigen auch die Verantwortung für Erzie-
hungs- und Bildungsprozesse verändert. Die Eltern, die Familie finden sich immer weniger in der Rolle der Erblasser. Die biologischen Angehörigen eines Menschen spielen für dessen Entwicklung, Wertaufbau usw. immer weniger eine Rolle als vielmehr die
Gesellschaft, der Staat, der diese Funktionen sukzessive übernommen hat und sie insbesondere der Hand der Väter entriß.

Die Imminutionstendenz ist eine Tendenz der Verkleinerung, die
paradoxerweise gleichzeitig existiert und wichtige Elemente von
Welt auf die Ebene des einzelnen, des Individuums zu verschieben
scheint. Dazu zählen wir die Individualisierung als solche. Sie wird
gesehen in der Tatsache, daß in einem nie gekannten Ausmaß jeder
einzelne seinen Lebensstil herausbilden kann, zu dem nicht nur
oberflächliche Phänomene wie Bekleidung und andere Konsumgü-
ter gehören, sondern auch die Befolgung von Werten, die Definition der eigenen Biographie. Dieses scheint die logische Konsequenz aus der Tatsache zu sein, daß das Individuum zunehmend als
ein sich selbst organisierendes entdeckt worden ist, welches – deshalb das Wort von der Verkleinerung – alles auf der Ebene einer
Person entscheidet.

Tatsächlich ist es jedoch nicht so einseitig. Die beiden beschriebenen Tendenzen wirken vielmehr gleichzeitig, aber nicht so, daß
sie sich neutralisieren. Sie führen zu einer Art Oszillationseffekt.
Das bedeutet, daß die Menschen in ihren Handlungsorientierungen gleichzeitig eigenen Impulsen und gesellschaftlichen Erwartungen, und beides im wachsenden Maß, zu folgen versuchen. Eine
solche paradoxe Tendenz kann das Individuum überfordern, wenn
die Oszillation, die Steigerung der Geschwindigkeit, mit der

Fremderwartungen und eigene Impulse einander abwechseln, sich gewissermaßen kumuliert. Ein solcher Prozeß kann zur Orientierungslosigkeit führen, zum Leiden an den widersprüchlichen Motiven und im schlimmsten Fall zum Kollaps von Bewußtseinssystemen wie von sozialen Systemen.

In der traditionellen Gesellschaft konnte einer solchen Orientierungslosigkeit vorgebeugt werden durch verschiedene Instrumente und Mechanismen. Dazu gehörte zum einen ein gemeinsames Wertsystem, ein gemeinsamer Glaube. Diese Orientierungsfunktion wurde im wesentlichen durch das religiöse System geleistet. Die Kirche hielt für den Lebenslauf des einzelnen Riten bereit, die den Menschen von Phase zu Phase begleiteten und die eigentliche Überführung von einer Phase in die andere spürbar machten und beglaubigten. Diese Transitionsriten bestanden darin, daß die Menschen auch körperlich spürten, eine Lebensphase verlassen zu haben, wenn sie eine neue betraten.

Die traditionelle Gesellschaft noch des 19. Jahrhunderts hielt in den volkskirchlichen Riten, den Segnungen für jede Lebensphase der etwa zehn bis zwölf Abschnitte eines Lebens, solche Riten bereit. Eine wesentliche Erfahrung für jeden Menschen bestand darin, an sich selbst zu erfahren, aber auch an den anderen zu sehen, daß man als Angehöriger einer Lebensphase stirbt, aber wiedergeboren wird als Angehöriger der nächsten. Dieses Moment schaffte eine Art Zuversicht im Lebenslauf, die darin bestand, daß auch die letzte Lebensphase, der Übergang in den Tod, nicht als ein endgültiges Ereignis erfahren werden mußte, sondern daß man das Sterben, aber auch das Wiedergeborenwerden im Laufe des Lebens gelernt hatte und daraus Sicherheit beziehen konnte.

Die moderne Gesellschaft hat mit dem Verlust einer gemeinsamen christlichen Weltanschauung und auch mit der religiösen Durchmischung der Gesellschaften solche Beglaubigungsmechanismen nicht mehr parat. An ihre Stelle sind andere gesellschaftliche Systeme jenseits des religiösen Systems getreten, die Teile solcher Funktionen, häufig übrigens unbewußt, wahrnehmen. Dazu gehört beispielsweise das Gesundheitssystem. Wenn man die medizinischen Leistungen in der Präventivmedizin daraufhin betrachtet, an welchen Stellen des Lebenslaufs sie einsetzen, dann sieht man sehr schnell, daß Medizinern offenbar die Funktion zukommt, solche Überführungsleistungen zu vollziehen, ohne daß sie das selbst unbedingt wissen. Es liegt auf der Hand anzunehmen, daß auch das Erziehungssystem solche Funktionen erfüllt. In der Art und Weise, wie es sich noch im 19. Jahrhundert darstellt, schien es, im wesentlichen bis in die Mitte des 20. Jahrhunderts hinein, Transitionsleistungen nur für die ersten Phasen eines Lebens vorzunehmen. Das heißt, daß das Schulsystem z. B. durch Einschulungen, Prüfungen und andere Mechanismen durchaus in einzelne Lebensphasen überführt, die mit der Erreichung des 20. Lebensjahres abgeschlossen sein dürften.

Inzwischen wissen wir, daß aufgrund der beschriebenen paradoxen Prozesse der Amplifikation und der Imminution sich die Erwartungen eines Erziehungssystems geändert haben. Wenn wir das Bewußtseinssystem auf der Seite des Individuums als ein solches betrachten, das sich während seiner gesamten Lebenszeit immer weiter ausdifferenziert (life-long learning), und wenn wir auf der Seite der Gesellschaft sehen, daß die Anforderungen im Lebenslauf eines Menschen durch Informationsexplosion, Globalisierung und andere Ausweitungsprozesse ständig erhalten bleiben, dann liegt es auf der Hand, daß eine Gesellschaft ein funktionales Subsystem herausbildet, welches für die Begleitung dieser Prozesse zuständig ist. Es spricht viel dafür, daß das Erziehungssystem das religiöse System in dieser Hinsicht abgelöst hat und daß es solche Funktionen auch aus anderen Systemen übernehmen kann (z. B. Gesundheitspädagogik), wenn es sich dieser Aufgabe bewußt wird. Die Erziehungswissenschaft ist sich der Möglichkeiten wie des gesellschaftlichen Bedarfs noch gar nicht bewußt geworden, die hier vorliegen. Häufig wird noch darüber gestritten, ob das Erziehungssystem sich nicht auf Funktionen beschränken müßte, die einem klassischen Erziehungsbegriff zugeordnet werden können. Die berufliche Wirklichkeit hat demgegenüber eine solche Selbstbeschränkung längst überholt. Die Funktion des Erziehungssystems ist längst keine rein erzieherische mehr, sondern eine kurative, die lebensbegleitend wirkt. In jeder Frage des menschlichen Lebens hält das Erziehungssystem inzwischen professionelle Unterstützung in allen beschriebenen Grundvorgängen bereit: Erziehung, Bildung, Unterricht, Hilfe, Beratung und Sozialisation.

Auf diese Entwicklung wird sich auch die Erziehungswissenschaft künftig einstellen müssen, um das Personal für diese Funktionen adäquat auszubilden und um dieses auf der Grundlage von Forschungen zu leisten, die den gesamten Lebenslauf, die gesamte Biographie des Menschen umfassen. Forschung und Lehre einer so zur kurativen Wissenschaft der Lebensbegleitung erweiterten Erziehungswissenschaft, einer Art «Humanvitologie», werden sich auf folgende Bereiche konzentrieren müssen:

– *Analytisch:* Grundlagen der Evolution (dazu gehören Wissen der Evolutionsbiologie und der Historischen Anthropologie); Grundlagen der Biographie (dazu gehören historisches, soziologisches und psychologisches Wissen über den Lebenslauf); Grundlagen der Humanontogenese (dazu gehören Wissen über die biologische und soziale Entwicklung des menschlichen Individuums)

– *Konstruktiv:* Grundlagen der Humanökologie (dazu gehören Wissen über die Gestaltung von Lern- und Entwicklungsumwelten)

– *Reflexiv:* Folgenabschätzung von Maßnahmen innerhalb des Erziehungssystems; Präjudikationsanalyse (dazu gehört Wissen über historische, mythologische Implikationen alltäglicher und wissenschaftlicher Theorien über Erziehung); Expansionsanalyse (dazu gehört Wissen über die Implikationen der Ausdifferenzierungsprozesse von Bewußtseins- und sozialen Systemen)

Die analytischen, konstruktiven und die reflexiven Aufgaben einer solchen Lebenslaufwissenschaft verhalten sich zueinander für die Berufsrolleninhaber wie Grundlagenwissen, Handlungswissen und Kontrollwissen. Mit der Aufnahme der Reflexivität als eines von drei wesentlichen Elementen einer zur Lebenslaufwissenschaft erweiterten Erziehungswissenschaft wird die Konsequenz aus einer Erfahrung der ausgehenden Moderne gezogen. Sie besteht darin zu erkennen, daß auch die Wissenschaften nicht vor der Dialektik der Aufklärung geschützt sind. Was uns in den Naturwissenschaften längst nachvollziehbar erscheint, daß die zur Erleichterung der Lebensverhältnisse gedachten Entwicklungen wie die Kernenergie sich in ihr Gegenteil verkehren können, gilt auch für Geistes- und Sozialwissenschaften. Für eine Wissenschaft, die den Menschen erziehen wollte und ihn künftig ein Leben lang begleiten wird, gilt das in besonderem Maß. Erziehung und Erziehungswissenschaft können nicht mehr mit dem Vorschußkredit der guten Absicht rechnen, wie dies in der Vergangenheit der Fall war, als die Nähe des Erziehungssystems zum religiösen System noch unmittelbarer war. Das ist auch gut so. Die Inhaber von Berufen, deren Tätigkeit das ganze Leben eines Menschen begleitet, und die gesamte Entwicklung der Gesellschaft unterliegen wie die dazugehörige Wissenschaft einer besonderen Erwartung: der Übernahme von Verantwortung. Das bedeutet, soviel professionelles Wissen zu besitzen wie möglich, eine Meisterschaft zu erwerben im Vollzug des Berufs und die Fähigkeit zu entwickeln, immer wieder reflexiv innezuhalten und sich zu fragen, ob das Getane und das Beabsichtigte auch weiterhin verantwortet werden können.

Anhang

Serviceteil

Wer sich in der Situation befindet, sich über ein wissenschaftliches Fach zu orientieren, kann mit einer großen Zahl von Sekundärliteratur und einer ebenso großen Auswahl von Bibliographien, Nachschlagewerken und Zeitschriften nicht sehr viel anfangen. Wer sein Studium indessen aufgenommen hat und sich in Richtung auf die Prüfungen bewegt, benötigt einen möglichst vollständigen Überblick darüber. Dieser Anhang beschränkt sich deshalb auf eine sehr kleine Auswahl von Literaturempfehlungen. Wer studiert, benötigt auch eigene Bücher. Das Zeichen * bedeutet, daß dieses Buch in die eigene Bibliothek gehört. Eine umfangreiche Bibliographie findet sich in zwei Büchern, die man für das Studium benötigt:

* Lenzen, D. (Hg.): Erziehungswissenschaft. Ein Grundkurs. 5. Aufl., Reinbek b. Hamburg 2002.
* Rost, F.: Lern- und Arbeitstechniken für pädagogische Studiengänge. Mit zahlreichen Abbildungen sowie Informationen zu Auskunftsmitteln und (Internet-)Adressen. 3. Aufl. Opladen 2001.

Geschichte

Die klassische Geschichte der Pädagogik:
* Reble, A.: Geschichte der Pädagogik, 15., neu bearb. Aufl., Stuttgart 1989.

Eine Geschichte der historischen Epochen des Fachs:
Winkel, R. (Hg.): Pädagogische Epochen. Von der Antike bis zur Gegenwart, Düsseldorf 1987.

Die ausführlichste historische Darstellung:
Ballauff, Th./Schaller, K.: Pädagogik. Eine Geschichte der Bildung und Erziehung, 3 Bde., Freiburg/München 1969–1973.

Eine umfangreiche Darstellung der deutschen Bildungsgeschichte:

Berg, Chr. u. a. (Hg.): Handbuch der deutschen Bildungsgeschichte, 6 Bde. [noch nicht vollständig], Weinheim 1987 ff.

Ein Werk, das die Klassiker der Pädagogik, ihre Biographie und ihre Schriften in ausführlichen Beiträgen vorstellt:
Scheuerl, H. (Hg.): Klassiker der Pädagogik, 2 Bde., München 1991.

Wörterbuch

Das Wörterbuch, das 1500 Fachbegriffe auf hohem Niveau zuverlässig erläutert mit englischen Übersetzungen vieler Begriffe und gutem Serviceteil:
* Schaub, H./Zenke, K.G.: Wörterbuch Pädagogik, 2. Aufl., München 1997.
Eine Kurzfassung der Enzyklopädie Erziehungswissenschaft:
* Lenzen, D. (Hg.): Pädagogische Grundbegriffe, 2 Bde., 6. Aufl., Reinbek b. Hamburg 2001.
Das umfangreichste Handbuch und Lexikon der Erziehungswissenschaft:
Lenzen, D. (Hg.): Enzyklopädie Erziehungswissenschaft, 12 Bde., Stuttgart 1982–1986. Reprint als Taschenbuchausgabe: Stuttgart/Dresden 1995.

Bibliographie

Die Koordinierungsstelle Fachinformationssystem (FIS) Bildung im Deutschen Institut für Internationale Pädagogische Forschung gibt jährlich eine CD-ROM heraus, die die pädagogischen Neuerscheinungen anzeigt und rückwirkend bis 1980 Referenzen auf erschienene erziehungswissenschaftliche Literatur enthält:
CD Bildung. Bibliographische Daten zur Erziehungswissenschaft und zu pädagogischen Praxisfeldern (jährlich neu im April). Informationen über und zu beziehen durch: Deutsches Institut für Internationale Pädagogische Forschung, Schloßstraße 29, 60486 Frankfurt a. M.

Biographie

Die Biographien aller lebenden Professoren/innen der Erziehungswissenschaft einschließlich einer Auswahl ihrer Publikationen ist zu finden in:
Kürschners Deutscher Gelehrten-Kalender 1996, 17. Ausgabe (Geistes- und Sozialwissenschaften), Berlin 1996 (auch als CD-ROM).

Internet

Im Internet gibt es mittlerweile einige erziehungswissenschaftlich-pädagogisch relevante Daten- und Link-Sammlungen. Diese Angebote werden z. B. nachgewiesen auf der Homepage des Erziehungswissenschaftlichen Fachinformationsservice (SE EWIFIS) der Freien Universität Berlin. Die URL lautet: http://www.fu-berlin.de / ewifis

Zeitschriften

Es gibt Zeitschriften für die gesamte Erziehungswissenschaft wie auch zu einzelnen Fächern, Fachrichtungen und Feldern der Erziehungswissenschaft. Studierende sollten regelmäßig die folgenden Zeitschriften beobachten. Für ein eigenes Abonnement eignet sich ein Magazin, das über die Lage in der pädagogischen Berufstätigkeit Auskunft gibt, sowie eine erziehungswissenschaftliche Zeitschrift mit einem Überblicksartikel für Studienzwecke zu jedem Heftthema. Abonnements können in allen Buchhandlungen, aber auch bei den Verlagen direkt bestellt werden:
Bildung und Erziehung – Vierteljahresschrift: Böhlau Verlag.
* Pädagogik – monatlich: Beltz Verlag.
* Zeitschrift für Erziehungswissenschaft – Vierteljahresschrift: Verlag Leske und Budrich.
Zeitschrift für Pädagogik – zweimonatlich: Beltz Verlag.

Verwendete Literatur

Adorno, Th. W.: Theorie der Halbbildung. In: Ders.: Gesammelte Schriften, Bd. 8: Soziologische Schriften I, Frankfurt a. M. 1972, S. 93 – 122.
Anonym: «Ich wußte genau, ich gehe nicht unter». In: Kavemann, B. / Lohstöter, I.: Väter als Täter. Sexuelle Gewalt gegen Mädchen, Reinbek b. Hamburg 1985, S. 19 – 27.
Arbeitsgruppe Bildungsbericht am Max-Planck-Institut für Bildungsforschung: Das Bildungswesen in der Bundesrepublik Deutschland. Strukturen und Entwicklungen im Überblick, Reinbek b. Hamburg 1994.
Arbeitsmarktinformationsstelle der Zentralstelle für Arbeitsvermittlung (ZAV): Der Arbeitsmarkt für besonders qualifizierte Fach- und Führungskräfte. Jahresbericht 1997, Informationen für die Beratungs- und

Vermittlungsdienste der Bundesanstalt für Arbeit, 26/1998 vom 1. Juli 1998.

Aristoteles: Nikomachische Ethik. Philosophische Schriften in sechs Bänden, Bd. 3, Darmstadt 1995.

Arnold, R.: Erwachsenenbildung. Eine Einführung in Grundlagen, Probleme und Perspektiven, Hohengehren 1991.

Arnold, R./Müller, H.-J.: Berufsbildung: betriebliche Berufsausbildung, berufliche Schulen, Weiterbildung. In: Krüger, H.-H./Rauschenbach, Th. (Hg.): Einführung in die Arbeitsfelder der Erziehungswissenschaft, Opladen 1995, S. 61–88.

Bahnmüller, R., u. a.: Diplom-Pädagogen auf dem Arbeitsmarkt. Ausbildung, Beschäftigung und Arbeitslosigkeit in einem Beruf im Wandel, Weinheim/München 1988.

Baumert, J./Lehmann, R., u. a.: TIMSS – Mathematisch-naturwissenschaftlicher Unterricht im internationalen Vergleich. Deskriptive Befunde, Opladen 1997.

Benner, D.: Allgemeine Pädagogik, Weinheim/München 1987.

Bernstein, B.: Soziokulturelle Determinanten des Lernens (1959). In: Ders.: Soziale Struktur, Sozialisation und Sprachverhalten, Amsterdam 1970, S. 8–35.

Brezinka, W.: Metatheorie der Erziehung, München 1978.

Bundesanstalt für Arbeit (Hg.): Diplom-Pädagoge/Diplom-Pädagogin und Magister der Erziehungswissenschaft, 7. Aufl., Bielefeld 1994.

Deutscher Bildungsrat. Empfehlungen der Bildungskommission: Strukturplan für das Bildungswesen, 3. Aufl., Stuttgart 1971.

Dilthey, W.: Einleitung in die Geisteswissenschaften. Versuch einer Grundlegung für das Studium der Gesellschaft und der Geschichte. Gesammelte Schriften. Bd. 1, Leipzig/Berlin 1922.

Dilthey, W.: Über die Möglichkeit einer allgemeingültigen pädagogischen Wissenschaft. In: Ders.: Gesammelte Schriften. Bd. VI, Leipzig/Berlin 1924, S. 56–82.

Dilthey, W.: Pädagogik. Geschichte und Grundlinien des Systems. Gesammelte Schriften. Bd. IX. 2. Aufl., Stuttgart/Göttingen 1960.

Edelstein, W.: Gesellschaftliche Anomie und moralpädagogische Intervention. Moral im Zeitalter individueller Wirksamkeitserwartungen. Bisher unveröffentl. Ms., Berlin 1997.

Ehrenspeck, Y./Rustemeyer, D.: Bestimmt unbestimmt. In: Combe, A./Helsper, W. (Hg.): Pädagogische Professionalität, Frankfurt a. M. 1996, S. 368–390.

Erziehungswissenschaft. Eine Einführung. 3 Bde., Frankfurt a. M. 1970/71 (= Funkkolleg Erziehungswissenschaft).

Fend, H.: Theorie der Schule. 2. durchges. Aufl., München/Wien/Baltimore 1981.

Finkenstaedt, Th. (Hg.): Studierfähigkeit konkret. Erwartungen und Ansprüche der Universität, Bonn 1987.

Giesecke, H.: Pädagogik als Beruf. Grundformen pädagogischen Handelns. 3. Aufl., Weinheim/München 1992.

Groothoff, H.-H.: Erziehung. In: Ders. (Hg.): Pädagogik, Frankfurt a. M. 1967, S. 74–82.

Grossmann, K./Grossmann, K. E.: Kulturelle Perspektiven der Bindungsentwicklung in Japan und Deutschland. In: Trommsdorff, G./Kornadt, H.-J. (Hg.): Gesellschaftliche und individuelle Entwicklung in Japan und Deutschland, Konstanz 1996, S. 215–236.

Hamburger, F.: Überlegungen zur Lage der universitären Sozialpädagogik. In: Erziehungswissenschaft 6 (1995), H. 12, S. 92–128.

Hedenigg, S.: Aspekte des Vaterkonzeptes in Japan. In: Trommsdorff, G./ Kornadt, H.-J. (Hg.): Gesellschaftliche und individuelle Entwicklung in Japan und Deutschland, Konstanz 1996, S. 153–168.

Heldmann, W. (Hg.): Studieren heute. Erwartungen der einzelnen Studienfächer an ihre Studienanfänger. Eine Hilfe für Schüler, Eltern und Berater, Bad Honnef 1998.

Herzog, R.: Aufbruch in die Bildungspolitik. In: Rutz, M. (Hg.): Aufbruch in die Bildungspolitik, München 1997, S. 13–34.

Heuß, G. E.: Erstlesen und Erstschreiben, Donauwörth 1993.

Hoffmann, L.: Jenseits von Macht und Kontrolle. Auf dem Wege zu einer systemischen Familientherapie «zweiter Ordnung». In: Zeitschrift für systemische Therapie 5 (1987), S. 76–93.

Imhof, A.: Die gewonnenen Jahre, München 1981.

Jullien de Paris, M. A.: Skizzen und Vorarbeiten zu einem Werk über die vergleichende Erziehung. Dt. Übers. d. einzigen noch erhaltenen Orig.-Ausg. aus d. Jahre 1817 von H. Espe, Berlin (ca. 1955).

Klemm, K.: Der Teilarbeitsmarkt Schule in Deutschland bis zum Schuljahr 2010/11. Internet: http://www.uni-essen.de/agklemm/lehrerbe.html vom August 1998.

Krüger, H.-H.: Einführung in Theorien und Methoden der Erziehungswissenschaft, 2. überarb. Aufl., Opladen 1999.

Lenzen, D.: Zur Geschichte des Vaterkonzeptes in Europa. In Trommsdorff, G./Kornadt, H.-J. (Hg.): Gesellschaftliche und individuelle

Entwicklung in Japan und Deutschland, Konstanz 1996 a, S. 139 bis 152.

Lenzen, D.: Handlung und Reflexion. Vom pädagogischen Theoriedefizit zur Reflexiven Erziehungswissenschaft, Weinheim/Basel 1996 b.

Lenzen, D.: Lösen die Begriffe Selbstorganisation, Autopoiesis und Emergenz den Bildungsbegriff ab? In: Zeitschrift für Pädagogik 43 (1997), S. 949–967.

Luhmann, N.: Soziale Systeme. Grundriß einer allgemeinen Theorie, Frankfurt a. M. 1988.

Mayer, K. U./Baltes, P. B. (Hg.): Die Berliner Altersstudie, Weinheim 1996.

Oevermann, U.: Sprache und soziale Herkunft. 2. Aufl., Frankfurt a. M. 1972.

Peterßen, W. H.: Lehrbuch der Allgemeinen Didaktik, München 1992.

Rauschenbach, Th.: Der Sozialpädagoge. In: Lenzen, D. (Hg.): Erziehungswissenschaft. Ein Grundkurs, Reinbek b. Hamburg 1994, S. 253–281.

Roeder, P. M., u. a.: Sozialstatus und Schulerfolg. Bericht über empirische Untersuchungen, Heidelberg 1965.

Rost, F.: Lern- und Arbeitstechniken für pädagogische Studiengänge, Opladen 1997.

Röstel, G.: Bündnisgrünes Angebot: Ein Bündnis für Bildung. In: Rutz, M. (Hg.): Aufbruch in die Bildungspolitik, München 1997, S. 201–213.

Rüttgers, J.: Bildung: Die neue soziale Frage. In: Rutz, M. (Hg.): Aufbruch in die Bildungspolitik, München 1997, S. 214–226.

Schelten, A.: Einführung in die Berufspädagogik, Stuttgart 1991.

Szagun, G.: Sprachentwicklung beim Kind, 6. Aufl., Weinheim 1996.

Wechsler, D.: Die Messung der Intelligenz Erwachsener, Bern/Stuttgart 1956.

Wittpoth, J.: Wissenschaftliche Rationalität und berufspraktische Erfahrung, Bad Heilbrunn 1987.

Wodin, N.: Fünf Träume. In: Häsing, H./Mues, I. (Hg.): Vater und ich. Eine Anthologie, Frankfurt a. M. 1993, S. 203–207.

Wohmann, G.: Vater-Portrait. In: Härtling, P. (Hg.): Die Väter. Berichte und Geschichten, Frankfurt a. M. 1989, S. 219–230.